比较

总第93辑

2017年第6辑

COMPARATIVE STUDIES

吴敬琏 主编

中信出版集团 · 北京

比较

COMPARATIVE STUDIES

主管 中信集团

主办 中信出版集团股份有限公司

出版 中信出版集团股份有限公司

主编 吴敬琏

副主编 肖梦 吴素萍

编辑部主任 孟凡玲

编辑 包敏丹 马媛媛

封面设计 李晓军／美编 杨爱华

经营部

总经理 张翔

副总经理 傅继红

华北总经理 董光明

发行总监 周广宇

设计总监 石乐凯

品牌传播部高级总监 马玲

独家代理：财新传媒有限公司

电话：（8610）85905000 传真：（8610）85905288

广告热线：（8610）85905088 85905099 传真：（8610）85905101

电邮：ad@ caixin. com

订阅及客服热线：400-696-0110（8610）58103380 传真：（8610）85905190

香港地区订阅热线：（00852）21726522

订阅电邮：circ@ caixin. com 客服电邮：service@ caixin. com

地址：北京市朝阳区工体北路8号院三里屯SOHO 6号楼5层（邮编：100027）

卷首语

中国经济增长方式应该从投资驱动向创新驱动转型，是国内外经济学者的共识。近期世界经济有全面复苏的态势，我们也将迎来改革开放40年，此时对过去工业化、城市化进程中取得的成就和遇到的挑战做出历史回顾，并探寻增长转型的必要之路，恰逢其时。中国出现了一些利好的转型迹象，比如研发投资占GDP的比重目前已达到欧盟的平均水平，但不得不指出的是，经济增长速度依赖投资拉动的惯性仍然比较大，边际效率也越来越低。如何打破这一惯性，更好地推动转型的顺利实现，如主编吴敬琏一直强调的，需要对经济增长背后的根本原理与规律进行深入研究，同时还要经过切实而自由的讨论，使政策建立在更加深厚、扎实的科学基础之上。本辑《比较》的主题就是有关中国经济增长的理论探讨和经验分析。

开篇耶鲁大学法布里奇奥·齐利博蒂教授的文章认为，中国过去三十多年的高速增长和近年来的减速，符合标准经济学理论关于增长和趋同的推断。目前，中国经济已经达到一个关键节点，能否顺利实现转型，继续快速向前沿国家趋同，是国际社会高度关注的问题。他试图从经济学理论和国际经验出发对这个问题给出解答。为此，他首先建立一个理论模型，该模型将发展中国家向前沿国家趋同的过程划分为两个阶段：离前沿较远的投资驱动阶段和靠近前沿的创新驱动阶段。随后，他用AAZ（阿西莫格鲁、阿吉翁和齐利博蒂）构建的三个制度指标：市场进入壁垒、腐败感知度、研发投资比重，分析了趋同的国际经验及其对中国的启示。在此基础上，他深入讨论了中国改革时代的投资驱动型增长，说明了这一时期国内生产资源重新配置、各类鼓励投资的经济改革以及外国直接投资带来的技术转移如何推动经济快速增长，并指出，随着与世界前沿技术水平的差距缩小，中国长期以来采取的增长政策已呈现收益递减之势。要维持高速增长将取决于从投资驱动向创新驱动增长的转型，但是这一转型也面临着政治经济障碍，如政府干预的研发资源错配、国内需求利用不足、人口快速老龄化。中国需要像20世纪80年代早期和90年代中期的改革那样，在此关键节点上真正启动创新驱动型增长。

在“前沿”栏目中，我们选择了两篇文章。一篇是诺贝尔经济学奖评委会对2017年诺奖得主理查德·塞勒的学术贡献所做的评述。文章回顾了塞勒在有限理性、有限自我控制和社会偏好这三个领域的学术贡献。在关于有限理性如何影响经济决策的原创性研究中，塞勒创造了禀赋效应这个术语、提出了心理账户理论；在关于自我控制如何影响行为的研究中，塞勒及其合作者发展出了计划者—实施者模型，并用来解释个人和家庭的储蓄行为；在关于社会偏好对经济决策的重要性方面，塞勒及其合作者设计并实施了测量社会偏好的独裁者博弈，给我们带来了关于公平的新观点。塞勒还以经验证据表明，个体心理因素在有很多行为人参与互动的市场上也是存在的，并研究了投资心理和有限套利如何影响金融市场的价格。他的这些研究不仅影响了政策制定，如提高退休储蓄率，自由主义家长制、助推政策等，也对企业的最优决策有重要意义。概而言之，塞勒“对行为经济学的发展起到了至关重要的作用。他建立了这个领域的理论和实证基础，通过把对人类心理的新观察加入经济分析，为经济学家提供了一个更丰富的分析和检验工具，帮助理解和预测人们的行为……使这个原本略带争议、稍显边缘的领域成为当代经济研究的主流”。

2017年诺奖得主理查德·塞勒的文章记述了曾经从心理学视角对代表性行为人做出现实描画的一些历史先例；论述了理论和实证研究如何驳斥被用来论证理性经济人这一理想化模型的许多观点，包括我们可能预期理性无处不在的金融市场。可以说，行为经济学的兴起有其根源，也恰逢其时。但是，在他看来，行为经济学并不是想用一个理论来完成两个不同的目标：描述最佳行为并预测实际行为。他认为，理性经济人模型不应被放弃，因为它们毕竟是任何经济分析的必要元素，但我们必须使用派生于数据而不是公理的其他描述性理论来补充理性经济人模型。就此而言，行为经济学只是回归亚当·斯密开创的开明、直观的经济学，把注意力转为研究人类而不是经济个体。如果经济学确实沿着这些方向发展，“行为经济学”一词终将消失。

改革回忆栏目的三篇文章是对改革开放历程的理论和实证研究。张永璟的文章着重论述如何运用公共选择理论来思考中国的经济改革以及未来的转型。他将1978年以来的改革开放历程描述为中央政府、地方政府、国有企业和民营企业四大行为主体之间的七种相互关系的变化，并据此评述现有文献中关于中国经济改革研究的若干困境，尤其是“改革从哪里来，往哪里去？”这一最根本的制度演化路径问题。在他看来，要回答这个最根本的问题，未来的理论研究应当考虑五个基本要素：微观博弈演化出宏观制度变化；信息集的不确定性，而不是已知概率或动态规划；制度分析背景的不断变化；追求均衡，还是防止失衡；政经摩擦。这五个基于中国国情的理论要素都可以在公共选择理论里找到相应的思想。

布兰德特和张轶凡等人的文章研究了加入 WTO 对中国制造业企业成本加成和生产率的影响，主要从关税削减的角度切入。研究发现，最终品关税的削减降低了成本加成，但提高了生产率；对在位企业来说，关税削减带来的主要影响是支持竞争效应，而对新进入企业来说，主要影响是效率提升；中间品关税削减不仅提高了成本加成，也提高了生产率。文章还详细阐述了关税削减的影响机制。作者们还指出，加入 WTO 和国内改革是相互补充的，为外资流入提供更开放的环境、放宽私营企业进入等国内改革对加入 WTO 带来的效应产生了重要影响。

田国强的文章重点剖析当前中国实体经济面临的发展困境和造成的社会问题及其原因所在，探讨为什么要素驱动的发展模式不可持续，阐述经济和社会平衡充分良性发展的制度逻辑。在此基础上，他就如何促进平衡充分良性发展，提出了三个改革方向和切入点：形成具有包容性的现代化经济体系，提升国家依法治国能力和政府执行力，建立良好的社会规范和秩序及和谐有效的社会治理体系。

特稿栏目是对许成钢的访谈，主要讨论科尔奈的学术贡献和影响。在许成钢看来，科尔奈的重大学术贡献和影响主要体现在三部著作中，它们分别是 1971 年的《反均衡论》、1980 年的《短缺经济学》以及 1992 年的《社会主义体制》。《反均衡论》从方法论和研究对象上，对新古典经济学提出了基本挑战，虽然并不受主流经济学的重视，但可以大大启发未来的研究，就好比爱因斯坦的统一场论启发物理学家一样。《短缺经济学》提出了软预算约束理论，这是学术界公认的重大理论突破，软预算约束理论的影响远远超越了改革前的中央计划经济，甚至从根本上影响了我们对市场经济的理解。《社会主义体制》与后来关于资本主义体制的著作一起是对世界基本制度研究的一个重要贡献。可以说，科尔奈不仅在基础的经济学研究方面有特别重要的贡献，在解释社会主义体制以及资本主义体制的许多重大问题上，也有特别强的实际应用和政策方面的重要贡献。他的工作在学术界的影响，会像熊彼特、兰格、哈耶克那样，源远流长。

在“比较之窗”栏目，星岳雄等人的文章讨论了曾在 20 世纪 90 年代引起国内学者广泛关注的主银行制度。他们系统研究了日本的主银行制度，从1981年到2010年，其主导的日本主要公司的重组，银行“救援行动”的发生率、效力、对企业绩效的影响以及随着时间推移所发生的变化。研究发现，自20世纪90年代初以来，陷入财务困境的公司进行重组的频率在降低。企业重组涉及对员工、资本和银行贷款等诸多方面的调整，这些调整措施的强度也随时间有所下降。这说明随着主银行发挥的公司治理功能弱化，日本的公司治理结构已经发生了变化。

近年来，和全球金融体系一样，中国金融体系的规模和复杂性持续上升，其中“复杂化”尤为突出。潘宏胜的文章从金融机构、市场和业态等，探讨这种复杂化的具体表现、推动因素以及产生的影响，认为现阶段中国金融体系复杂化有其阶段性和必然性，对金融调控、金融监管和金融稳定等带来的影响不容忽视，而深化体制改革是根本之策。

目　录

Contents

第九十三辑

中国式增长及减速

法布里奇奥·齐利博蒂

1. 引言

过去40年里，中国从一个贫穷的封闭经济体变成世界上的主要经济强国之一。以购买力平价调整的GDP计算，中国已经在2014年超越美国。②在国际贸易方面，中国已超越美国、德国和日本——2000年时的世界出口前三强——成为今天的最大出口国。此外，中国在30年时间里大幅削减了贫困率，日均收入不足1.90美元的人口所占的比例从20世纪80年代的近90%下降到2012年的6.5%。③

---

* Fabrizio Zilibotti，耶鲁大学国际和发展经济学Tuntex讲席教授。本文为提交给2016年8月在日内瓦召开的欧洲经济学会（European Economic Association）的主席演讲稿。本文基于作者及其合作者多年来对中国的研究，这其中作者特别要提到Simon Alder、宋铮、Kjetil Storesletten和王一凯。作者特别感谢Dirk Krueger出色的编辑评论，Stefan Binder、Jennifer Langenegger、Julian Schärer，尤其是Severin Lenhard和Laura Zwyssig出色的助研工作。另外，还要感谢Philippe Aghion、Simon Alder、白重恩、Yuan Li、林毅夫、Maria Saez Marti和宋铮对演讲的评论，以及“EEA Annual Congress 2016”、布朗大学的“Frederic B. Garonzik Lecture”、在杜伊斯堡召开的“Chinese Economic Association Annual Conference 2016”与会者的评价，以及清华大学“增长与制度研究中心”对最初版本的编辑修改。最后，感谢Swiss National Science Foundation的资助。原文发表于*Journal of the European Economic Association*，2017，15（5）：第943—988页。本文翻译发表得到了牛津大学出版社以欧洲经济学会名义的授权。牛津大学出版社和欧洲经济学会不对翻译的准确性负责。

② 参见IMF的估计（根据World Economic Outlook Database，2016年4月），以及Penn World Tables 9.0。

③ 参见World Bank Open Data（2016）。

实现这一炫目的增长成就的制度架构在20世纪80年代早期建立，当时启动的经济改革为中国快速提高产出和生产率铺平了道路。自那之后，中国的人均GDP快速向经合组织国家的水平趋同，到2016年已达到美国的27%。这一趋势在21世纪头十年继续加速，中国当时的年均增长率达到了史无前例的近10%。

以官方公布的2016年6.7%的增长率计算，中国目前向发达国家的趋同势头依然强劲。①可是趋同的速度自2011年起已有所下滑，而且未来数年的增长预计还将减速。这种减速在某些方面是意料之中，符合有关增长和趋同的标准理论的推断（参见Solow，1956；Barro and Sala-i-Martin，1997；Howitt，2000）。然而中国全要素生产率的增长率也出现了快速下滑，表明问题可能更为严重。经历了前些年的资本存量快速积累后，如今的中国面临某些重工业部门的严重产能过剩，如水泥和钢铁等。近年来对住房市场和国家金融稳定的担忧也在加剧。随着股票市场的动荡以及公私债务的剧增，中国经济快速向发达国家趋同的可持续性引起了各方的怀疑。

中等收入陷阱。中国的经济辉煌突然终结、落入中等收入陷阱的可能性已成为广泛推测的话题。从经验来看，中等收入陷阱的概念并未得到确认。学者对它的定义和测量标准也没有达成共识。有人认为，人均GDP达到1.65万美元（2005年美元价值）是个危险地带（Eichengreen、Park and Shin，2012，2013）。②但由于全球的收入水平在逐步提升，定出一个绝对标准难以自圆其说。例如在英国工业革命之前，世界各国都在一个很低的人均收入水平上徘徊。所以更易接受的观点是，如果存在这样的收入标准，也应该以相对值而非绝对值来定义。许多发展中国家在达到世界前沿国家25%—30%的水平时偏离了高增长轨道。中国目前正处在类似的区间。与上述观点对应，图1显示了9个新兴经济体在其人均GDP首次超过美国的15%那一年（大约相当于中国的2007年）之后的增长轨迹。从中可以看出，韩国和台湾地区的趋同走势持

① 中国的官方数据经常受到质疑，本文对此不做详细讨论。虽然这些统计数据不够完善并容易受到操纵（尤其是在地方层面），总体上依然能提供帮助。例如，在下面介绍的一项研究中（Alder、Shao and Zilibotti，2016），我们发现夜间照明数据与官方的城市经济统计数据高度相关。本文涉及的许多研究是基于微观企业层面的数据，会相应提及其数据来源。

② 这些研究者认为，减速往往涉及早期的高速增长、人口老龄化、过高的投资率以及低估的外汇汇率等因素，中国都不能避免。

续了 40 年或更长时间，其他经济体则出现下滑，拉丁美洲的阿根廷、巴西和秘鲁等国尤为明显，亚洲的印度尼西亚、马来西亚和泰国也未能幸免。

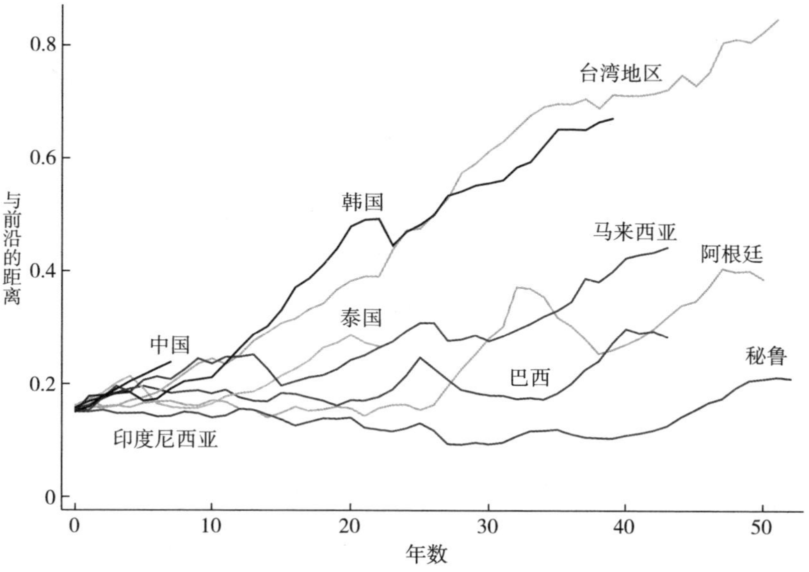

图 1　部分新兴经济体的增长轨迹

注：$t=0$ 是各国人均 GDP 相对于美国的水平达到或超过中国在 2007 年的水平（15%）的第一年。数据来自 Penn World Tables 9.0。本图借鉴了艾亚尔等人（Aiyar et al.，2013）的研究方法。

新兴经济体的历史表明，中国或许已到达一个关键节点。接下来会延续韩国和台湾地区式的成功道路，还是会失去动力、滞留在中等收入水平？本文试图借助经济学理论和国际经验给出某些解答，其基本假说是（理论基础将在第 2 节介绍），新兴经济体的技术和收入趋同过程要经历两个不同的阶段。在第一阶段，与前沿水平距离遥远，主要增长驱动力是物质资本投资、对外国先进技术的模仿，以及资源从低效率部门向高效率部门的转移（如工业化），产业政策和其他政策在此阶段有助于促进增长。在第二阶段，已更为靠近世界技术前沿，必须转向新的增长驱动力——创新。在此阶段，政府必须引入市场导向的改革措施，以破除不利于竞争的壁垒，让最优秀的企业和企业家能够脱颖而出。

重大事件的时间脉络。图 2 描绘了对我的假说具有关键作用的一些中国经济重大事件的时间脉络。图中的黑色线条代表投资驱动的增长期，线条颜色变浅的区域则代表应该通过创新来驱动增长的时期。经济趋同的第一个时期从毛

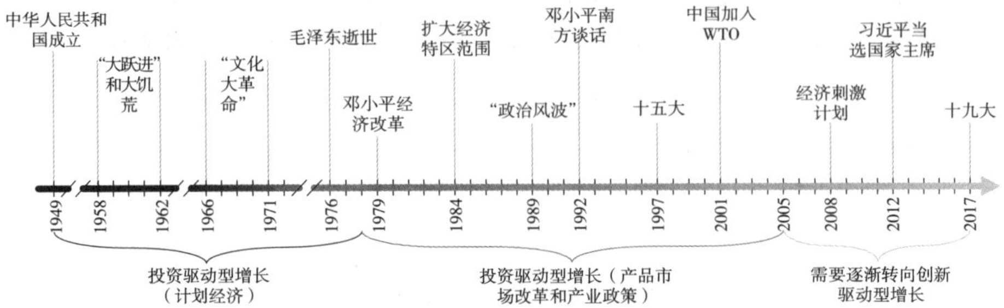

图2 中国经济发展的重大事件的时间脉络

注：深灰色的线条代表经济体能通过投资驱动型增长快速发展的阶段；灰色线条代表经济体必须转型到创新驱动型增长的阶段。黑色线条代表改革前的时期。

泽东时代开始，中华人民共和国在1949年成立时，是一个非常贫穷的农业经济体。近期的研究（本文第3.1节将介绍）表明，虽然在1949—1979年采取了许多错误的政策，但中国依然维持了一定的经济增长。只是由于计划经济普遍缺乏效率以及与世界脱轨，其进步幅度显著落后于潜在水平。

转折点出现在1978年12月，标志着邓小平领导下的市场导向的经济改革起步。邓小平选择维持政治制度而推行经济改革的道路，在党内和社会上遇到了某些阻力，并引起了20世纪80年代后期的激烈斗争。不过他在1992年著名的南方谈话中确立了市场导向改革的坚定承诺，消除了不确定性。这一事件给江泽民领导下的最重要的经济改革铺平了道路：养老体制改革、住房市场改革，以及由中共十五大推动的最关键的工业企业大规模民营化。中国今天的市场经济依然保留了许多特色，使其与西方资本主义迥然不同（见本文第3.2节），包括政府强势而直接地参与生产活动，以及旨在促进特定地区或产业的投资和技术选择，或扶持出口部门的广泛产业政策等（如建立经济特区）。在2001年加入世界贸易组织（WTO）以后，中国的经济改革步伐有所放缓，但此时可以充分利用之前的改革红利，得以实现现代中国历史上最快的经济增长。

在新千年第一个十年的后期，中国已跻身上中等收入国家行列。在这个发展阶段，维持增长必须转向创新驱动。这个转轨已在多大程度上完成或者正在发生？本文的第3节和第4节将予以回答。一方面看，中国经济明显增加了对创新活动的投资，例如研发投资占GDP的比重在今天已达到欧盟的平均水平。但另一方面，目前的转轨还有若干含糊不清之处。我的分析关注两个重大事件。首先，国务院于2008年11月实施的经济刺激方案似乎让国有部门重新发挥了关键作用，复苏了投资驱动型增长（第3.3节）。其次，转轨受制于严重的政治经济壁垒，这在现有的制度架构内难以克服。对于这方面的担忧，本文第4.3节所介绍的某些研究（König et al.，2017）认为，研发支出的高涨或许掩盖了大量的低效率和资源错配，限制了创新型投资的生产率。解决此类矛盾，对中国完成经济追赶、摆脱中等收入陷阱至关重要，尤其是在全球贸易的未来面临更多不确定性的情况下。

本文其余章节的结构安排如下：第2节引入投资驱动型增长和创新驱动型增长的理论，并介绍对该理论的推断提供支持的国际经验；第3节讨论中国的投资驱动型增长的源泉；第4节讨论中国向创新驱动型增长转型；第5节为总结。

2. 同前沿水平的距离与经济增长

我和阿西莫格鲁、阿吉翁在之前的一篇论文（Acemoglu、Aghion and Zilibotti，2006，以下称AAZ）中提出了一个理论，说明在某个国家的整个经济发展历程中，不同的增长驱动力会在不同的阶段发挥关键作用。在早期阶段，该国的发展远离前沿水平，用投资驱动策略可以实现高速增长，主要是依靠物质资本投资、资源重新配置和产业结构转型，在企业和产业之间改进生产资源的配置，并通过模仿和引进外国技术来实现追赶。政府干预可以促进这一阶段的经济增长，如选择性地扶持某些地区或领军企业，以鼓励快速的资本积累和技术应用。此类歧视性政策也有代价，会妨碍企业进入，制约对最有效率的企业以及优秀的经理人和企业家的选拔。然而在跨期差异和市场失灵现象比较显著的环境中，此类策略的收益往往大于成本。较大的在位优势（incumbency premia）有利于减轻协调问题，克服信贷市场与合同的摩擦。

不过，随着该国向世界前沿水平趋同，促进高投资的政策将逐渐成为维持进一步发展的负担。在较为简单的技术得到应用后，继续模仿和引进的空间变小，投资回报下降。扶持内部人的政策也开始出现收益下跌。在此节点上，对物质资本积累的关注应转向人力资本和创新的因素。①此时需要新的政策和制

① 有研究认为（Galor and Moav，2004），西欧的工业革命也有过类似的顺序特征，初期是物质资本积累更为重要，后来人力资本积累成为经济增长的主要驱动力。但是他们认为的机制不同，其重点是关注前沿经济体，而本文是关注发展中和新兴经济体向前沿国家趋同。

度，以打造公平竞争环境，促进企业进入，增强竞争力度，实现创造性破坏。优先选项不再是简单地通过银行中介把储蓄资金引入现有企业，而是给创新融资创造条件，如加强投资者保护，降低初创企业的进入成本等。只有制约腐败、鼓励建设良好的制度、加强经济和政治竞争的政策，才能实现繁荣的创新驱动型增长。

2.1 理论

本节将简要描述 AAZ 研究中提出的正式理论模型，对有关技术细节不太关注的读者可以跳过，直接阅读第 2.2 节的经验分析。

该理论的关键是以如下公式来描述向前沿水平趋同的经济体在技术进步上的运动规律：

$$A(\nu,t) = \underbrace{\eta(\nu,t)\bar{A}(t-1)}_{\text{模仿}} + \underbrace{\gamma(\nu,t)A(t-1)}_{\text{创新}} + \varepsilon(\nu,t) \qquad (1)$$

其中，$A(\nu, t)$ 代表企业 v 在时间 t 时的全要素生产率；$A(t) \equiv \int_0^1 A(\nu, t)d\nu$ 是全国的全要素生产率平均值；$\bar{A}(t)$ 是世界技术前沿水平的全要素生产率，其增长率为外生的 g。$\eta(\nu, t)\bar{A}(t-1)$ 和 $\gamma(\nu, t)A(t-1)$ 分别代表模仿—应用和创新—改造带来的全要素生产率提高。$\varepsilon(\nu, t)$ 是均值为零的随机变量，代表不同企业（或产业）的创新成绩的差异。与具体企业有关的 $\eta(\nu, t)$ 和 $\gamma(\nu, t)$ 分别代表企业的投资潜力和企业家技能。以上各项所发挥的关键作用将在下文详述。请注意，假定所有企业在初始阶段都具有同样的知识水平 $A(t-1)$，以简化分析。在另一份研究中，我们分析了企业知识基础各异的更复杂模型（König、Lorenz and Zilibotti，2016），也就是以 $A(\nu, t-1)$ 代替了 $A(t-1)$。该模型更贴近现实，能得出更多的理论预测，但由于把全要素生产率的分布视为内生的动态结果，也复杂得多。公式（1）中介绍的简化假设使该模型更易于控制。

接下来我们把 $a(t) \equiv A(t)/\bar{A}(t)$ 定义为该国在时间 t 与前沿水平的接近程度。将（1）式对 v 求积分得到各企业的总和，并同时除以 $\bar{A}(t)$（注意 $\bar{A}$ 是以外生的 g 增长），可以得到：

$$a(t) = \frac{1}{1+g}(\eta(t) + \gamma(t)a(t-1)) \qquad (2)$$

其中，$\eta(t)$ 和 $\gamma(t)$ 是全国范围的 $\eta(\nu, t)$ 和 $\gamma(\nu, t)$ 的平均值。

只要 $\gamma > 1 + g$，则意味着该国将向前沿水平趋同（$a = 1$）。

在 AAZ 研究的有完全微观基础的模型中，企业经营者是世代交叠的企业家，他们的生存跨越两个时期，有不同类型的能力。比例为 π 的企业家拥有较高的能力，比例为 $1 - \pi$ 的企业家拥有较低的能力。某个特定的企业家的能力是高是低，在其出生时并不清楚，但可以由其生存的第一阶段的经营业绩表现出来。假设企业与企业家的整体表现是不随时间改变的常数。企业家致力于其生存期内企业利润的现值最大化。全要素生产率的变化则由公式（1）决定。企业家面临信贷约束，缺乏财富的年轻企业家受限制较大，年长企业家可以利用留存收益来放松信贷约束，以启动更大的投资项目。这意味着老企业（即由年长企业家经营的企业）的规模更大。

假设投资可以带来技术应用，因此更大的投资能通过模仿带来更大的产出和更快的全要素生产率增长。更规范地说，由于投资潜力取决于企业家的年龄，则新企业的投资潜力为 $\eta(\nu, t) = \eta_L$；老企业的投资潜力为 $\eta(\nu, t) = \eta_H > \eta_L$。假设创新与企业规模无关，而取决于企业家的能力。更规范地说，对于低能力企业家经营的企业，企业家技能为 $\gamma(\nu, t) = \gamma_L$；对于高能力企业家经营的企业，企业家技能为 $\gamma(\nu, t) = \gamma_H > \gamma_L$。

在没有信贷约束的最优化场景中，所有企业都会选择大型投资项目，也就是 $\eta(t) = \eta_H$。该选项的运转模式如下：把能力未知的年轻企业家分派给企业，然后把其中表现出高能力的人留下，再用更年轻的企业家替代低能力的人。于是得到：

$$\gamma(t) = \underbrace{\left(\frac{1}{2} + \frac{1}{2}(1 - \pi)\right)}_{\text{衡量新企业}} \times (\pi\gamma_H + (1 - \pi)\gamma_L) \underbrace{+ \frac{\pi}{2}}_{\text{衡量老企业}} \times \gamma_H \equiv \bar{\gamma}$$

在最优化场景中，创新和模仿都能促进全要素生产率的提高，其增长率实现了最大化。

但由于年轻企业家面临信贷约束，最优场景不能实现，必须在创新和模仿之间权衡取舍。在分权化均衡中，可能出现两类不同的合同安排。第一类安排是投资驱动型增长，把所有年长企业家都留任到最后。于是，有一半的企业是新企业、小企业，另一半的企业是老企业、大企业：$\eta(t) = \bar{\eta} \equiv (\eta_H + \eta_L)/2$。企业家技能则等于全部企业家的均值 $\gamma(t) = \underline{\gamma} \equiv \pi\gamma_H + (1 - \pi)\gamma_L$。这个合同安排使信贷约束的影响最小化，其代价是劣化了企业选拔。第二类安排是创新驱动型，只有高能力企业家被留用，意味着：$\gamma(t) = \bar{\gamma}$。然而其代价是，有更多比例的新企业，造成企业的平均规模缩小。更规范地描述为：$\eta(t)=\underline{\eta}$，其中：

$$\underline{\eta}\equiv\underbrace{\left(\frac{1}{2}+\frac{1}{2}(1-\pi)\right)\times\eta_L}_{\text{衡量新企业}}+\underbrace{\frac{\pi}{2}\times\eta_H}_{\text{衡量老企业}}$$

总体而言，在投资驱动型增长的均衡中，老企业较多，投资项目规模较大。这会带来更多的模仿，使得 η 更高。相反，在创新驱动型增长中，企业更年轻，只有表现好的企业能生存下去。可是年轻企业家受到的信贷约束更大，导致投资规模较小。这一均衡带有更激烈的争夺、选拔和创新的特征，使得 γ 更高。公式（2）表明，随着该国向先进水平趋同，创新对于全要素生产率增长的重要性将提高。这就造成：模仿/创新在技术趋同的早期/后期阶段分别具有比较优势。

为更加规范地描述这种比较优势，令：$\widehat{a}\equiv(\bar{\eta}-\underline{\eta})/(\bar{\gamma}-\gamma)\in(0,1)$。从图 3 中可以看到，对于 $a(t-1)<\widehat{a}$，投资驱动型增长能实现增长率最大化；而对于 $a(t-1)>\widehat{a}$，创新驱动型增长能实现增长率最大化。如果进一步假设 $g\equiv\underline{\eta}+\bar{\gamma}-1$，则创新驱动型增长能实现向前沿技术水平的完全趋同。

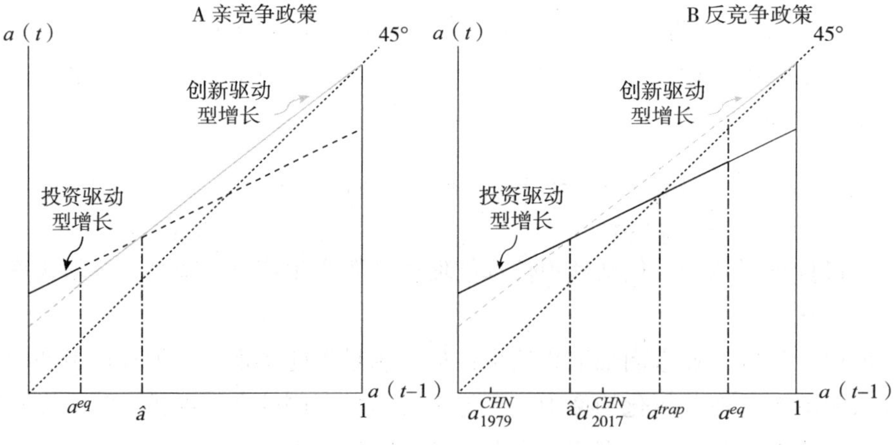

图 3　AAZ 模型：两类政策的比较

注：左侧显示某个经济体由于缺乏对在位企业的支持，不能在发展的早期阶段实现增长速度最大化。右侧显示某个经济体由于采取反竞争政策，在发展的后期阶段不能实现增长速度最大化，落入中等收入陷阱。

在分权化均衡中选择何种制度或何种制度次序取决于企业和投资者的最优

合同安排，这在 AAZ 的研究中有详细讨论。这里概述其结论，均衡表现为与增长率最大化策略相同的次序：在远离前沿水平时，该国选择投资驱动型增长轨迹；到某个点（图中的 a^{eq}）之后，转向创新驱动型增长。一般来说，a^{eq}不同于 $\widehat{a}$。由于各种摩擦因素的相互作用，a^{eq}可能低于或高于 $\widehat{a}$。这个不确定因素的解决会受到政策的影响。在采用促进竞争政策的国家（图 3 中的 A 部分），在位企业的利润更低，在信贷市场上的优势也就较少，a^{eq}通常会低于 $\widehat{a}$。因此这些国家在 $a \in [a^{eq}, \widehat{a}]$ 的阶段，由于信贷市场的缺口较大，其增长率会低于潜在增长率。相反，在采用和保持积极产业政策、设置进入壁垒的国家，给予在位企业更大优势，a^{eq}往往高于 $\widehat{a}$（图 3 中的 B 部分）。在此情形下，对于 $a \in [\widehat{a}, a^{eq}]$ 的阶段，其增长率会低于潜在增长率。更糟糕的是，这些国家将难以向前沿水平趋同，而落入中等收入陷阱，即 a^{trap}。

更一般地说，该理论认为采用产业政策或其他反竞争措施的国家可能在早期发展阶段实现快速增长，但如果未能在后期阶段对这些政策进行改革以促进优胜劣汰，则面临增速快速下滑、落入中等收入陷阱的可能性。图 4 显示了与图 3 类似的信息，但强调增长率同距离前沿水平远近的关系。在早期发展阶段，采用投资驱动型增长策略能实现更快的增长。但过于长久地坚持这一策略，将损害后期发展阶段的增长。①这一理论推测将与后一节中利用国际经验研究进行比较。

2.2 国际经验

利用若干非前沿国家（包括非经合组织国家以及到 20 世纪 90 年代才加入经合组织的国家）作为样本，AAZ 的研究发现，在远离前沿水平时，给企业设置较高进入壁垒的经济体实现了不错的增长业绩。而在靠近前沿水平时（以劳均 GDP 与美国的相对值衡量），产业进入壁垒较少、实施公平竞争制度的国家有更快的增速。AAZ 的研究根据“开办新企业需要完成多少个程序”的变量（借用 Djankov et al.，2002），把各样本国家划分为高进入壁垒和低进入壁垒两类。该研究开展的面板数据回归采用了如下等式：

---

① 图 4 并没有包括收入太低、各国都选择投资驱动型策略以及收入较高、各国都选择创新驱动型策略的区域，而是聚焦于中间区域，各国可以采用竞争促进政策来推动创新驱动型增长，或者以反竞争政策推动投资驱动型增长。

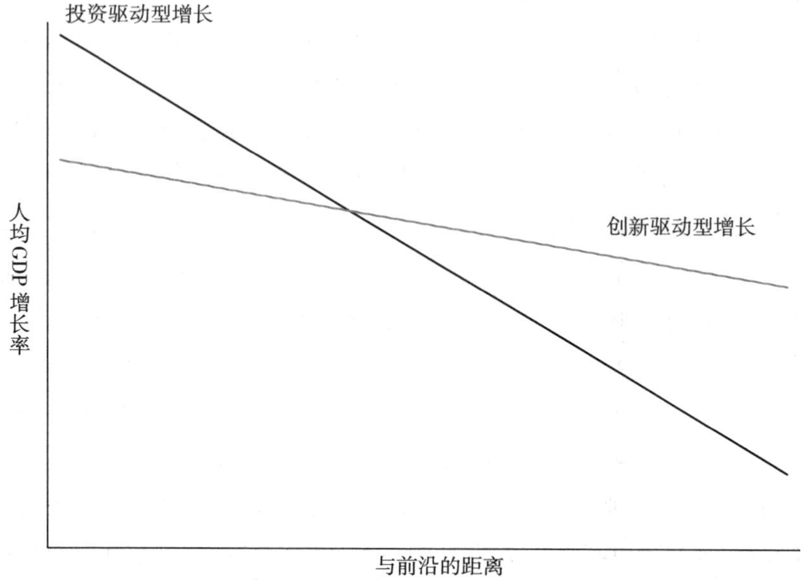

图4　增长及与前沿水平的距离

注：该图显示了对两个经济体增长的理论预测，由于不同的政策体制，它们分别选择了投资驱动型（黑色）和创新驱动型（灰色）增长战略。

$$g_{i,t} = \alpha_{0,HB}HB_i + \alpha_{0,LB}LB_i + \alpha_{1,HB}\left(\frac{y_{i,t-1}}{y_{U.S.,t-1}} \times HB_i\right) + \alpha_{1,LB}\left(\frac{y_{i,t-1}}{y_{U.S.,t-1}} \times LB_i\right) + d_i + f_i + \varepsilon_{i,t} \quad (3)$$

其中，因变量是某国劳均GDP在时期$t-1$到时期t的增速（一个时期为5年）。自变量包括：一个代表高进入壁垒或低进入壁垒的哑变量，在时期间隔之初与前沿技术水平的距离，以及反映国家和时间固定效应的一整套变量。通过对该等式的估算，可以得出一个相关系数$\alpha_{1,HB}$，其值比$\alpha_{1,LB}$更显著为负。表明高进入壁垒国家在远离前沿水平时可能以更快速度实现趋同（当然对相关系数的差异的估算并不很准确），但在接近前沿水平时，趋同速度却明显更慢。

该研究还考虑了存在持续相互作用的另一种特殊情形：

$$g_{i,t} = \beta_0 + \beta_1 B_i + \beta_2 \frac{y_{i,t-1}}{y_{U.S.,t-1}} + \beta_3\left(\frac{y_{i,t-1}}{y_{U.S.,t-1}} \times B_i\right) + d_i + f_t + \varepsilon_{i,t} \quad (4)$$

其中，B_i 代表产业进入壁垒的持续指标。结果发现 β_3 的估算值为负数，表明各国经济越接近前沿水平，进入壁垒的负面影响越大。①

基于 AAZ 的研究，我利用更近期的数据测算出，该研究得出的结论具有稳健性。此外，我还考察了根据该理论可能发挥作用的其他制度变量的影响，利用非经合组织国家样本组 1965—2014 年的数据，②针对不同于 AAZ 研究中的产业进入壁垒的其他三个制度特征，并采用更长时间跨度，对以上的等式（3）和等式（4）做了类似回归。③这三个制度特征具体是指：另一个反映市场进入壁垒的指标、腐败指数，以及研发支出在 GDP 中的占比。下面将介绍每个制度特征以及主要的回归结果。

市场进入壁垒。图 5 显示了高进入壁垒国家和低进入壁垒国家在接近前沿水平时增长率的下降走势。④国家分类标准是世界银行营商环境项目（2004—2016）中采用的“企业注册所需程序的总数量”这一变量。⑤该指标可以代表企业家开办新企业时需克服的障碍大小，也近似于现有企业获得的保护程度。如果这类行政壁垒使新企业难以进入市场，则竞争和创造性破坏的力度会更小。因此高进入壁垒国家更倾向于投资驱动而非创新驱动的增长。随着向前沿水平趋同，投资驱动型增长的空间会缩小，追赶势头放缓。

对等式（3）的回归结果如表 1A 所示，报告了系数 $\alpha_{1,HB}$ 和 $\alpha_{1,LB}$ 的估计值。

---

① 另有研究发现人力资本密度及构成有相似的特点（Vandenbussche、Aghion and Meghir, 2006），特别是，高技能人力资本劳动力（以高等教育年限为指标）在靠近技术前沿时有更大的增长促进效应，表明随着经济活动更依赖创新和知识，高素质劳动力的禀赋（而非平均人力资本水平）对维持高速增长将变得非常关键。

② 该样本组包含 43 个非经合组织国家，以及在 1993 年后才加入经合组织、因此被视为新兴经济体的智利、以色列、韩国和墨西哥。选择它们是因为该理论重点关注非前沿经济体，但大多数结论对纳入经合组织国家也具有稳健性。劳均 GDP 数据来自 Penn World Tables 9.0。有关教育的数据来自 Barro and Lee Educational Attainment Dataset。

③ 与 AAZ 理论的情形类似，这些制度变量被视为不随时间改变。这个重要的限制因素是由于数据的局限：这些指标的时间变化较少，通常只有近年来的数据。更具体地说，进入壁垒指标只有 2004 年以后的数据，腐败指数是 1995 年以来的，研发支出指标是 1996 年以来的。即使在近些年，这些数据依旧不完整。因此我是利用各国的平均数。所有的研究结论都只能解释为相关关系，而非因果效应。

④ 该图应该与图 4 对比来看。高进入壁垒国家坚持投资驱动型增长的道路，而低进入壁垒国家选择了更多创新驱动增长的模式。

⑤ 世界银行如今在报告该指标时区分了男性和女性。为便于比较，我采用了男性的指标。如果采用男性和女性指标的平均数，结果不会发生改变。

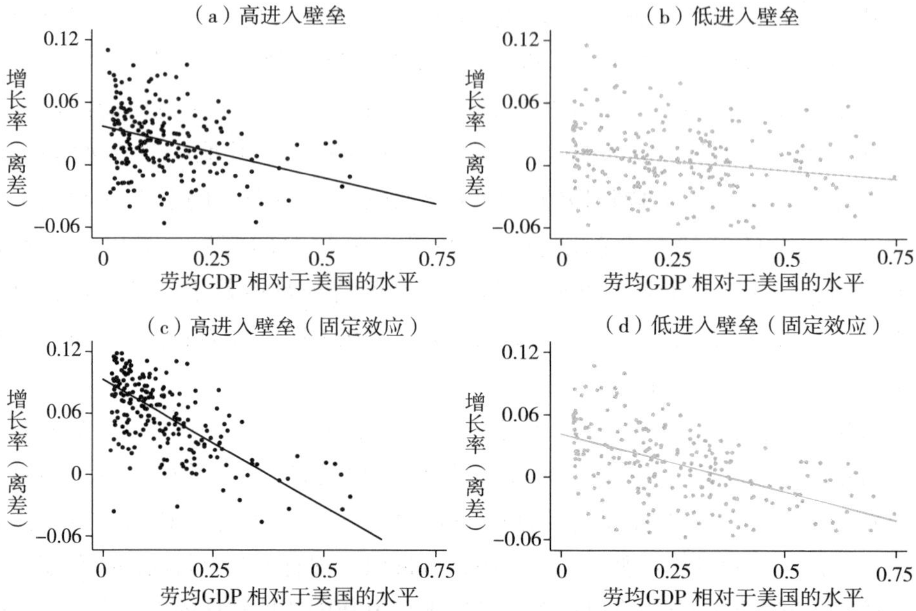

图 5　高进入壁垒国家和低进入壁垒国家，增长及与前沿水平的距离

注：图中的上半部分显示了增长及与前沿水平的距离的关系，其中排除了撒哈拉以南非洲国家的固定效应，并划分为高进入壁垒和低进入壁垒两类。下半部分显示的增长及与前沿水平的距离的关系，排除了国家固定效应，并划分为高进入壁垒和低进入壁垒两类。

表中的第（1）列和第（2）列包括撒哈拉以南非洲国家的固定效应，第（3）列到（5）列控制了所有国家固定效应。相应地，图 5 的上部反映的是劳均 GDP 增长率减去国别组固定效应的结果，下部是劳均 GDP 增长率减去国家固定效应的结果。①可以看到，左边的回归线的斜率明显大于右边，说明高进入壁垒国家在靠近前沿水平时增长业绩会更快速地下滑。根据 AAZ 的研究，表 1A 的最后两列是基于工具变量方法，与前沿水平的趋同程度用一个时期的滞后值表示。最后，第（2）列和第（5）列控制了教育因素的影响。在大多数情况下，同前沿水平的趋同程度与增长的关系在高进入壁垒国家都更显著为负。

在表 1B 中，我用连续的市场进入壁垒指标结合与前沿水平的接近程度对等式（4）的参数进行了估计。具体来说，B_i 指在国家 i 开设新企业所必需的

① 图 5 和表 1 显示了进入壁垒、腐败和研发密度对增长趋同的影响，反映在图中的回归线的斜率上。由于国家（或国家组）固定效应和时间哑变量，增长率的高低并不说明问题，三个图中的增长率为视觉感受需要做了调整。

表 1　增长，与前沿水平的距离以及市场进入壁垒的关系

	(1)	(2)	(3)	(4)	(5)
	OLS			IV	
	A（1965—2014）：因变量为劳均 GDP 增长率，自变量为世界银行的进入壁垒				
距离 × 高壁垒	-0.094	-0.079	-0.243	-0.513	-0.297
	(0.024)	(0.015)	(0.058)	(0.082)	(0.070)
距离 × 低壁垒	-0.040	-0.048	-0.116	-0.140	-0.141
	(0.013)	(0.018)	(0.025)	(0.033)	(0.027)
不同的系数置信区间的 P 值	0.040	0.122	0.047	0.000	0.039
国家固定效应	否	否	是	是	是
控制教育	否	是	否	否	是
观测值数量	456	423	456	414	384
R^2	0.30	0.38	0.25	0.15	0.21
	B（1965—2014）：因变量为劳均 GDP 增长率，自变量为世界银行的进入壁垒				
壁垒	-0.000	-0.000			
	(0.001)	(0.001)			
距离	-0.014	-0.015	-0.087	-0.105	-0.097
	(0.019)	(0.022)	(0.050)	(0.059)	(0.048)
距离 × 壁垒	-0.005	-0.005	-0.007	-0.012	-0.008
	(0.003)	(0.003)	(0.007)	(0.008)	(0.006)
国家固定效应	否	否	是	是	是
控制教育	否	是	否	否	是
观测值数量	456	423	456	444	413
R^2	0.15	0.19	0.24	0.16	0.20

注：括号内为标准差。因变量为劳均 GDP 的五年期平均增长速度（1965—1970 年，1970—1975 年，…,2005—2010 年）。最后一个时段包含 4 年（2010—2014 年）。自变量——与前沿水平的距离——是某个国家的劳均 GDP 同美国水平的比率，均在每个时期的期初计算。自变量——进入壁垒——是 2004—2016 年世界银行的注册新企业所需程序的变量。自变量——高进入壁垒和低进入壁垒是一个哑变量，对于注册新企业所需程序超过或等于所有国家均值的取 1，其余取 0。控制变量——教育——是超过 25 岁的男性人口的平均学校教育年限（期初值）。第（1）列和第（2）列使用聚类标准误。所有列中都包含时间固定效应。第（1）列和第（2）列包括撒哈拉以南非洲国家的哑变量。在表 1A 中，第（4）列和第（5）列表示与前沿的距离和高低进入壁垒之间的交叉项，用相同变量的一期滞后作为工具变量，在表 1B 中，与前沿距离的主要影响以及该距离同进入壁垒的交叉项，用相同变量的一期滞后作为工具变量。

程序数量。回归系数 β_3 在边际上统计不显著，但总是负值。这证明，市场进入壁垒较高的国家在更加靠近技术前沿时，增长率更低。

腐败。反映在位企业得到的歧视性扶持的第二个指标是腐败，我采用透明国际组织（Transparency International）的腐败感知指数（Corruption Perceptions Index）来测量腐败程度。①该指数描述的是人们对一国公共部门感知到的腐败水平，反映了官僚攫取的一般租金对增长率的制约，与发展阶段无关（Mauro，1995）。此外我认为，腐败与官僚机构给关联企业提供的特殊待遇有关，破坏了公平竞争环境。因此腐败阻碍了自由竞争。下文将谈到，对腐败的高容忍度让关联企业和地方官员分享地方保护制造的租金，在这方面，中国是比较典型的例子。本文第 3 节将指出，此类地方垄断体系事实上可能不会妨碍投资，反而可能发挥促进作用。

与 AAZ 模型的预测一致，图 6 显示，腐败的影响与市场进入壁垒是类似的：在腐败感知程度较高的国家，经济表现随着向前沿水平趋同而显著加速下滑。相反，在腐败感知程度较低的国家，趋同效应（即增长率的下滑速度）更为温和。

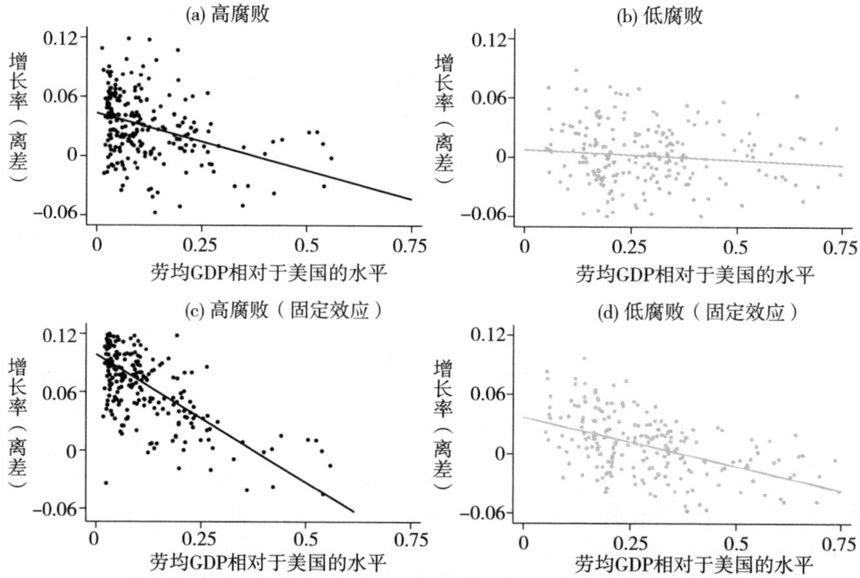

图 6　高腐败国家和低腐败国家的增长及与前沿水平的距离

注：图中上半部分显示了增长及与前沿水平的距离的关系，其中排除了撒哈拉以南非洲国家的固定效应，并划分为高腐败和低腐败两类。下半部分显示增长及与前沿水平的距离的关系，排除了国家固定效应，并划分为高腐败和低腐败两类。

① 腐败感知指数给清廉国家评分较高，给腐败国家评分较低，是腐败程度的逆评价指标。为便于解释，我们在估算中采用了该指数的负值，使腐败国家的分值较高，清廉国家的分值较低。

表 2 的回归分析证实了这些结果。在表 2A 和表 2B 的所有方面，回归系数都符合预期。表 2A 所有系数都非常显著，表 2B 的混合回归结果在边际上不显著，但在纳入国家固定效应后也变得显著。

表 2　增长，与前沿水平的距离以及腐败的关系

	(1)	(2)	(3)	(4)	(5)
	OLS			IV	
	A（1965—2014）：因变量为劳均 GDP 增长率，自变量为腐败感知指数				
距离 × 高腐败	-0.109	-0.097	-0.256	-0.517	-0.302
	(0.027)	(0.020)	(0.058)	(0.080)	(0.069)
距离 × 低腐败	-0.028	-0.035	-0.109	-0.132	-0.134
	(0.010)	(0.014)	(0.023)	(0.029)	(0.024)
不同的系数置信区间的 P 值	0.005	0.005	0.019	0.000	0.021
国家固定效应	否	否	是	是	是
控制教育	否	是	否	否	是
观测值数量	467	434	467	424	394
R^2	0.30	0.38	0.25	0.16	0.21
	B（1965—2014）：因变量为劳均 GDP 增长率，自变量为腐败感知指数				
腐败	-0.005	-0.006			
	(0.002)	(0.002)			
距离	-0.115	-0.099	-0.278	-0.475	-0.315
	(0.032)	(0.027)	(0.061)	(0.075)	(0.063)
距离 × 腐败	-0.007	-0.005	-0.024	-0.049	-0.028
	(0.005)	(0.003)	(0.009)	(0.011)	(0.009)
国家固定效应	否	否	是	是	是
控制教育	否	是	否	否	是
观测值数量	467	434	467	455	424
R^2	0.16	0.22	0.25	0.15	0.20

注：括号内为标准差。因变量为劳均 GDP 的五年期平均增长速度（1965—1970 年，1970—1975 年，…，2005—2010 年），最后一个时段包含 4 年（2010—2014 年）。自变量——与前沿水平的距离——是某个国家的劳均 GDP 同美国水平的比率，均在每个时期的期初计算。自变量——腐败——是每个国家在 1995—2011 年的腐败感知指数的平均（反向）值。自变量——高腐败和低腐败——是一个哑变量，对于腐败水平超过或等于所有国家均值的国家取 1，其余取 0。控制变量——教育——是超过 25 岁的男性人口的平均学校教育年限（期初值）。第（1）列和第（2）列使用聚类标准误。所有列中都包含时间固定效应。第（1）列和第（2）列包括撒哈拉以南非洲国家的哑变量。在表 2A 中，第（4）列和第（5）列表示与前沿的距离和高低腐败之间的交叉项，用相同变量的一期滞后作为工具变量，在表 2B 中，与前沿距离的主要影响及其同腐败的交叉项，用相同变量的一期滞后作为工具变量。

这些分析表明，随着各国趋同于世界前沿技术水平，减少市场进入壁垒和腐败会促进其增长。AAZ 的研究还指出，中等收入国家应该转向创新驱动。由此，下文将考察研发密度（R&D intensity，创新投资活动的标准代理变量）与增长率在不同趋同过程中的相关关系。①

研发支出。我以研发支出占 GDP 的比重来测算创新倾向（数据来源为 World Bank，based on UNESCO）。虽然这是个结果变量，但 AAZ 模型假设研发密度会受到政策与制度安排（如确保公平竞争环境、对研发的补贴等）的影响。如图 7 所示，在各国趋同技术前沿水平时，研发密度低的国家的增长业绩会更快下滑。相反在研发密度高的国家，趋同过程的减速会缓和得多。

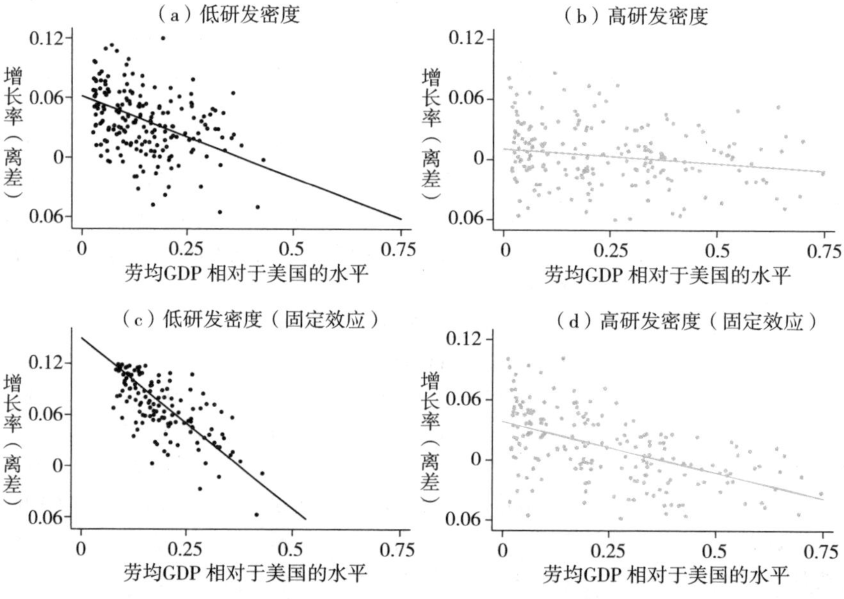

图 7　不同研发密度的国家的增长及与前沿水平的距离

注：图中的上半部分显示了增长及与前沿水平的距离的关系，其中排除了撒哈拉以南非洲国家的固定效应，并划分为高研发密度和低研发密度两类。下半部分显示了增长及与前沿水平的距离的关系，排除了国家固定效应，并划分为高研发密度和低研发密度两类。

表 3A 证实了图中的结果，数据上 $\alpha_{1,HB}$ 小于 $\alpha_{1,LB}$，但都呈现统计上显著的相关关系。表 3B 的结果更具争议。在没有国家固定效应的混合回归中，交叉项的系数显示为负。但在考虑到国家固定效应后则显示为正，且具有统计显著

① 在此情形下，研发支出的潜在内生性是个严重的疑问。因此我对此都解释为相关关系。

性。因此，研发密度高的国家的增长率在靠近技术前沿时明显更为强劲。或者说，研发密度低的国家在靠近技术前沿时会受到严重减速的打击。考虑了国家固定效应的面板回归结果符合我们的理论预测。

表 3　增长，与前沿水平的距离以及研发密度的关系

	(1)	(2)	(3)	(4)	(5)
	OLS			IV	
	A（1965—2014）：因变量为劳均 GDP 增长率，自变量为研发支出				
距离 × 低研发密度	-0. 162	-0. 145	-0. 378	-0. 733	-0. 433
	(0. 038)	(0. 029)	(0. 067)	(0. 104)	(0. 089)
距离 × 高研发密度	-0. 035	-0. 048	-0. 108	-0. 132	-0. 138
	(0. 010)	(0. 016)	(0. 026)	(0. 033)	(0. 026)
不同的系数置信区间的 P 值	0. 002	0. 002	0. 000	0. 000	0. 002
国家固定效应	否	否	是	是	是
控制教育	否	是	否	否	是
观测值数量	416	383	416	378	348
R^2	0. 33	0. 43	0. 27	0. 18	0. 25
	B（1965—2014）：因变量为劳均 GDP 增长率，自变量为研发支出				
研发密度	0. 018	0. 019			
	(0. 004)	(0. 003)			
距离	-0. 048	-0. 041	-0. 214	-0. 313	-0. 223
	(0. 024)	(0. 021)	(0. 040)	(0. 053)	(0. 043)
距离 × 研发密度	-0. 016	-0. 020	0. 051	0. 081	0. 044
	(0. 010)	(0. 009)	(0. 024)	(0. 030)	(0. 024)
国家固定效应	否	否	是	是	是
控制教育	否	是	否	否	是
观测值数量	416	383	416	405	374
R^2	0. 16	0. 21	0. 25	0. 18	0. 23

注：括号内为标准差。因变量为劳均 GDP 的五年期平均增长速度（1965—1970 年，1970—1975 年，…,2005—2010 年），最后一个时段包含 4 年（2010—2014 年）。自变量——与前沿水平的距离——是某个国家的劳均 GDP 同美国水平的比率，均在每个时期的期初计算。自变量——研发密度——是每个国家在 1996—2014 年的研发支出在 GDP 中的占比平均值。自变量——高研发密度和低研发密度——是一个哑变量，对于研发密度超过或等于所有国家均值的国家取 1，其余取 0。控制变量——教育——是超过 25 岁的男性人口的平均学校教育年限（期初值）。第（1）列和第（2）列使用聚类标准误。所有列中都包含时间固定效应。第（1）列和第（2）列包括撒哈拉以南非洲国家的哑变量。在表 3A 中，第（4）列和第（5）列表示与前沿的距离和高低研发支出之间的交叉项，用相同变量的一期滞后作为工具变量，在表 3B 中，与前沿距离的主要影响及其与研发密度的交叉项，用相同变量的一期滞后作为工具变量。

中国能够从国际经验中得到哪些启发？在至少20年来，中国一直是高投资率的模仿型经济的典型代表。维持着很高的制度化壁垒（下文将介绍），腐败非常普遍。要想成功开展商业经营，极为关键的一点是搞好与政府的关系。在以下各节，我将深入讨论在这一时期来自国内生产资源重新配置、各类鼓励投资的经济改革以及外国直接投资带来的技术转移给中国的好处；然后指出，随着与世界前沿技术水平的差距缩小，中国长期以来实施的增长政策的收益正在减少。我的核心观点是，如果继续采取扶持内部人和推动公共投资的政策，中国可能有落入中等收入陷阱的风险。所以维持高增长轨迹将取决于从投资驱动向创新驱动增长的转型，进而要求有相应的改革和政策措施，一方面鼓励市场和竞争，另一方面转换政府角色。

从表3B可以概括本文以下各节将得出的观点：1979年的中国是相当贫困的国家，与世界前沿水平存在巨大技术差距（即 $a_{1979}^{CHN} < \widehat{a}$），当时采取投资驱动型增长策略是合意的。但今天的中国或许已跨越了关键节点（即 $a_{2017}^{CHN} > \widehat{a}$），过去一直取得成功的策略反而会成为未来增长的负担，使中国面临滑入中等收入陷阱的风险。

3. 中国的投资驱动型增长

3.1 毛泽东时代的投资驱动型增长

在公元1500年之前，中国一直属于世界上技术最发达的地区。在宋朝和明朝治下多个世纪的辉煌后，中国在清朝出现了显著的下滑。不断的军事与政治纷争使中央政府在整个19世纪日益削弱，帝制被推翻，民国在1912年成立。但这个政权依旧孱弱，很快陷入内战、混乱与外患的深渊。

历经抗日战争与国共内战之后，中华人民共和国在1949年成立，当时的国家是一个以传统自给自足生产为主的贫困经济体。新政权在统一国家后很快恢复了法律和秩序，但接下来经济和社会又出现剧烈波动。1951年开始推行农业集体化，几年后兴起“大跃进”，雄心勃勃地试图按照苏联模式实现中国的现代化与工业化。“大跃进”的混乱实施导致了严重的饥荒和人员及物质损失（Li and Yang，2005；Meng、Qian and Yared，2015），之后有短暂的几年恢复期，随即又被1966年发动的“文化大革命”所破坏。1976年毛泽东去世后，邓小平经过斗争取得了领导权。他否定了文革路线，并于1978年发起经济改革，以提高农业生产率，在新的基础上推动工业化。

撇开重大损失不谈，毛泽东时代在经济上留下了哪些遗产？通常的看法是，毛泽东时代的体制比苏联还缺乏效率。但近期的一篇论文对此提出了质疑（Cheremukhin et al.，2015），认为当时实现了显著的投资驱动型增长和资源重新配置。例如，实际 GDP 的年均增长率在 1966—1975 年达到 5.7%。利用两部门新古典增长模型，该论文假设部门间的资本和劳动力市场扭曲维持在 1953 年的水平，以模拟中国经济的发展，并与实际数据进行对比研究。结果表明，毛泽东时代中国的经济表现与斯大林时代的苏联基本相当。尤其是，制造业的全要素生产率增长在改革之前已经成为重要的增长驱动力。

表 4　改革前与改革后的增长对比

	年均增长率（%）	
	1966—1975	**1978—2012**
实际 GDP	5.7	9.4
劳动力	2.5	1.5
农业劳动力占比	-1.2	-2.2
资本存量	7.9	10.2
制造业 TFP	2.0	4.4
农业 TFP	2.4	3.9
部门间差距	-1.8	-3.7

注：数据来自 Cheremukhin et al.（2015），第 13 页和第 39 页，表 1 和表 8。

该研究显示，在“大跃进”到经济改革启动前，中国已经出现初步的投资驱动型增长模式。当时中国经济非常贫困，以至于错误的政策也可能带来投资驱动型增长。当然与邓小平引入经济改革后炫目的趋同速度相比，那时的增长成绩还是逊色不少。如表 4（基于 Cheremukhin et al.，2015）所示，1978 年之后年均 GDP 增长率、资本增长率、制造业和农业全要素生产率增速等都显著提高，部门间差距也更快缩小。

中国在 1978 年之后实现的加速增长和其他成就可归功于邓小平时期的各种经济改革，以下将更加详细地介绍其中最重要的改革及其对促进投资驱动型增长的作用。

3.2 改革时代的投资驱动型增长

在1978年启动经济改革时，中国经历了关键的经济自由化进程，使经济进入前所未有的快速增长以及向技术前沿国家趋同的发展轨道。

在探讨启动变化的改革之前，有必要介绍执政党内部激励机制至关重要的变化，这一变化的意义丝毫不亚于中国在之后四十年所发生的法定制度变革。

毛泽东时期的政治选拔主要根据意识形态忠诚度和政治关系。政治关系影响在改革后的中国政治体制中依然广泛存在（Shih、Adolph and Liu，2012），但如今明显需要结合选贤任能。若干实证研究表明，省级领导被提拔到更高党政职位的机会很大程度上取决于他们在自己省市的经济增长成绩（例如Maskin、Qian and Xu，2000；Bo，2002；Li and Zhou，2005）。另有学者把两种观点结合起来（Jia、Kudamatsu and Seim，2015），认为在今天的中国，官员的执政成绩以及他们的政治关系都很重要，两者互为补充，而非彼此替代。该研究测算了各个官员负责的省市的实际GDP增长率，并根据个人职业简历来推算官员之间的政治关系：如果省级领导曾经在同一时期与中央层级领导在某个党政部门共事，则视为有政治关系（共事时中央领导尚未被提拔至最高层，使其关系的影响具有外生性）。结果发现，政治关系对于官员的提拔概率有较大且统计上显著的影响，由此表明政治关系依然重要。然而，政治关系的影响完全是由增长业绩表现强劲的省级领导带来的，增长业绩差的领导即使有政治关系，也很难被提拔。仅靠政治关系因素不足以保证成功的政治生涯，在省级领导提拔中，政治关系和经济成绩是互补的因素。

总之，尽管政治关系可能有扭曲影响，但与足够重要的贤能因素结合之后依然可以选出有能力的领导人。有关的报道可以提供佐证，目前的一些领导人在21世纪头十年早期担任地方领导时，所在地的高速增长为他们起到了加分的作用。

3.2.1 农业改革

邓小平领导实施的第一项政策改革是在农村地区引入家庭联产承包责任制，以取代当时的集体农业体制。在家庭联产承包责任制下，农民在完成收购配额后对自己的农业产出有完全的自主权。把农业产品的处置权授予农民家庭的观念首先在中国的少数省份实施。在地方试点证明解散集体体制能够极大地促进农业产量增收后，家庭联产承包责任制于1981年正式推广到全国（Xu，2011）。这一改革快速普及，到1984年，99%的中国农村家庭都加入了新的体制（Lin，2012）。

农村改革带来了农业产量大幅提高，从1978年到1984年增收61%。有研究认为（McMillan、Whalley and Zhu，1989），农业生产率增长中有78%可以归功于家庭联产承包责任制及其对农民经济激励的影响。放松控制还使得农村家庭可以把资源从农业活动转向非农业活动，对家庭收入增长带来了显著促进效应（Yang，2004）。农业的局部自由化改革的成功鼓励中国领导人把经济改革进一步扩大到城市。

3.2.2 产业政策和技术转移

自20世纪80年代以来，中国政府已逐步放弃了僵化的计划经济模式，引入以市场为基础的工业体制，从而给90年代中期的制造业繁荣奠定了基础。但这远不是迅速皈依自由市场信念那么简单。与数十年前日本和韩国的经验类似，中国也采取了积极的产业政策来扶持特定产业或企业。该战略由几个方面组成：利用政府补贴或其他财务扶持措施来帮助特定产业和重点项目，推动进口替代和出口扩张；在各种本地参与的条件下（即很大部分的原材料和投入品需要在中国生产）欢迎外国直接投资；把技术转让作为给予市场进入资格的明确条件，加上有选择的税收减免等。

区域政策也同等重要。尤其是，经济特区成为中国产业政策的支柱之一。该政策给特定区域提供特殊待遇，取消在劳动力市场、外国直接投资、企业所有制和出口管制等方面的许多限制，把更大自主权赋予地方领导人。土地租金和税收优惠也是经济特区政策的组成部分。经济特区是逐步设立的，1980年确立了深圳、珠海、汕头和厦门四个市，以及海南岛。1984年，特区扩大到14个沿海城市。1992年进一步扩大到内陆的所有省会城市。这一产业政策模式是自由化与歧视性待遇的结合，其主要目标一方面是促进制造业投资，另一方面是利用集聚效应的外部性，并通过吸引外国直接投资来加快对先进技术的模仿和应用。因此，特区政策是投资驱动型增长策略的支柱之一。

对于区域性产业政策的优缺点有长期的争论。一个普遍担心是这会导致以邻为壑的结果，把经济活动集中到有特殊待遇的地区，而使其他地方的发展受损（例如Givord、Rathelot and Sillard，2013）。但某些研究也发现区域性产业政策对经济发展成绩有积极影响（例如Criscuolo et al.，2012；O'Keefe，2004）。林毅夫（2012）认为，产业政策如果能利用某个国家的比较优势，则能推动增长和发展。按照这个观点，成功的产业政策是中国取得成就的关键因素之一。其他一些国家产业政策失败的原因则是被用于保护弱势部门，即削弱了自己的比较优势。

我们在近期的一项实证研究中（Alder et al.，2016）量化分析了经济特区政策对中国部分指定区域经济发展的影响。①我们利用之前研究中（Aghion et al.，2008）的双重差分法来研究276个中国城市在23年间（1988—2010年）的产业政策变化，估算出有20%的GDP增长差异可以归结为获得经济特区地位。对增长的积极效应主要来自国内和国外的企业投资增加，另外在全要素生产率的增长上也有一定积极作用。这一发现印证了经济特区对促进投资驱动型增长有重要作用的观点，例如，资本劳动比增加了13%。②人口也增长了10%，并且有证据表明对人口的平均受教育年限有积极作用。我们的发现对若干控制因素具有稳健性，包括利用晚间照明来替代官方统计数据，以及用不同方法来控制改革前的若干趋势作用等。③

对这些结果进行解释的主要困难在于，它们显示的是产业政策的差异效应，而非平均效应。或者说，特区城市的发展可能是以周围其他城市受损为代价的。在另一项研究中（Alder et al.，2016），我们试图用城市间溢出效应模型来回答这一问题。我们假定，溢出效应的大小随着与经济特区的距离而递减，潜在的以邻为壑对紧靠特区的地区则可能尤其突出。总体上，我们发现了正面溢出效应的证据。也就是说，紧邻经济特区似乎显示为挤入效应，而非挤出效应。④把溢出效应分解为投资、全要素生产率和人口，表明全要素生产率

---

① 该研究利用了中国国家统计局出版的《城市统计年鉴》（1988—2010年），New China City in 50 Years Statistical Collection；New China in 60 Years Provincial Statistical Collection；China Population Census for the years 1990，2000，and 2010。

② 在内地省会的有限样本中，资本劳动比增幅达到34%。20世纪90年代早期，政府决定在后续数年中把经济特区地位授予所有内地的省会城市。该子样本尤其值得关注，因为其选择是基于严格的行政标准，从而不容易受到特区位置决策中的选择问题和内生问题的困扰。尽管省会城市与其他城市可能存在群组差异，但可以在研究中加以控制。

③ 这些结果得到了近期研究的印证（Lu、Wang and Zhu，2016）。该研究分析了中国公司层面的数据，发现经济特区对于就业、资本和企业数量有显著的短期效应。其主要缺陷是，数据是基于2004—2008年的较短时间跨度。

④ 我们利用不同的实证分析方法和不同的距离测量方法（城市中心之间的地测线距离、城市之间的交通时间、地形测量距离等）来估算溢出效应。利用这些距离指标，我们发现，离最近的经济特区越远，GDP水平越低。我们还采用了基于市场进入的经济特区的开放度指标，也得到了类似的结论。

上的溢出效应最为突出。其作用渠道则很可能是外国直接投资及其带来的通过模仿实现的技术转移。

该渠道的重要性得到了其他研究的证实，有的发现经济特区显著促进了外国直接投资（Wang，2013），有的强调制度改革对吸引外国直接投资和促进出口加工的作用（Sheng and Yang，2014）。还有研究发现经济特区消极的一面在于它造成了企业之间的串谋和非竞争性定价（Brooks、Kaboski and Li，2017）。

吸引外国投资确实是特区政策的明确目标之一，中国领导人把吸收外国先进技术作为投资驱动型增长策略的一个支柱。有学者把这称为对价交换式政策（Holmes、McGrattan and Prescott，2015）：跨国企业需要向中国转让技术，以换取市场进入。他们利用量化的多国动态一般均衡模型测算出，中国借此政策获得了巨大的福利收益。我们的一项研究则借助美国和中国技术变革的两国模型，分析外包生产对技术革新、增长和不平等的影响，也得到了类似结论（Acemoglu、Gancia and Zilibotti，2015）。该研究假设有先进技术的美国企业可以在付出一定成本后搬迁到中国，以利用那里的低工资。虽然主要是关注外包生产对美国技术变革方向和工资收入不平等状况的影响，但该研究对中国具有一些规范和实证意义。尤其是，我们发现外生因素造成的外包生产成本的下降（如中国加入世界贸易组织，从而提高了知识产权保护标准）给中国带来了较大的福利收益。另一个有趣的启示是，当外包生产初期规模不大时，外包生产成本下降会提高发包国和承包国双方的技能溢价。中国的大学教育溢价在2008年以前持续上升，与以上结论是一致的。

3.2.3 投资驱动的资源重新配置

中国的增长有很大部分源于资源重新配置。有研究发现，部门间差距缩小是经济增长的重要源泉之一，而中国在改革前不但受困于技术的极度落后，也存在大量的资源错配（Cheremukhin et al.，2015）。

中国有两个关键的生产部门差距。第一是生产率较低的农村地区（特别是农业生产）吸收了很大比例的生产投入。在经济改革启动之初的1980年，中国有80%的人口居住在农村（同1960年差不多），而今天已经下降到44%。

主要的政策摩擦因素是户口制度，它限制了国民在何处登记为居民的选择。虽然今天农村居民在城里居住和工作是合法的，但非本地居民无法享有某些重要的社会福利，如医疗和子女教育等。这个因素影响了从农村到城市的人口流动性，对福利有重大影响。有学者利用过去研究采用的模型（Eaton and

Kortum，2002），发现通过改革户口制度来降低国内的移民成本，会带来巨大福利收益（Tombe and Zhu，2017）。另一项研究借助之前的空间贸易模型（Allen and Arkolakis，2014）进行估算，也发现了巨大的福利收益（Ma and Tang，2016）。

城乡摩擦因素对于劳动力流动性和就业人流同商业周期频率的关系也有重大影响。我们的一项研究（Storesletten et al.，2017）把刘易斯的经典模型（Lewis，1954）与有资本深化的转轨模型（Acemoglu and Guerrieri，2008）结合起来，考察随着投资驱动型增长的推进，更多的人口迁移到城市。该研究得出了关于商业周期频率的有趣结论。在工业化国家，工人会随着经济波动从失业状态中进出。但在中国，我们则看到没有被城市安全网覆盖的大量外来工人从农村地区进出，而总体的就业水平则相当稳定。有理由认为，这种人口流动带来的就业稳定效应或许是政府不愿意积极改革户口制度的原因之一。

第二个较为次要的部门差距是生产要素（资本和劳动力）在城市中不同企业的配置（Hsieh and Klenow，2009）。直至20世纪90年代中期，中国的工业生产主体依然是国有企业加上少数外资企业。私人企业最早在80年代以乡镇企业的形式出现在农村地区（Che and Qian，1998），此后发展到城市。政府在初期对私人企业家拥有和经营的企业采取容忍态度。1997年的中共十五大是个转折点，决定推行新的允许国有企业和私有企业公开竞争的经济体制。另外制定了“抓大放小”原则，即政府保持对大型国有企业（也是效率较高的企业）的控制，而放弃规模较小、效率较低的国有企业。政府的部分退出采取了多种形式，对某些企业进行重组、兼并和公司化改制，对某些企业彻底私有化，以及关闭其他一些企业。由此带来的改革效果非常显著，从1998年到2008年，国内私有企业在制造业就业人数中的占比从5%提升到60%以上。

在我和宋铮、斯托雷斯莱腾的一项研究中（Song、Storesletten and Zilibotti，2011，以下称为SSZ模型），我们着重指出，上述改革进程是在严重的金融摩擦的阴影下推进的。特别是，在面对私有企业竞争的情况下，国有企业依然更容易获得外部融资，尤其是主要由大型国有银行提供的银行贷款。私人企业家当时（目前在很大程度上也同样）受到严重的资金约束，不得不依赖企业的未分配利润以及亲朋好友提供的贷款来投资（Riedel、Jin and Gao，2007）。由于私有企业总体来说效率更高，资源重新配置引起了巨大的生产率增长。随着企业家变得更加富有，他们可以对增长型业务进行投资，导致劳动力和资本逐渐从效率较低的国有企业向效率较高的国内私有企业转移。该模型的一个重要特征是，在这一资源重新配置中，工资增长较为温和，低于平均的生产率增速。该机制与刘易斯模型也有相似之处（另参见 Ventura，1997）：生产率较低但财务约束较弱的企业（即国有企业）存续，导致工资增长在转轨期间较慢，从而增强了私有企业的投资激励。这成为我们所总结的中国式增长的重要特征：即使在没有创新或技术变革的情况下，资源重新配置也可以使（全要素）生产率增长成为投资的副产品。而在现实中，增长的两个来源——资源重新配置和技术应用——有互补的作用。这就给经济学理论提出了课题：资源重新配置与技术应用彼此的相对重要性如何？

对此，SSZ 理论校准了宏观经济模型，使从国有企业到私有企业的就业调整速度与实证数据一致。①然后我们测算了制造业总体的全要素生产率的变化。该模型估计，1998—2005 年全要素生产率年均增速为 5.9%，与之前两个研究的估算结果相当（Bosworth and Collins，2008；Brandt、Biesebroeck and Zhang，2012）。最后，我们把全要素生产率增长分解为技术应用和资源重新配置两个部分，发现在 1998—2005 年的全要素生产率增长中，大约 70% 是来自资源从低效的老国有企业重新配置到高效的新私有企业。另外请注意，该模型表明平均工资增速仅为每年 5%，显著低于劳动生产率增速，符合上文介绍的机制。

中国的投资驱动型繁荣的一个有意思特征是，资源重新配置过程还带来了残存的国有企业业绩的大幅提高。这有两方面的原因。第一是如 SSZ 模型所述（本文第 4 节），国有企业受到对不同产业的不同政策的影响，“九五计划”使劳动密集型产业的国有企业面临较为开放的竞争，而石化、铁路、电信等资本和技术密集型产业的国企则被强制合并重组。②该政策明确提出的目标是帮助大型国有企业提高国际竞争力，类似于几十年前韩国财阀企业的情况。这一策略意味着许多残存的国有企业在相关产业中享有较大的垄断权。劳动密集型产

① 该研究（Song et al.，2011）的主要数据来源是国家统计局的年度工业普查。该普查涉及 1998—2007 年以及 2012 年，包括所有类型的年销售额超过 500 万元的企业（制造业、采矿业和建筑业等）。观测单位是注册企业，信息包括各类统计指标，如所有权结构、销售额、就业人数、工资水平、投资、研发支出等。这一数据库被很多研究采用，例如 Brandt et al.（2012）、Hsieh and Song（2015）、Beerli et al.（2014）以及 König et al.（2017），被普遍视为可靠的数据来源。

② 我们的观点得到了后续研究的拓展（Li et al.，2015），其中采用的模型是，国有企业垄断了上游产业，而下游产业对私人竞争开放。

业的效率和生产率提升扩大了对上游产业资本密集型产品的需求，也导致垄断国有企业的利润增加。

第二个原因是，中国对制造业的改革带来了对残存国有企业的正向选择。有研究指出（Hsieh and Song，2015），国有企业与国内私有企业的生产率在1998—2007年有趋同走势。私有化改革导致国有企业的治理和业绩得到提高，国有企业同私有企业之间的竞争加剧。国有企业的全要素生产率增速超过了私有企业同行，劳动生产率的增速也赶上了总体水平。不过，在资本生产率上没有显著趋同，表明依然维持着资本市场的分割。有趣的是，该研究还发现国有企业业绩的改善对总体增速影响很有限，原因是国有企业的业绩提高部分影响了资本和劳动力向更有效率的私有企业转移。

3.2.4 关系型市场经济和地方政府的能力

私有企业目前是中国经济增长的主要贡献者，然而在表彰企业家阶层的功绩时需要谨慎。虽然所有制问题很重要，但在中国，私有制和公有制之间的界限往往比较模糊。官方根据所有权的比例界限来给企业归类，许多被列为私有的企业其实是由私人和政府实体合资，有时还通过不透明的金融控股公司。此外，尤其对大型私有企业来说，成功依赖创业技能与政治关系的结合。无论私有还是国有的在位企业都经常利用权力壁垒来阻拦新的竞争对手。

有研究把上述现象称为有中国特色的关系型市场经济（Bai、Hsieh and Song，2016a）。① 在中国开办新企业面临不计其数的行政壁垒并极其浪费时间，平均耗时达272天。2015年的世界银行营商环境报告在“开办企业”指标上给中国的排名是136位，与尼日利亚相当。能够克服这些审批障碍而繁荣发展的私有企业往往是因为获得了强大垄断权。产业进入壁垒不是唯一的经济制度缺陷，企业还受到产权保护薄弱和政策承诺不稳定的困扰。

白重恩等人（2016a）认为，中国在过去几十年取得成功的关键是强大的地方政府能力与蓬勃的企业家精神的结合，这成为经济制度不完善的替代品。特别是，地方党政部门事实上掌握着帮助企业绕开正式壁垒的权力。中国同其他发展中国家的差异在于地方领导人有强大权力，并能解决企业的问题，而且不用担心被官僚体制中的其他层级所否决。对腐败的较高容忍度也是机制的一部分：贿赂给地方政府和官员提供了为相关私有企业开路的激励。这消除了未

① 也可参见Pei（2016）。

来的不确定性。有关系的企业可以控制它们打通的党政部门管辖范围内的市场。这种稳定性促进了企业的投资意愿。需要强调的是，这种模式成功的一个原因是在全国范围内不能限制竞争。不同的城市、部门和机构之间相互竞争，向企业推销有吸引力的地方垄断租金。强大的地方保护伴随着不同地方之间的竞争。上述机制对私人企业家可能尤其有利。于是政治和经济逐渐合流，表现为越来越多的私人企业家加入执政党，甚至成为两会代表（Bai et al.，2016a）。还有研究指出（Wang，2014），私人企业家对于向民主转轨比工人和其他社会经济群体更为消极，因为他们是现有体制的主要受益者。

白重恩等人（2016）的研究，可以印证本文第 2 节介绍的国际经验，即腐败、高进入壁垒和歧视政策在经济发展的早期阶段未必会制约增长。与这些典型化事实一致的是，关系型市场经济也确实成功刺激了中国的投资。然而这种体制阻碍了公平竞争环境的培育，会制约创造性破坏和创新驱动型增长，随着经济发展向前沿水平趋同，收益将快速下跌。有趣的是，近年来的反腐风暴给原有模式造成了威胁。但仅靠反腐行动能否创造更为开放的竞争体制是令人怀疑的，除非配合对正式经济体制的其他改革措施，否则可能窒息投资驱动型增长。

3.3 近期的投资驱动型增长

以上讨论了支撑 1979 年以来的投资驱动型增长的政策和制度。中国在 2008 年正值经济繁荣顶点时，遭遇了一次巨大的外部冲击——全球金融危机。初期，人们预期这一事件会给中国经济发展带来严重影响：出口滑坡，大量城市就业岗位消失，增长率快速下跌。对此，中国政府领导人呼吁采取“强劲、快速和有效”的刺激措施。该刺激计划的原意是作为一项反周期政府政策，结果却给中国的增长和增长战略带来了持续的影响。因此，这里将展开较为详细的讨论。

2008 年 11 月，中国政府宣布了一项两年期刺激计划，其实施力度和速度堪称空前。中国的经济刺激计划包含四个部分：4 万亿元的投资计划，扩张性货币政策，税收减免，以及通过国资委给国有企业提供补贴。这是全球规模最大的刺激计划，比美国的规模超出约 3 倍（Wong，2011）。

在投资计划内部，大部分资金是打算用于基础设施建设，但也涉及医疗、教育、保障性住房和环境等领域。大约 38% 的资金投入了公共基础设施，如铁路、公路、机场和灌溉系统建设等。同时，中央银行放松了贷款限制，下调了借款利率，在金融改革九步骤计划中放松了几项监管（Wong，2011）。最重要的放松领域是地方政府融资，允许地方政府通过当地的融资机构从金融部门借款。

刺激计划的短期效果非常显著：中国从 2008 年的下滑中快速复苏，在 2009 年和 2010 年分别实现了 8.7% 和 10.4% 的增长。工资增长加速，基础设施得以改善，总投资由于信贷宽松而出现繁荣，总投资率在 2008—2013 年飙升了 5 个百分点，达到 47%。国内需求的繁荣减少了贸易盈余。然而，早在 2009 年中期已有某些观察家开始担心这一增长的性质及其后果。例如，宽松的信贷刺激了房产和土地的资产泡沫，各地的大规模投资让大家担忧地方政府债务难以持续（Wong，2011）。

对该刺激计划中期影响的评估很多，但结论仍不一致。有的研究采用凯恩斯主义的视角，认为财政扩张对继续保证中国的成功发展有决定性作用（Wen and Wu，2014）。该研究看到国有企业扮演了关键的角色，“产生了显著的反周期作用，弥补总出口和总需求的下滑”（第 3 页）。国有企业成为自动财政稳定器，正常时期追求利润最大化，衰退期则可以促进生产和投资。该研究认为，国有企业的效率较低是发挥稳定作用所值得付出的代价。该研究还对刺激计划带来的过剩产能持乐观态度，“从过去情况看，由于存货积累和 2009 年的低效投资导致大部分公共部门亏损，都被随后的持续经济繁荣弥补了。或者说，如果国有企业当时没有迅速行动，整个经济可能因为外贸滑坡而被冲垮，其代价可能极其沉重”（第 4 页）。

另一项研究则得出了相反的结论（Bai et al.，2015），认为财政扩张及随后的投资狂潮产生了若干强烈副作用，使中国经济迄今依然受到困扰。该研究指出，投资繁荣主要是来自对建筑（尤其是非住宅）的投资，而设备投资到 2013 年的增速要小得多。因此，这些投资并非技术进步的主要载体。刺激计划把很大部分资金用于基础设施，符合其最初目标，此类产业部门的企业突然获得了更为轻松和廉价的信贷，由此可以解释建筑投资的高涨。但一方面，这些投资导致其他部门的企业的贷款利率提高，从而挤掉了它们的投资需求。另一方面，信贷监管的放松促使地方政府眷顾的项目出现债务融资高潮。为约束信贷扩张，中国货币当局收紧了流动性监管，导致影子银行兴起，再次推动了信贷扩张（Hachem and Song，2016）。白重恩、谢长泰和宋铮（2016b）认为，给地方政府提供资金的表外公司（融资平台）在信贷繁荣中占主要份额，而且在 2010 年官方结束刺激计划很久后依然在扩张业务，导致总投资率上升了 5 个百分点。

还有研究认为（Bai、Liu and Yao，2015），建筑业的繁荣导致对低技能工人的需求增加，使2008年之前技能溢价持续提高的趋势反转。大学教育溢价在4年中从0.474下降到0.393，这是不同产业部门的发展出现差异所致。2008—2012年，低技能的建筑业的工资涨幅达到72%，而高技能的信息技术产业仅为47%。这一状况可以归因于基础设施部门密集使用的低技能劳动力需求增加，从而使技能溢价下跌。虽然这一发展趋势可能有利于缩小收入差距，却不利于向知识经济转型，并可能削弱积累更多人力资本的激励。

同样重要的最后一点是，制造业的平均资本回报率和全要素生产率增速出现下滑，这也得到了其他研究的证实（Wei、Xie and Zhang，2016）。白重恩等人（2015）的研究发现，技能密集度与平均资本回报率在2009—2010年存在正向关系，而2007—2008年则是负向关系。在给定条件下，技能密集度较低的企业能够以明显低得多的成本得到资金，而大量投资将使资本回报率下降。

总之，刺激计划尽管帮助中国抵御了大衰退的冲击，却严重扭曲了中国经济的发展轨迹。根据本文的主要观点，公共投资的繁荣强化了投资驱动型增长，迟滞了向创新驱动型增长的转型。宽松的信贷不是被引导到创新性的初创企业，而是主要倾向于传统产业（如采矿业和建筑业）的大企业以及地方政府。与促进增长的资源重新配置有关的国有企业比重下降趋势被逆转。最后，投资高涨导致许多重要产业部门的产能过剩，带来又一轮代价高昂的政府干预，以关闭低效率的企业并给受影响部门的工人提供安全网保障。

4. 中国的创新驱动型增长

直到近年，中国的经济发展仍可以主要归因于高投资率、产业部门之间和相同产业的不同企业之间的资源重新配置，以及对国外发明的技术的引进。推动投资驱动型增长的政策非常成功地开启了中国的追赶进程，并在三十多年中保持了高速增长。但随着发展的持续，这一增长引擎注定将失去效力。作为印证，中国的增长率自2012年以来已出现颓势，投资回报率和生产率增速下降。根据AAZ模型的理论，当投资驱动型增长的潜力下降时，必须寻找新的增长驱动力，需要用更倾向创新驱动的增长战略来替代投资和技术应用。从本文第3节的图3看，中国可能已经越过了关键节点。

对于中国需要改变经济增长驱动力的认识，也越来越多出现在政治精英的言论中。各种官方文件和发言都包含了向创新驱动型增长转型的目标，例如2016年6月发布的《国家创新驱动发展战略》。这份雄心勃勃的文件介绍了长期战略的三个主要步骤：到2020年，创新应该得到显著提升；到2030年，中国将跻身创新型国家前列；到2050年，中国将成为世界科技创新强国。这份提纲强调，中国必须继续保持开放并推动经济体制改革，尤其是把知识产权作为促进创新驱动增长的一个主要支柱。

十三五规划（2016—2020年）列出了实现以上第一步骤的目标和实施策略。该规划强调了促进战略和前沿领域研究以及扶持初创企业的重要性，另外要求建立能鼓励创新和建立人力资本强国的组织机制。这些话题的重要性反映在国家领导人的多次讲话中。2016年9月的G20峰会上，习近平主席在演讲中强调中国将坚定地追求创新驱动增长，并呼吁创建创新性的全球经济。李克强总理也曾指出，创新是发展最重要的驱动因素，必须在中国的发展战略中发挥核心的作用。①

这些远大规划能否在中国现有的政治经济体制中发挥作用，或是只能成为美好的愿望，依然存在疑问。我们来看两个关键领域。首先目前对投资者的保护力度不够，使其成为金融发展的障碍，继而妨碍了企业创业和创新（如风险资本发展不足）。其次是关于独立的司法体系建设，假如新进入企业与受到地方保护的在位企业发生纠纷，在现有法律体制下，新企业很难挑战有政治关系的在位企业。因此对未来纠纷的担忧，会严重打击新企业的动力。另外，政治审查也给新观念的传播造成了负担，可能带来沉重的经济代价。例如对谷歌公司服务的限制，尽管许多企业和个人有办法绕过管制，但这样的限制依然会妨碍新观念的普及，影响经济发展。由于社会生活的各个领域彼此相连，仅仅提倡在经济领域的公平竞争，而忽略其他领域的问题，也会让人信心受挫。

有人或许会反驳称，现有体制并没有妨碍中国产生一批成功的创新企业，如阿里巴巴、百度、华为、联想和腾讯等。这些新企业的确是在现有体制下依然能成功运营和成长的表率，但它们是否表明中国可以甚至已经转型为创新驱动经济？并不完全如此。这些企业的成功往往依赖于其领导者特有的创业天赋，加上政府乃至相关部门的扶持（如Einhorn，2014；Peilei，2006）。国内领军企业的存在——跟韩国的财阀类似，是投资驱动型增长的典型特征——并未回答创新在中国企业网络中的普及程度问题。我们必须从案例研究转向对中

① 参见2016年3月5日第十二届全国人大第四次会议上的《政府工作报告》。

国企业总体的严谨分析，这正是下节的内容。

4.1 创新驱动型增长与研发支出

中国的总研发支出增长令人惊讶，在研发投资指标上已超出国际正常水平。国际经验表明，研发支出在GDP中的占比与人均GDP存在正相关，按照这一模式，今天新兴经济体的研发支出占比通常远远低于工业化国家，大多为1%左右甚至更低。20世纪90年代，中国也属于典型的新兴经济体，研发支出在GDP中的占比平均而言不足1%。①然而自1999年以来，中国的总研发支出一直在扩张（参见图8），如今已占GDP的2.1%左右。②尽管这个数字仍低于美国、德国和日本，但已和欧盟的平均水平相当（甚至略高一些），并明显高于意大利、西班牙和英国等发达经济体。这样高的研发投入使中国在中等收入经济体中鹤立鸡群。如果把研发支出视为创新密度的一个指标，则意味着中国正在向创新驱动型的经济顺利转型。

可是我们不应忘记，研发支出反映的是一个国家的创新投入，而不是创新成果。在中国这样的国家，研发支出剧增完全可能是政府干预的结果。如前文所述，中国政府迫切希望推动创新。补贴和政治压力还可能带来意外乃至有害的反应，例如国有企业只是把更多的支出项目罗列到研发支出统计中，或者更糟糕的是，把资源用于没有生产性的研发活动里。简而言之，仅此无法保证中国的研发效率能与前沿经济体匹敌。③

下文将聚焦三个问题：第一，从事研发活动的企业是否比其他企业增长速度更快？第二，哪些企业从研发投入中获益最大？第三，是否有证据表明研发活动存在资源错配？为回答第三个问题，还将介绍一个关于研发支出有效配置的理论。

---

① 根据经合组织的数据（OECD，2016），中国的研发支出占GDP的比重在1991—2000年平均为0.69%。

② 参见World Bank（2016）。

③ 另一个有关的独立问题是，研发支出是不是反映中等收入国家创新活动的恰当指标。中国企业的很多研发支出可能是用于对外国技术的反向工程研究，以及结合中国的条件进行应用。本文并不假定追赶国家的创新必须扩展世界技术前沿，而是强调应该把投资过程中作为副产品的意外技术应用与有意识引进较为复杂的外国技术区分开，把后者视作创新活动。例如，面向国内市场的中国汽车生产商可能更关注控制成本，而不是给顾客提供更先进的车型。因此，我把研发支出视为拓展中国技术前沿的技术投资的代理变量。

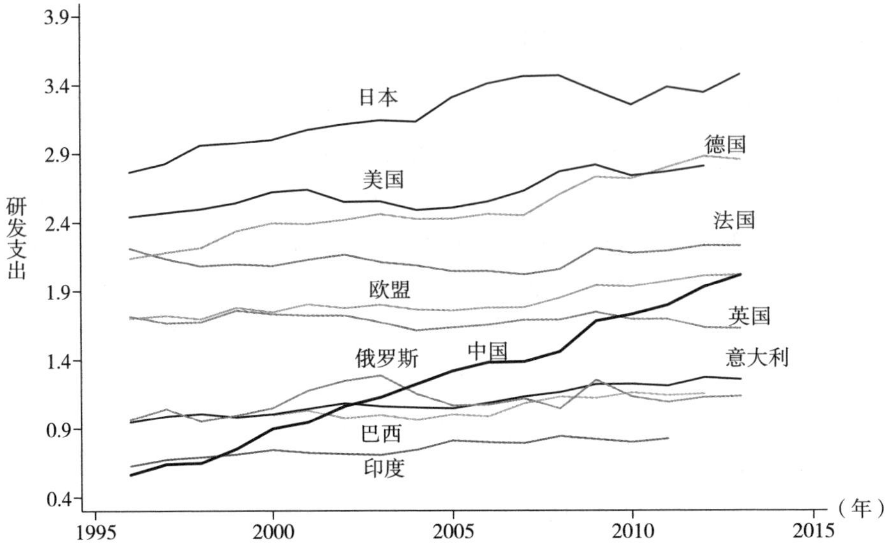

图 8　研发支出占 GDP 的比重

注：该图显示了若干国家研发支出占 GDP 比重的变化，数据来自 World Bank World Development Indicators（2016）。

4.2　研发支出与生产率

在以前的一项研究中（König、Lorenz and Zilibotti，2016），我们提出了一个理论架构来分析企业层面的研发支出与生产率的关系，提出了一个内生增长与内生企业动态变化模型，整体的生产率分布会随着时间发生变化。变化是由于企业为改进技术而采取的行动，要么开展技术创新或引进（这反映在研发支出数据上），要么模仿其他国内企业已经采用的技术。两种策略的选择是由追求利润最大化所推动的。对于选择创新策略的企业，创新结果是随机的（如 Aghion and Howitt，1992）。尽管在现实中，研发活动的预期生产率取决于具体企业的特征（如人力资本），但我们的研究抽象了这种事前的异质性，假设所有企业如果选择创新都面临固定的预期生产率增速（König et al.，2016）。如果这些企业选择模仿其他企业，则随机地匹配其他企业的样本，从中选择生产率最高的加以模仿，然后，通过模仿可以部分或完全弥补与先进企业的技术差距。

该理论的关键在于，与创新不同，模仿的预期生产率取决于企业在生产率

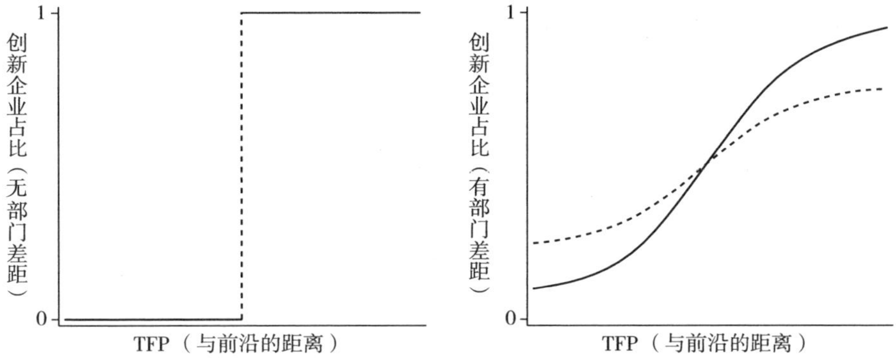

图 9　在有部门差距和无部门差距的经济中开展创新的企业占比

注：左半部分显示企业开展创新的预期概率作为与前沿距离的函数，采用的模型来自 König et al.（2016）。右半部分显示企业开展创新的预期概率作为与前沿距离的函数，采用的模型中包含影响企业模仿或创新决策的扭曲因素。

分布中的排名状况。落后企业从事模仿具有比较优势，因为它们更容易匹配到能提供较大模仿潜力的其他企业。反之，生产率较高的企业难以从其他企业那里学到很多经验，从事创新更具有比较优势。为便于模型分析，我们的研究假设模仿和创新活动都不涉及成本。但由于企业不能既从事模仿又从事创新，它们的选择有机会成本。该理论还可以扩展到研发投入带有成本的情形，和创新失败的企业也可以从事模仿的情形，只是预期生产率会降低。

我们的研究证明，企业的动态变化轨迹收敛于有帕累托分布尾部的行波（traveling wave）所描述的生产率分布，这与在多个工业化国家中观察到的生产率分布是一致的，也大致能反映中国企业的生产率分布状况。

我们的理论认为，在其他条件不变时，高于某个生产率水平的企业的最优选择是从事创新，低于该水平的企业则应该从事模仿。这可以参见图 9 的左半部分。如果企业的生产率很低，则开展模仿的潜力巨大，抓住这些机遇是有效选择。而对生产率较高的企业而言，更高效的策略是开展和投资于创新活动。

当然，还有其他因素可能影响企业的决策。我们在目前开展的一项研究中（König et al.，2017），对以前的模型（König et al.，2016）做了扩充，假设资源配置受到部门间差距的扭曲——如资本市场扭曲、市场势力，或各家企业的税收和补贴状况等。这些差距会扭曲不同企业的研发投入配置（可以从数据中估算出来）。例如，高生产率企业的增长受到资本市场扭曲的约束，可能不愿意或不能够增加对研发的投入。与中国有关的一种情形是，政府要求国有企业开展研发。由于国有企业的生产率普遍低于私有企业，这种被迫的研发投入导致企业之间的研发配置出现特殊的部门差异，使平均增长率降低。这一配置扭曲越严重，企业的生产率与研发倾向的正相关关系越会被弱化。

上述观点的逻辑同样意味着，在高生产率企业中，我们应该看到开展研发活动的企业的业绩会明显超出没有开展研发活动的企业。相反，在低生产率企业中，这种对应关系不会很明显，甚至可能反转。如果某些低生产率企业接收了大量的研发补贴，可能导致其经理人把资源从更高效的用途中转移出来，结果反而不利于生产率提高。

4.3 中国研发支出的配置与效率

在一项现有研究中（König et al.，2017），我们利用中国企业层面的年度生产率数据（2001—2012 年）以及两个横截面研发数据（2001 年和 2007 年），估算了上述理论的结论。①这里概述一下关于广延边际的结论（即分为开展研发和未开展研发），关于集约边际的结论也类似。以下所有数据都是与三位数产业分类的平均值的偏差：

（1）开展研发的企业平均而言有更高的未来生产率增速。图 10 显示的是按全要素生产率百分位分布（横轴）的企业在第 t 年的平均年化全要素生产率增速（$t+\Delta t$，纵轴）。具体来说，在图 10 的左半部分显示了 2001 年时开展和未开展研发的两个样本组在 2001—2007 年的全要素生产率的增速，大部分情况下，开展研发的企业的全要素生产率增速更高。图 10 的右半部分显示的是 2007 年时开展和未开展研发的两个样本组在 2007—2012 年的全要素生产率的增速，开展研发的企业的全要素生产率同样增速更高。有趣的是在后一时期，研发对增长的促进效应对生产率较高企业更为显著，对于位居 45 百分位之下的企业则表现为负值，这完全符合上述理论的推测。

（2）全要素生产率较高的企业更多开展研发活动，投资与产出之间差异较大的企业较少开展研发活动。另外，所有制因素很关键，在其他条件相同时，国有企业比私有企业开展研发活动的倾向更高，说明所有制是资源错配的一个驱动因素。

---

① 这一正在开展的研究对模型进行了结构估算，旨在对数据进行量化拟合。本节只讨论描述性统计结果，并结合理论的定性结论对其进行解释。

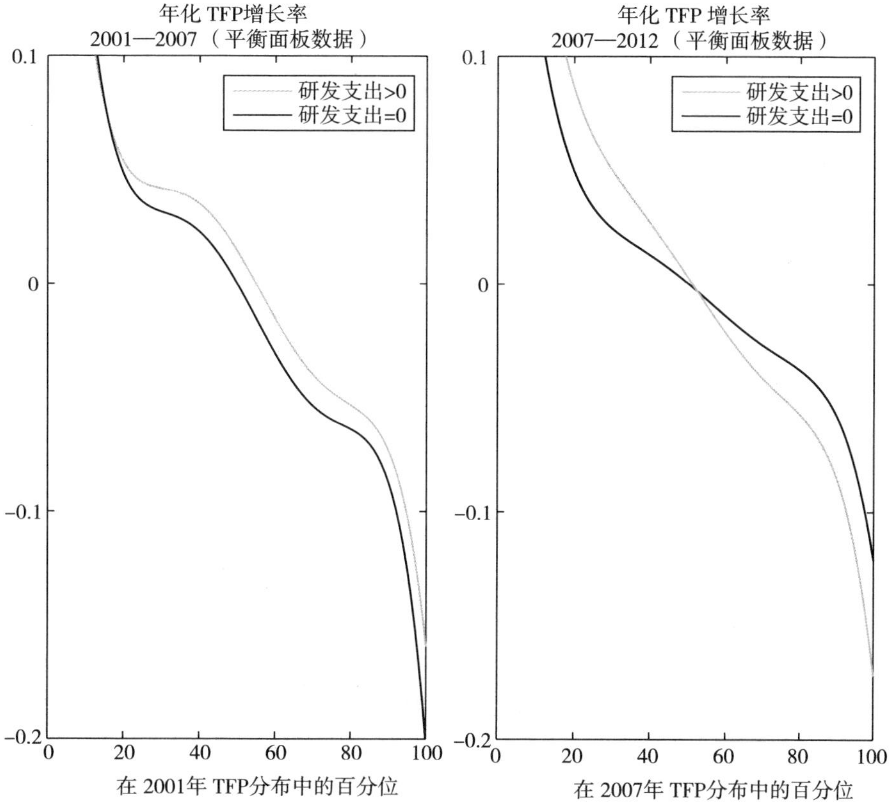

图 10　研发支出对未来增长的作用

注：左半部分显示 2001—2007 年开展研发的企业（灰色）与未开展研发的企业（黑色）的平均全要素生产率增速在 2001 年全要素生产率分布中的不同百分位。右半部分显示 2007—2012 年开展研发的企业（灰色）与未开展研发的企业（黑色）的平均全要素生产率增速在 2007 年全要素生产率分布中的不同百分位。数据来自 König et al.（2017）。

（3）资源错配随时间逐步减少。图 11 的上半部分显示，2001 年时开展研发的企业的平均全要素生产率高于未开展研发的企业，但差距比较小。而该图的下半部分显示，2007 年时企业进行研发的倾向与全要素生产率正相关更强。开展研发企业的生产率分布位于未开展研发企业的生产率分布的右侧。根据上文提出的理论，2001 年和 2007 年的差异表明研发投入的配置有所改善，2001 年的配置很大程度上是由企业规模和所有制决定的，到 2007 年，全要素生产率发挥了更大的影响。

我们把中国大陆企业的情况与 1988—1993 年台湾地区企业的情况进行了

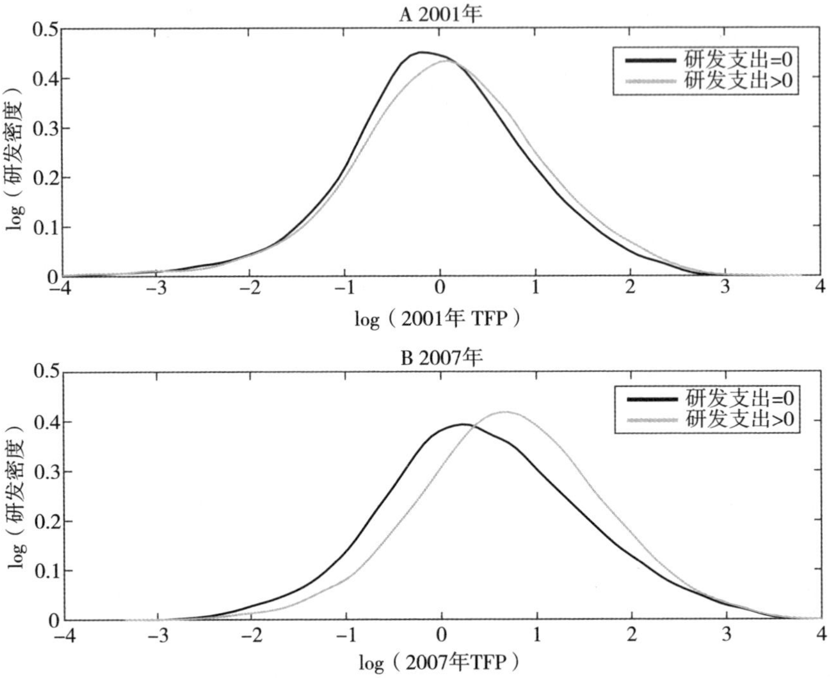

图 11　全要素生产率与 2001 年和 2007 年开展研发活动的相关关系

注：上部（下部）显示 2001 年（2007 年）时开展研发的企业（灰色）和未开展研发的企业（黑色）的全要素生产率分布。数据来自 König et al.（2017）。

比较。台湾地区在 1988 年的富裕水平已超过当前的大陆，但由于数据缺失我们不可能追溯到更早。以上讨论的相关关系在台湾地区与大陆显示出相同的属性，符合我们的理论预测，但台湾地区企业的相关性表现得更显著。一方面，研发支出对未来生产率增长的作用在台湾地区比大陆表现得更强大，另一方面，台湾地区企业开展研发活动受期初生产率的影响也更大。或者说，在台湾地区从事研发活动的主要是高生产率企业。按照我们的模型解释，这意味着大陆在 2001—2007 年研发支出的资源错配比台湾地区在 1988—1993 年更为严重，研发活动与未来生产率增长的关系在台湾地区要紧密得多，尤其是对全要素生产率较高的企业。

总之，我们对于研发支出与企业生产率关系的研究揭示，中国的研发支出高涨伴随着研发资源配置的改进，可是 2001—2007 年的研发配置状况依然明显比台湾地区 1988—1993 年更为扭曲。这种资源错配部分源自国有企业开展的研发活动远多于私有企业。如何减少这种错配，是中国实现创新驱动型增长的收益必须克服的关键挑战。

4.4 国内需求驱动的生产率增长

中国的经济增长很大程度上是由出口驱动的，但中国作为一个超大规模的国家有国内需求增长的巨大潜力。这种潜力尚未充分利用，在过去几十年里中国居民一直极为节俭。①不过情况正在改变，新兴的中产阶层已成为消费品的重要需求来源，其规模未来仍将扩大。一个有意思的问题是，国内需求预期增长更快的产业部门的研发投资是否也更多。

这一问题已经有研究尝试回答（Beerli et al.，2017），背后有两方面的研究文献推动。一方面，假设消费者具有非位似性偏好，则收入分配的变化会导致国内需求构成的改变。以前的研究表明（Boppart，2014；Alder、Boppart and Müller，2017），这一需求改变是结构性变化的推动力。虽然这些研究关注更普遍的经济部门，但结构性变化同样会影响个人消费品的需求。另一方面，近期有关定向技术变革的理论（包括 Acemoglu and Zilibotti，2001；Acemoglu，2002；Acemoglu、Gancia and Zilibotti，2012；Gancia、Müller and Zilibotti，2013）认为市场规模是研发投资的一个驱动力。我们当前的一项研究（Beerli et al.，2017）假设增长和收入分配变化分别影响不同耐用品的潜在市场规模。假以时日，中国消费者会需要更多的汽车，而减少对自行车及电饭煲的需求。

该研究（Beerli et al.，2017）的实证方法参考了之前的成果（Acemoglu and Linn，2004，分析制药业的技术变革路线）。研究中遇到的识别问题是，影响某个耐用品产业研发投资的供给侧冲击可能通过降低生产成本或均衡价格，导致销售额增加。因此，我们需要在产品层面区分出外生的需求提升因

---

① 中国的储蓄之谜是近期许多研究的主题，我们对此也做了详细的归纳综述，见 Storesletten and Zilibotti（2014）。近年来的总储蓄率高达50%，而家庭储蓄在可支配收入中的占比也达到约30%。研究文献强调了若干因素的重要影响。有人认为是医疗、教育和住房支出负担从政府转移给个人（Chamon and Prasad，2010）；有人强调住房市场自由化的影响（Liu、Winter and Zilibotti，2013）；有人关注较高的住房成本和代际共享住房的问题（Rosenzweig and Zhang，2014）；有人强调预防性储蓄的重要性（Choi、Lugauer and Mark，2014）；有人讨论技术因素使收入与年龄的关系扁平化，从而引起较高生命周期储蓄（Song and Yang，2012）；还有人关注生育政策的重要性，由于可能赡养老人的子女减少，而使储蓄率提高（Banerjee et al.，2014；Choukhmane、Coeurdacier and Jin，2016）。

素。之前的研究采取的方法是，通过分析影响特定药品需求（如针对心血管疾病）的人口趋势来预测未来的市场规模（Acemoglu and Linn，2004）。借助这一思路，在假设非位似性偏好的情况下，我们利用 GDP 变化和收入分配变化来测算潜在市场规模（Beerli et al. ，2017），这里的关键假设是，消费者在达到特定收入水平后会购买特定产品。由于我们分析的每种特定耐用品的市场相对于中国经济体总体来说不大，可以假设宏观经济趋势不受特定产品的供给冲击的影响。于是特定耐用消费品（如汽车）的潜在市场规模就可以作为特定产业未来市场规模的工具变量，以分析它对创新决策的影响。

利用这一工具变量的思路，我们发现潜在市场规模提升 1 个百分点，会导致未来的全要素生产率提高 0. 27% ，未来的劳动生产率提高 0. 42% 。此外，潜在市场规模是一阶回归中的实际市场规模的强预测指数。这种因果效应说明，在市场规模有望扩大的产业，制造业企业的技术改进明显超出预期市场规模可能会停滞的产业，而且在分析创新活动的其他指标时，前者也明显更为活跃。

通过分析中产阶层壮大与中国企业创新活动的相互作用，这些研究凸显了国内消费品市场可以在投资驱动型转向创新驱动型增长的过程中发挥重要作用。由于中国的国内市场在未来有望进一步扩张，它将成为维持高速增长和支持向创新驱动型经济转型的核心推动力。

4.5　专利

创新的另一个衡量指标是专利。专利在中国已出现大繁荣，但由于中国专利的平均影响力较低，这个指标的重要性经常受到质疑。有趣的是最近的一项研究发现（Wei et al. ，2016），中国的专利数量增加伴随着质量改进。例如，1995—2005 年，外国引用的中国专利数量在以年均 33% 的速度提高，在 2005 年后更是加速到每年 51% 。该研究还发现，发达国家的专利机构所批准的中国专利数量以每年 28% 的速度剧增。

该研究同时分析了不同国家的专利活动，以分析影响创新的不同因素的作用。创新的一个驱动力是中国的实际工资水平显著提高，自 2003 年以来的年增速超过 10% （Ge and Yang，2014）。这个进步似乎促使了劳动密集型产业开发可以替代劳动力的新技术。在 1998—2009 年间，劳动密集型企业获得的专利与资本密集型企业获得的专利之比确实从 55% 提高到了 66% 。

4.6 人口趋势与人力资本

中国正在发生重大的人口转型。老年人口抚养比预计将从2015年的13%提高到2045年的35%—40%。人口老龄化对于创新倾向会带来什么影响还有待探讨。人们可以假设，年轻人更具有创新性，因此年轻工人所占的比重下降将损害创新。另一个因素是老年人口抚养比扩大所带来的扭曲负担，中国养老金体系的筹资问题是很多研究文献的主题。有些研究认为，如果没有激进改革，中国经济将在未来数年由于养老金筹资问题遭受严重扭曲，这些扭曲可能影响创新（如 Feldstein and Liebman，2008；Dunaway and Arora，2007）。

我们或许可以对中国和日本进行比较研究，自20世纪90年代以来伴随着人口快速老龄化，日本遭受了严重增长下滑。不过有几点需要注意。首先，日本的这两个现象之间有何因果关系仍不清楚；其次，中国和日本有显著的结构性差异，日本的人均GDP水平约为中国的3.7倍；再次，中国仍然有通过转型、减少扭曲和增加国内移民来实现增长的巨大空间（Brandt、Tombe and Zhu，2013），这些因素对于日本来说并不存在或者不算重要。

有学者借助从农村人口向城市迁移的人口转型模型，对老龄化现象做了全面评估（Song et al.，2015），与过去的研究相比，其结论不是那么悲观。该模型不但考虑了生育率和死亡率的变化，还包括与年龄挂钩的从农村到城市的迁移率。后者的基础假设是：（1）与年龄和性别有关的从农村到城市的迁移率维持在历史水平；（2）移民一旦进入城市，其生育率和死亡率则与城市居民相同。该研究的估算表明，中国的城市人口将从目前的7.7亿增加到2050年的12亿。相反如果没有人口迁移，城市人口从2008年开始就会下降。另外，预期的城市老年人口抚养比将显著低于全国平均水平，因为移民通常较年轻，反之农村的抚养比将显著提升。①这个发现非常重要，有两方面的原因，一是大多数创新来自城市，如果人口老龄化会削弱创新，则国内移民将显著减轻人口老龄化的负面影响；二是中国养老金体系目前基本上只覆盖城市工人，其可持续性将取决于城市的老年抚养比。

① 人口迁移率在15岁时达到顶峰，女性15.3%，男性12.2%，然后随着年龄逐步下降，到40岁后变得不再显著。

还有个重要抵消因素是人力资本积累。自早年的开创性研究（Nelson and Phelps，1966）以来，经济学家就认为创新和社会的人力资本密度之间有强烈的互补效应。所以人力资本积累可以成为向创新驱动型增长转型的催化剂。中国的人力资本有大幅提升，高等教育入学率在2014年达到39%，而1995年还不到5%。①中国的大学每年招收约700万名学生，其中1/3学习科学与工程专业。2015年有超过50万中国学生在海外留学，年增长幅度达到13.9%。这些高素质劳动力对创新和知识经济增长的潜在推动不应被低估。

总之，以上数据表明：（1）尽管中国的劳动力在人口中的占比在未来数年会下降，城市地区的降幅却不会那么显著；（2）新进入市场的劳动力将比退休的工人有更好的教育背景。那么这些因素综合起来的净效应如何？在以前的研究中（Song et al.，2012，2015），我们尝试预测了中国未来的趋同速率，把未来的技术追赶、人力资本积累和人口变化的影响都加入了分析。根据该预测，中国有潜力在2012—2040年维持6.5%的增长率，更多受教育的年轻人加入劳动力队伍可以显著提高人力资本的贡献（每年约0.8个百分点）。以此推算，中国的人均GDP到2040年将达到美国的73%，然后大致维持稳定。相比之下，台湾地区今天的人均GDP约为美国的84%，日本今天的人均GDP约为美国的68%。所以根据上述预测，中国大陆将达到今天日本和台湾地区的中间水平。长期预测不可避免是推测性质的，我们认为这是中国在不发生重大政治经济冲击并成功转型为创新驱动增长时所能实现的最好结果。

5. 结论

中国增长奇迹的未来是国际社会极感兴趣且充满激烈争论和推测的重要话题。基于新古典增长模型的任何预测都必然得出增速将下滑的结论，因此真正的问题在于增速下滑会有多剧烈。根据AAZ模型的经济趋同理论，我认为答案取决于中国能否转型到创新驱动型增长。这又依赖政治领导人推动新一轮经济改革的意愿，能否像20世纪80年代早期和90年代中期的改革那样改变国家的发展历程。在新千年的第一个十年中，中国兑现了过去改革带来的收益。近期的增长率有所下降，虽然庞大的公共资源投入——尤其是2008年以来的基础设施投资——减缓了下降趋势，这些政策的扭曲效应却困扰至今。

① 参见世界银行的高等教育入学率总指标（2016）。

通过减少若干部门间差异（促进农村到城市的移民，减少国有企业的相对占比等），仍有促进转型增长的空间，然而低附加价值生产的收益到今天已几乎耗尽。中国经济正在转向高附加价值生产，因此必须提高技术水平。第三产业也正在快速增长，服务业在经济中的占比已从90年代中期的33%提升到今天的50%以上。这表明经济改革与自由化的重心必须转向服务业。最好的转型结果是，让中国人民能够在25年后，享受到今天东亚发达经济体（如日本、韩国和台湾地区）的生活水平。显然，这还要取决于若干相伴随的因素，如国际贸易和国际关系的变化等。例如近期的政治事件表明，美国贸易保护主义的兴起可能损害中国未来的增长前景。

本文通过回顾企业层面的部分实证研究说明，向创新驱动型增长的转型正在进行中，不过依然存在研发支出资源的严重错配。成功完成向创新驱动型增长转型，是防止增长严重下滑的关键。以各种类型的补贴、指导和公共投资自上而下地扶持创新的策略，很容易导致大量的研发资源错配，导致失败的结局。而强调改革和金融发展，以市场来决定创新的结果，才是中国更应该采取的路线。其中的关键一步是改善投资者保护，建立与之密切相关的独立司法体系。很自然的，这些领域的改革可能与现有政治体制的制约因素相矛盾。

在实现长期可持续的高增长与完成短期目标之间存在权衡取舍。有迹象表明，近年来对短期增长目标（如年均超过6%）的执着可能给经济发展带来了长期的有害影响。对中国而言，认清结构性体制改革的必要性，容忍短期增长率的下降，以换取在未来数年保持快速追赶的趋势，或许是更为明智的选择。①

（余江　译）

参考文献

Acemoglu, Daron and Joshua Linn (2004). "Market Size in Innovation: Theory and Evidence from the Pharmaceutical Industry." *Quarterly Journal of Economics*, 119, 1049 – 1090.

Acemoglu, Daron (2002). "Directed Technical Change." *Review of Economic Studies*, 69, 781 – 809.

---

① 在一定程度上，这些观点已被政治精英阶层所重视。近期的全国人大第五次会议确定经济增长目标在"6.5%左右"。虽然我认为这个目标依然过高（尤其是考虑到国际贸易关系的困难现状），但比之前确定的目标"6.5%—7.0%"已经略有下调。这表明中国领导人有意愿容忍短期的增长率稍有降低。全国人大还强调了坚持改革开放的承诺。总理呼吁给创新创业更多支持，把民众的创造潜力视为保持未来中高速增长的最宝贵资产。这将如何转化为政策措施将在未来数月变得更加清晰。

Acemoglu, Daron and Fabrizio Zilibotti (2001). "Productivity Differences." *Quarterly Journal of Economics*, 116, 563 – 606.

Acemoglu, Daron and Veronica Guerrieri (2008). "Capital Deepening and Non-Balanced Economic Growth." *Journal of Political Economy*, 116, 467 – 498.

Acemoglu, Daron, Gino Gancia, and Fabrizio Zilibotti (2012). "Competing Engines of Growth: Innovation and Standardization." *Journal of Economic Theory*, 147, 570 – 601.

Acemoglu, Daron, Gino Gancia, and Fabrizio Zilibotti (2015). "Offshoring and Directed Technical Change." *American Economic Journal: Macroeconomics*, 7, 84 – 122.

Acemoglu, Daron, Philippe Aghion, and Fabrizio Zilibotti (2006). "Distance to Frontier, Selection, and Economic Growth." *Journal of the European Economic Association*, 4, 37 – 74.

Aghion, Philippe and Peter Howitt (1992). "A Model of Growth Through Creative Destruction." *Econometrica*, 60, 323 – 351.

Aghion, Philippe, Robin Burgess, Stephen J. Redding, and Fabrizio Zilibotti (2008). "The Unequal Effects of Liberalization: Evidence from Dismantling the License Raj in India." *American Economic Review*, 98 (4), 1397 – 1412.

Aiyar, Shekhar, Romain A. Duval, Damien Puy, Yiqun Wu, and Longmei Zhang (2013). "Growth Slowdownsand the Middle-Income Trap." Working Paper No. 13 – 71, International Monetary Fund.

Alder, Simon, Lin Shao, and Fabrizio Zilibotti (2016). "Economic Reforms and Industrial Policy in a Panel of Chinese Cities." *Journal of Economic Growth*, 21, 305 – 349.

Alder, Simon, Timo Boppart, and Andreas Müller (2017). "A Theory of Structural Change that Can Fit the Data." Working Paper, University of North Carolina at Chapel Hill.

Allen, Treb and Costas Arkolakis (2014). "Trade and the Topography of the Spatial Economy." *Quarterly Journal of Economics*, 129, 1085 – 1139.

Bai, Chong-En, Chang-Tai Hsieh, and Zheng Michael Song (2016a). "Institutional Foundations of China's Growth." Working Paper, Tsinghua University.

Bai, Chong-En, Chang-Tai Hsieh, and Zheng Song (2016b). "The Long Shadow of a Fiscal Expansion." NBER Working Paper No. 22801.

Bai, Chong-En, Qing Liu, and Wen Yao (2015). "Investing Like China." Working Paper, Tsinghua University.

Banerjee, Abhijit, Xin Meng, Tommaso Porzio, and Nancy Qian (2014). "Aggregate Fertility and Household Savings: A General Equilibrium Analysis using Micro Data." NBER Working Paper No. 20050.

Barro, Robert J., and Xavier Sala-i-Martin (1997). "Technological Diffusion, Convergence and Growth." *Journal of Economic Growth*, 2, 1 – 26.

Beerli, Andreas, Franziska Weiss, Fabrizio Zilibotti, and Josef Zweimüller (2017). "Demand Forces of Technical Change: Evidence from the Chinese Manufacturing Industry." Working Paper, University of Zurich.

Bo, Zhiyue (2002). Chinese Provincial Leaders: Economic Performance and Political Mobility Since 1949. M. E. Sharpe, Armonk, NY.

Boppart, Timo (2014). "Structural Change and the Kaldor Facts in a Growth Model with Relative Price Effects and Non-Gorman Preferences." *Econometrica*, 82, 2167 - 2196.

Bosworth, Barry and Susan M. Collins (2008). "Accounting for Growth: Comparing China and India." *Journal of Economic Perspectives*, 22 (1), 45 - 66.

Brandt, Loren, Biesebroeck Johannes Van, and Yifan Zhang (2012). "Creative Accounting or Creative Destruction? Firm-level Productivity Growth in Chinese Manufacturing." *Journal of Development Economics*, 97, 339 - 351.

Brandt, Loren, Trevor Tombe, and Xiaodong Zhu (2013). "Factor market distortions across time, space and sectors in China," *Review of Economic Dynamics*, 16, 39 - 58.

Brooks, Wyatt, JosephKaboski, and Yao Amber Li (2017). "Growth Policy, Agglomeration and (the Lack of) Competition." Working Paper, University of Notre Dame.

Che, Jahua and Yingyi Qian (1998). "Insecure Property Rights and Government Ownership of Firms." *Quarterly Journal of Economics*, 113, 467 - 496.

Cheremukhin, Anton, Mikhail Golosov, Sergei Guriev, and Aleh Tsyvinski (2015). "The Economy of People's Republic of China from 1953." NBER Working Paper No. 21397.

Choi, Horag, Steven Lugauer, and Nelson C. Mark (2014). "Precautionary Saving of Chinese and U. S. Households." NBER Working Paper No. 20527.

Choukhmane, Taha, Nicolas Coeurdacier, and Keyu Jin (2016). "Chinese Savings and the One Child Policy." Working Paper, Yale University.

Criscuolo, Chiara, Ralf Martin, Henry Overman, and John Van Reenen (2012). "The Causal Effects of an Industrial Policy." NBER Working Paper No. 17842.

Djankov, Simeon, Rafael La Porta, Florencio Lopez-de Silanes, and Andrei Shleifer (2002). "The Regulation of Entry." *Quarterly Journal of Economics*, 117, 1 - 37.

Dunaway, Steven andVivek Arora (2007). "Pension Reform in China: The Need for a New Approach." IMF Working Paper WP/07/109.

Eaton, Jonathan and SamuelKortum (2002). "Technology, Geography, and Trade." *Econometrica*, 70, 1741 - 1779.

Eichengreen, Barry, Donghyun Park, and Kwanho Shin (2013). "Growth Slowdowns Redux: New Evidence on the Middle-Income Trap." NBER Working Paper No. 18673.

Eichengreen, Barry, Donghyun Park, and Kwanho Shin (2012). "When Fast Growing Economies Slow Down: International Evidence and Implications for China." *Asian Economic Papers*, 11, 42 - 87.

Einhorn, Bruce (2014). "How China's Government Set Up Alibaba's Success." Bloomberg News, May 7, 2014.

Feldstein, Martin and Jeffrey B. Liebman (2008). "Realizing the potential of China's social security pension system." In *Public Finance in China: Reform and Growth for a Harmonious Society*, edited by Jiwei Lou and Shuilin Wang. Washington DC: World Bank, pp. 309 – 316.

Galor, Oded and Omer Moav (2004). "From Physical to Human Capital Accumulation: Inequality and the Process of Development." *Review of Economic Studies*, 71, 1001 – 1026.

Gancia, Gino, Andreas Müller, and Fabrizio Zilibotti (2013). "Structural Development Accounting." In *Advances in Economics and Econometrics: Theory and Applications* (Tenth World Congress of the Econometric Society), edited by D. Acemoglu, M. Arellano, and E. Dekel. Cambridge University Press.

Ge, Suqin and Dennis Tao Yang (2014). "Changes in China's Wage Structure." *Journal of the European Economic Association*, 12, 300 – 336.

Givord, Pauline, Roland Rathelot, and Patrick Sillard (2013). "Place-Based Tax Exemptions and Displacement Effects: An Evaluation of the Zones Franches Urbaines Program." *Regional Science and Urban Economics*, 43, 151 – 163.

Hachem, Kinda and Zheng Song (2016). "Liquidity Regulation and Credit Booms: Theory and Evidence from China." Working Paper, Chicago Booth.

Holmes, Thomas J., Ellen R. McGrattan, and Edward C. Prescott (2015). "Quid Pro Quo: Technology Capital Transfers for Market Access in China." *Review of Economic Studies*, 82, 1154 – 1193.

Howitt, Peter (2000). "Endogenous Growth and Cross-Country Income Differences." *American Economic Review*, 90 (4), 829 – 846.

Hsieh, Chang-Tai and Peter J. Klenow (2009). "Misallocation and Manufacturing TFP in China and India." *Quarterly Journal of Economics*, 124, 1403 – 1448.

Hsieh, Chang-Tai and Zheng Song (2015). "Grasp the Large, Let Go of the Small: The Transformation of the State Sector in China." NBER Working Paper No. 21006.

Jia, Ruixue, Masayuki Kudamatsu, and David Seim (2015). "Political Selection in China: The Complementary Roles of Connections and Performance." *Journal of the European Economic Association*, 13, 631 – 668.

König, Michael, JanLorenz, and Fabrizio Zilibotti (2016). "Innovation vs. Imitation and the Evolution of Productivity Distributions." *Theoretical Economics*, 11, 1053 – 1102.

König, Michael, Zheng Song, Kjetil Storesletten, and Fabrizio Zilibotti (2017). "From Imitation to Innovation? Where Is All That Chinese R&D. Going?" Working Paper in progress, Yale University.

Lewis, Arthur (1954). "Economic Development with Unlimited Supplies of Labour." The Manchester School, 22, 139 – 191.

Li, Hongbin and Li-An Zhou (2005). "Political Turnover and Economic Performance: The Incentive Role of Personnel Control in China." *Journal of Public Economics*, 89, 1743 – 1762.

Li, Wei and Dennis Tao Yang (2005). "The Great Leap Forward: Anatomy of a Central Planning Disaster." *Journal of Political Economy*, 113, 840 – 877.

Li, Xi, Xuewen Liu, and Yong Wang (2012). "A Model of China's State Capitalism." Working Paper, Peking University.

Lin, Justin Yifu (2012). *Demystifying the Chinese Economy.* Cambridge University Press.

Liu, Liu, Christoph Winter, and Fabrizio Zilibotti (2013). "Effects of Misallocation and Privatization of Public Housing: The Case of China." Working Paper, University of Zurich.

Lu, Yi, Jin Wang, and Lianming Zhu (2016). "Do Place-Based Policies Work? Micro-Level Evidence from China's Economic Zone Program." Working Paper.

Ma, Lin and Yang Tang (2016). "Geography, Trade, and Internal Migration in China." Mimeo, National University of Singapore.

Maskin, Eric, Yingyi Qian, and Chenggang Xu (2000). "Incentives, Information, and Organizational Form." *Review of Economic Studies*, 67, 359 – 378.

Mauro, Paolo (1995). "Corruption and Growth." *Quarterly Journal of Economics*, 110, 681 – 712.

McMillan, John, John Whalley, and Lijing Zhu (1989). "The Impact of China's Economic Reforms on Agricultural Productivity Growth." *Journal of Political Economy*, 97, 781 – 807.

Meng, Xin, Nancy Qian, and Pierre Yared (2015). "The Institutional Causes of China's Great Famine, 1959 – 1961." *Review of Economic Studies*, 82, 1568 – 1611.

Nelson, Richard and Edmund Phelps (1966). "Investment in Humans, Technological Diffusion, and Economic Growth." *American Economic Review*, 56 (1/2), 69 – 75.

O'Keefe, Suzanne (2004). "Job Creation in California's Enterprise Zones: A Comparison Using a Propensity Score Matching Model." *Journal of Urban Economics*, 55, 131 – 150.

Pei, Minxin (2016). *China's Crony Capitalism.* Harvard University Press, Cambridge MA.

Peilei, Fan (2006). "Catching Up through Developing Innovation Capability: Evidence from China's Telecom Equipment Industry." *Technovation*, 26, 359 – 368.

Riedel, James, Jing Jin, and Jian Gao (2007). *How China Grows: Investment, Performance, and Reform.* Princeton University Press.

Rosenzweig, Mark and Junsen Zhang (2014). "Co-residence, Life-Cycle Savings and Inter-generational Support in Urban China." NBER Working Paper No. 20057.

Sheng, Liugang and Dennis Tao Yang (2014). "Expanding Export Variety: The Role of Institutional Reforms in Developing Countries." Working Paper, Chinese University of Hong Kong.

Shih, Victor, Christopher Adolph, and Mingxing Liu (2012). "Getting Ahead in the Communist Party: Explaining the Advancement of Central Committee Members in China." *American Political Science Review*, 106, 166 – 183.

Solow, Robert M. (1956). "A Contribution to the Theory of Economic Growth." *Quarterly Journal of Economics*, 70, 65 – 94.

Song, Zheng and Dennis Tao Yang (2012). "Life Cycle Earnings and Saving in a Fast-Growing Economy." Working Paper, University of Chicago Booth.

Song, Zheng, Kjetil Storesletten, and Fabrizio Zilibotti (2011). "Growing Like China." *American Economic Review*, 101 (1), 196 – 233.

Song, Zheng, Kjetil Storesletten, Yikai Wang, and Fabrizio Zilibotti (2012). "Sharing High Growth Across Generations: Pensions and Demographic Transition in China." CEPR Discussion Paper DP9156.

Song, Zheng, Kjetil Storesletten, Yikai Wang, and Fabrizio Zilibotti (2015). "Sharing High Growth Across Generations: Pensions and Demographic Transition in China." *American Economic Journal: Macroeconomics*, 7, 1 – 39.

Storesletten, Kjetil and Fabrizio Zilibotti (2014). "China's Great Convergence and Beyond." *Annual Review of Econonomics*, 6, 333 – 362.

Storesletten, Kjetil, Huaqing Tan, Bo Zhao, and Fabrizio Zilibotti (2017). "Fluctuating like China: Structural Change and Labor Reallocation in a Lewis Economy." Working Paper in progress, Yale University.

Tombe, Trevor and Xiaodong Zhu (2016). "Trade, Migration and Productivity: A Quantitative Analysis of China." Working Paper, University of Toronto.

Vandenbussche, Jerome, Philippe Aghion, and Costas Meghir (2006). "Growth, Distance to Frontier and Composition of Human Capital." *Journal of Economic Growth*, 11, 97 – 127.

Ventura, Jaume (1997). "Growth and Interdependence." *Quarterly Journal of Economics*, 112, 57 – 84.

Wang, Jin (2013). "The Economic Impact of Special Economic Zones: Evidence from Chinese Municipalities." *Journal of Development Economics*, 101, 133 – 147.

Wang, Yikai (2014). "Will China Escape the Middle-Income Trap? A Politicoeconomic Theory of Growth and State Capitalism." Job Market Paper, University of Zurich.

Wei, Shang-Jin, Zhuan Xie, and Xiaobo Zhang (2016). "From 'Made in China' to 'Innovated in China': Necessity, Prospect, and Challenges." *Journal of Economic Perspectives* (Prepared for a special issue).

Wen, Yi and Jing Wu (2014). "Withstanding Great Recession like China." Federal Reserve Bank of St. Louis Working Paper 2014 – 007A.

Wong, Christine (2011). "The Fiscal Stimulus Programme and Public Governance Issues in China." *OECD Journal on Budgeting*, 11 (3), 1B.

Xu, Chenggang (2011). "The Fundamental Institutions of China's Reforms and Development." *Journal of Economic Literature*, 49, 1076 – 1151.

Yang, Dennis Tao (2004). "Education and Allocative Efficiency: Household Income Growth During Rural Reforms in China." *Journal of Development Economics*, 74, 137 – 162.

前沿

Guide

Comparative

理查德·塞勒对行为经济学的贡献

诺贝尔经济学奖评委会

一、引言

经济学家的主要目标是用模型来刻画人们在市场和其他环境下的行为及彼此的互动。但人们的行为模式非常复杂。我们有着理性决策的理想，却不得不面对认知能力有限和意志力薄弱的现实。通常我们的决策会被自利引导，但我们同时也关注公正和平等。不仅如此，不同个体的认知能力、自我控制（以下简称自控）能力和积极性存在显著差异。②

为了构建有用的模型，经济学家会简化假设。一个常见并且效果很好的简化是我们假定行为人都是完全理性的。这个简化能够帮助经济学家建立起有力的模型去分析大量不同的经济问题，应对不同的市场。然而，经济学家和心理学家已经证明，现实与经典新古典主义经济学假设下的理性行为存在系统性偏离。将心理学的洞察加入传统的经济分析，便产生了行为经济学这一欣欣向荣的领域，该领域的发展对于很多经济学子学科都有重要影响。③

2017 年的诺贝尔经济学奖得主理查德·塞勒，在过去 40 年中，对行为经

---

* 本文是诺贝尔经济学奖评委会对 2017 年诺贝尔经济学奖得主 Richard H. Thaler 学术贡献的总结报告。感谢李一南博士在文章授权和某些翻译上提供的帮助。——编者注

② 尝试理解这三点决定因素和对其他相关的人类特性的研究，见 Benjamin 等人（2013）。

③ 行为经济学的综述，见 Rabin（1998），Camerer and Loewenstein（2004）。

济学的发展起到了至关重要的作用。他建立了这个领域的理论和实证基础，通过把对人类心理的新观察加入经济分析，为经济学家提供了更丰富的分析和检验工具，帮助理解和预测人们的行为。这项工作对经济学家有显著的影响。他启发了大量的研究者去发展正式理论和经验检验，使得这个原本略带争议、稍显边缘的领域成为当代经济研究的主流。

塞勒在其 1980 年的论文《论消费者选择的实证理论》（Toward A Positive Theory of Consumer Choice）中首次叙述了将心理学纳入经济学分析。在其著名的《经济学展望杂志》（*Journal of Economic Perspectives*）“异象”（Anomalies）专栏里，他不断地证明和分析，经济决策如何被以下三种社会心理所影响：认知局限（有限理性）、自控问题和社会偏好。所以我们先回顾一下塞勒在这三个主题上的贡献。①

塞勒的第一个贡献是他关于系统偏离理想的理性行为如何影响经济决策的原创性研究。在 1980 的文章中，他创造了“禀赋效应”这个术语，表示个体仅仅因为拥有某物品而对它评价过高的倾向，以及这一现象与前景理论（Kahneman and Tversky，1979）中的损失厌恶的相关性。在后续的工作中，为了理解个体认知结构以及评价它们在经济活动中的作用，他发展出“心理账户”（Thaler，1985，1999）理论。这一理论不仅表明个体可以用系统性方法简化经济环境以克服认知局限，同时指出这样的简化如何导致了次优决策。

第二个贡献与自控问题相关，即使行为人计算出了最优结果，但自身仍可能不采取行动。在计划者—实施者模型中（planner-doer model，Thaler and Shefrin，1981），个体被假设为既是一个目光短浅的实施者，对选择的评价只在乎当前效用；同时又是一个有远见的计划者，关心整个生命周期的效用。之后，塞勒及其合作者应用这一模型来解释个体和家庭的储蓄行为。计划者—实施者模型是一个早期的所谓两系统或二元模型，这在现代经济学和神经科学中已是很常见的人类行为模型。

塞勒对有限认知和自控的研究影响了政策制定者。其中包括一些具体的政策，如怎样提高退休储蓄率（Thaler and Benartzi，2004），以及更多自由主义家长制政策（libertarian paternalism，Thaler and Sunstein，2003），主张

① 塞勒（2015，第 258 页）自己指出了“三个有限”：即有限理性、有限意志和有限自利。

使用微小的强制性政策“助推”（nudge）人们去做出更好的经济决策，等等。

塞勒的第三个贡献是意识到社会偏好对于经济决策是必要的。塞勒和他的合作者设计实施了简洁但有重要影响的实验室实验，比如测量社会偏好的独裁者博弈。他同时指出，个体对公正的关注会影响个人的消费和在劳动力市场中的行为，这对企业的最优决策也有重要意义（Kahneman、Knetsch and Thaler，1986a，1986b）。①

最后，塞勒提供的经验证据表明，个体心理因素在有很多行为人参与互动的市场上也是存在的。塞勒和罗伯特·希勒（Robert Shiller，2013 年诺贝尔经济学奖得主）一起，被认为是行为金融学的开创者，他研究了投资心理和有限套利如何影响金融市场的价格。② 他的工作在诸如市场和法律这样与经济学密切相关的学科中也具有深远的意义。

我们将在接下来的三节分别描述塞勒关于有限理性（第二节）、有限自控（第三节）和社会偏好（第四节）的贡献。最后我们将简要讨论塞勒对行为金融学的研究（第五节）。

二、有限理性

本节我们讨论塞勒对有限理性决策的研究。我们从简要介绍一些重要的先驱开始。接着讨论“禀赋效应”。它由塞勒创造，描述的是相较于无主之物，当某商品被个体拥有就会存在价值被高估的现象。最后我们转向他的心理账户模型，该模型刻画出有限理性的个体如何采用内部控制系统来评价和管理自己的预算，还预测了这些心理将如何影响消费、储蓄和其他家庭行为。

2.1 先驱

期望效用理论由冯·诺依曼和摩根斯特恩（von Neumann and Morgenstern，1994）提出，现已成为理性决策的公理化准则。这项工作具有极大的影响力，直到今天仍是个体决策的理论基准。然而，正如莫里斯·阿莱（Maurice

① 这引发了大量重要的关于社会偏好的理论文献，包括 Rabin（1993），Fehr and Schmidt（1999），Bolton and Ockenfels（2000），Charness and Rabin（2002）。

② 希勒在行为金融学的开创工作包括希勒（1981，1984）。参见 Barberis and Thaler（2003）的综述。

Allais，1998 年诺贝尔经济学奖得主）在 1951 年指出，在某些情况下，真实行为与期望效用理论的预测存在系统性差异（Allais，1953）。

20 世纪 50 年代，赫伯特·西蒙（Herbert Simon，1978 年诺贝尔经济学奖得主）研究了有限认知的影响，并分析了个体的有限理性对组织设计和组织表现的影响（Simon，1955）。西蒙声称，决策者的目标不是找出最大化生命周期期望效用的最优解，而常常只是对紧急问题找出可行解。找最优解这样的难题被替换成了满足自我强加的约束集这一更简单的问题。这个想法带来了丰富的成果，也构成了塞勒心理账户理论的基础。受西蒙研究的影响，莱茵哈德·泽尔腾（Reinhard Selten，1994 年诺贝尔经济学奖得主）研究了有限理性对企业行为的影响，并为偏离理性经济行为提供了早期的实验证据（Selten and Berg，1970）。

2002 年，心理学家丹尼尔·卡尼曼因其关于人类在不确定环境下判断和决策的研究，获得了诺贝尔经济学奖，他的很多研究都是与他的同事——心理学家阿莫斯·特沃斯基合作的。卡尼曼和特沃斯基（1979）的前景理论旨在描述个体在风险下决策的真实行为，而这些决策未必是理性的或最优的。有研究发现大量行为偏离期望效用理论的预测。①

前景理论包括四个要素。首先，个体效用并非取决于财富（或消费）水平，而是相对于一个参照点的得失；② 第二，人们对损失比对收益更敏感，即他们会表现出损失厌恶。这样的效用函数刻画了个体在参照点下的损失厌恶，与在收益区域相比，函数在损失区域更陡峭；第三，人们对收益和损失的敏感度递减，也就是说收益（或损失）从 100 美元变为 200 美元比收益（或损失）从 10100 美元变为 10200 美元，效用变化更大；第四，前景理论包含了概率加权（probability weighting）的概念：人们根据主观的转换概率（transformed probability）或决策权重来评估，小概率事件被赋予高权重，大概率事件被赋予低权重。

塞勒（1980）是第一个把前景理论应用到经济议题的经济学家。卡尼曼和特沃斯基（1979）聚焦于风险决策，塞勒则证明了参照点和损失厌恶在确

---

① 在后面的工作中，卡尼曼和特沃斯基（1992）对前景理论做了重要的拓展，称为“累积前景理论”。

② 除了与实验证据一致，卡尼曼和特沃斯基还指出，相比于评估绝对水平，我们的感知系统更擅长察觉一些特性（比如亮度或温度）的变化。

定环境下依然很重要。他的研究启发了很多后来学者，使卡尼曼和特沃斯基的论文（1979）成为经济学领域引用率最高的文献之一（见 Barberis 2013 年的综述）。①

2.2 损失厌恶和禀赋效应

塞勒在 1974 年罗切斯特大学答辩的博士论文中，首次使用假设性的调查问题来测算降低死亡风险的价值（Thaler，1974）。② 在 1980 年的论文中他这样阐述如下两个假设性的调查问题：

> （a）假设你暴露在一个一旦感染便会于一周内迅速且痛苦死亡的疾病中。你得病的概率是 0.001。你愿意花费的最大治疗成本是多少？
>
> （b）假设现在需要关于上述疾病研究的志愿者。所有志愿者都会暴露在有 0.001 概率感染这个疾病的环境中。需要最低支付多少钱你才愿意加入这个项目？（感染之后不能治疗）

这两个问题都涉及 0.001 的死亡概率。但正如塞勒（1980，第 44 页）描述的结果，“人们对问题（a）的答案和问题（b）的相差一个数量级甚至更多！[一个典型答案是问题（a）和问题（b）分别为 200 美元和 10000 美元。]”相比“销售健康”（sell health）所要求的补偿，人们似乎更不愿意为“获得健康”（acquiring health）埋单。塞勒（1980）讨论了很多人愿意购买商品或服务的价格相当程度上低于其愿意卖出相同商品或服务的价格的其他情形。③

新古典主义经济学的理论很难解释支付意愿（willingness to pay，WTP）

---

① 卡尼曼（2011，第 291—293 页）说明了塞勒在将前景理论应用于经济学中起到的关键作用，并在这个过程中创建了行为经济学。

② 塞勒的博士毕业论文首次研究了风险工资，以此来估计“统计学意义上的生命价值”（value of a statistical life）。基于这篇论文，他和他的博士导师 Sherwin Rosen 在这个问题上合作了一篇论文（Thaler and Rosen，1976）。这个主题继而成为卫生经济学的重要主题。如今，统计学意义上的生命价值被很多政府机构用于成本收益分析（Viscusi，1993）。

③ 如塞勒（1980，第 43 页）给出的例子：“H 先生修剪他的草坪。他邻居家的儿子愿意 8 美元为其修剪草坪，但 H 先生不愿意收取 20 美元为邻居修剪同样大小的草坪。”

和接受意愿（willingness to accept WTA）之间如此巨大的差异。① 但塞勒（1980）在前景理论中找到了解释。他注意到，如果放弃一个物品让人感觉到损失，那么损失厌恶的个体就会高估自己拥有的物品的价值。塞勒（1980）把支付愿意和接受愿意之间的差异命名为禀赋效应。

塞勒证明了禀赋效应也意味着付现成本（out-of-pocket costs）和机会成本之间的差异。人们倾向于把付现成本看作损失，赋予更大的权重，而把机会成本当作放弃的收益，并赋予较小的权重。塞勒列举了很多企业利用禀赋效应向顾客推销产品的例子。其中一个例子是，为了让信用卡消费成为"放弃的收益"而不是"实际的损失"，企业选择"现金折扣"而不是降低"信用卡附加费"。

塞勒运用前景理论解释禀赋效用激发了大量的后续研究。在理论方面，特沃斯基和卡尼曼（1991）以及拉宾等人（Koszegi and Rabin，2006）正式建立了禀赋效应模型，并得到了更广泛的行为含义。损失厌恶的个体有强烈的维持现状的倾向，因为他更看重的是变化带来的损失而非变化带来的收益。这个所谓的"现状偏向"（status-quo bias）最先由萨缪尔森和泽克豪泽（Samuelson and Zeckhauser，1998）证明（也可参见 Kahneman、Knetsch and Thaler，1991）。现状偏向对塞勒后期关于养老金计划和默认选项的研究是一个重要的灵感来源，这些我们将在第 3.3 节详述。

在经验方面，塞勒提供的早期证据主要来自对假设性问题的问卷调查结果。随后，尼奇等人（Knetsch and Sinden，1984；Knetsch，1989）采用有真实利益的实验证明了禀赋效应。然而，其他经济学家提出，如果实验对象处在真实的市场环境中，由于他们能从很多次交易中学习，这些反常现象很可能会消失。②

为了解决这个问题，卡尼曼、尼奇和塞勒（1990）通过有真实利益和可重复的市场实验检验禀赋效应的稳健性。他们让实验对象分别充当买方和卖

---

① 在最近的著作《"错误"的行为：行为经济学关于世界的思考，从个人到商业和社会》（2015）中，塞勒写道："对一个经济学家来说，这些发现令人费解，有违常理。"事实上，塞勒（1980）不是第一个为支付意愿和接受意愿之间的巨大差异提供经验证据的人。Hammack and Brown（1974）、Sinclair（1978）、Banford 等人（1979）更早报告了他们的发现。但这些研究都没有从损失厌恶的角度解释支付意愿和接受意愿的差异。

② 比如，早期 Coursey et al.（1987）发现一些矛盾的结果：在维克里拍卖（Vickrey auction）中，随着拍卖不断重复进行，支付意愿和接受意愿的差距逐渐减小。

方两个角色：卖方拿到物品后可以按不同价格出售，买方则有机会以相应的价格购买这些物品。前三轮市场交易的是只有价值符号的代币，它们的价值因人而异。在每一轮结束后，市场出清价格和交易数量都会公开，3 名买方和 3 名卖方会被随机挑选出来进行真实的支付。代币交易完毕，一半的实验对象会得到可以卖给其余实验对象的马克杯。随后的圆珠笔交易试验与之类似。实验结果与预测相同，在代币市场中没有禀赋效应。然而，马克杯和圆珠笔市场的禀赋效应颇具规模，且随着试验的重复并没有减少的趋势。对于马克杯和圆珠笔，接受意愿的中位数近乎支付意愿中位数的两倍。

这些结果说明类市场的环境下确实存在禀赋效应。即使有反馈机制的重复交易、考虑到交易过程中的学习效应，也不能消除禀赋效应。目前有大量文献证明了禀赋效应的存在。最近一篇元分析（meta-analysis）的文献从 76 份不同的研究中收集了 337 个对接受意愿和支付意愿之比的估计值。接受意愿和支付意愿之比的几何平均数为 3. 28。然而，接受意愿和支付意愿之比在不同商品之间差异巨大，这一比率在公共品和非市场商品中最高，而在货币价值众所周知的商品中最低。虽然关于禀赋效应有很多种解释（见 Hanemann，1991；Shgrenet al. ，1994；Brenneret al. ，2007；Ericson and Fuster，2014），塞勒早期基于损失厌恶的解释仍然占据主导地位。①

一些证据表明，禀赋效应在专业交易员主导的市场上并不显著。李斯特（List，2004）证实在运动卡的非经销商样本群体中，禀赋效应确实存在，而在专职的运动卡经销商样本群体中不存在禀赋效应（让他们交易马克杯和糖果棒）。一个解释是专业交易员不太可能对商品有依恋，对他们来说，交易马克杯、糖果棒与只有价值符号的代币没有区别。②③

禀赋效应有着重要的含义：即使没有交易成本，并且对收入效应的估值小

① 比如 Morewedge et al.（2009）基于实验的证据，提出禀赋效应不是损失厌恶而是所有权导致的。

② Koszegi and Rabin（2006）的理论模型与这个结果一致。在他们的模型中，参照点是一个人对将来结果的预期。经销商预期所交易的是他们拥有的商品，因此在交易中他们不会感受到更多的损失厌恶。

③ 在 Plott and Zeiler（2005）的实验方案中，在得出马克杯的支付意愿和接受意愿之前，实验对象接受了大量的买卖培训，实验结果表明，接受意愿和支付意愿的差距不显著。而在 Isoni、Loomes and Sugden（2011）的实验方案中，即使实验对象接受了大量的交易培训，彩票的接受意愿和支付意愿仍然有显著差异。

到可以忽略不计，初始的产权分配会也影响最终的资源配置。这与法和经济学的基石、著名的科斯定理（Coase，1960）相矛盾。科斯定理认为，没有交易成本和收入效用，最终的资源配置与初始的产权分配无关。① 在一篇合作的论文中，塞勒等人为法和经济学提供了一个普适的行为经济学方法（Jolls、Sunstein and Thaler，1998）。这个领域在随后的20年发展迅速，在《牛津行为经济学与法律手册》（Zamir and Teichman，2014）中有全面的回顾。

2.3 心理账户

像标准的经济学模型一样，塞勒（1980）用损失厌恶解释禀赋效应，这一解释同样假设个体会最大化他们的偏好，尽管这些偏好依赖于参照点（禀赋）。标准的新古典主义模型假设消费者会最大化自己的效用，而几年后塞勒的心理账户理论（Thaler，1985，1999）则彻底颠覆了这个模型。心理账户是一个心理学理论，它描述有限认知如何影响支出、储蓄和其他家庭行为。在塞勒（2015，第56页）看来，这个理论试图回答“人们如何看待金钱”的问题。答案的关键在于决策是分门别类的还是综合性的。这个理论与塞勒有限自控的研究联系紧密（我们将会在第三节详述），它可以缓解有限自控的问题。同时，通过交易效用（transaction utility）的概念，心理账户又与塞勒对公平的研究（将在第四节阐述）联系起来。

经验观测到人们将消费分门别类（住宅、食物、服装等），且每一个类别对应各自的心理账户，这对心理账户理论的发展是一个重要促进。塞勒指出，有限理性的行为人在简化他们的财务决策时广泛应用心理账户。由于每个账户都有自己的预算和单独的参照点，使得各个账户之间的替代性非常有限。② 心理账户的重要含义是，一个人对给定数量金钱赋予的价值，取决于这部分钱属于哪一个心理账户，继而依赖于背景、框架和情境。

---

① Farnsworth（1999）用一个民事诉讼案例反驳了科斯定理，如果双方当事人缺乏达成和解的意图，即便法庭也无法将权利判给愿意出价最高的一方。

② 为了进一步阐明这一点，Thaler and Sunstein（2008，第53—54页）引用了演员Gene Hackman和Dustin Hoffman的故事：“在他们早期落魄的时候，Hackman和Hoffman是朋友，Hackman讲述了他拜访Hoffman家，Hoffman向他借钱的事。Hackman同意借钱，之后他们进入Hoffman的厨房，在厨房柜台上排列着好多瓶瓶罐罐，每个都装着钱。有个瓦罐贴着“租金”，有个贴着“效用”，等等。Hackman不明白，Hoffman的罐子里有那么多钱，他为什么还需要借钱，而Hoffman指了指食物瓦罐说这个罐子是空的。”

塞勒（1985）指出，维持分门别类的账户这种做法，为克制过度消费，尤其是非必需品或上瘾商品，提供了一个承诺机制（commitment device），一个常见的例子是，一边往储蓄账户存钱，一边信用卡透支（Thaler and Sunstein，2008，第51页）。由于后者的利率比前者高很多，这两个账户的管理很难与标准的理性行为模型相符。然而，若是一个缺乏自控力的人（如第三节讨论的那样），会在偿还信用卡之后又迅速透支。将储蓄账户作为一个有单独参照点（假定为当前的数量）的独立账户，会打消这个人用储蓄偿还信用卡的念头，这样就提供了一个拒绝过度消费的承诺。

在估值之前，除了损失厌恶，心理账户理论还用敏感度递减这一特性（对收益的风险厌恶、对损失的风险偏好）来预测什么时候多种结果是加总的什么时候是分离的。特别是，当个体尝试编辑（edit）各种结果以最大化他们的效用时（即享乐编辑，hedonic editing），他们会试图分离出收益而加总损失，会把小的损失整合进大的收益里，在一些情况下会从大的损失中分离出小的收益（“一线希望”）。① 正如塞勒（1999）所讨论的，有证据显示，尽管加总损失对大多数人来说很困难，但大体上人们确实表现的如享乐编辑所假设的那样。

在参照点理论下，塞勒（1985）从消费者的效用来源中分离出与消费商品或服务有关的部分，命名为获得效用（acquisition utility），与买/卖交易有关的部分命名为交易效用。获得效用与标准的消费者剩余类似：所得商品的价值减去支付的价格。交易效用是真实价格与预期价格或“公平”价格，即所谓的参照价格的差值。交易效用意味着消费者从“划算的交易”（以低于预期价格购买了产品）中获得了增加值，但在“不划算”的高价购买中，蒙受了效用损失。如果商品价格使消费者感到交易“不划算”，即使商品本身会产生正的消费者剩余，消费者也不会购买。

定义这些概念时，塞勒将参照点理论和社会偏好联系在一起。早期的前景理论没有谈到参照点是如何决定的。塞勒认为，参照价格由交易双方认为的“公平”价格决定。换言之，如果买方认为价格过高而觉得不公平时，买方会

---

① 最后一个预测来自如下事实：小收益的价值可能会大于大损失轻微减少的价值，这主要取决于价值函数的具体参数，以及大损失和小收益的差别到底有多大。在这个案例中，损失厌恶本身是支持加总的，但对损失大小的敏感度递减表明小收益仍然可能会比大损失轻微减少更有价值。

在交易中蒙受效用损失。塞勒及其合作者的很多研究都论述了感知公平（perceived fairness）的重要性（Thaler，1985；Kahneman、Knetsch and Thaler，1986a，1986b）。我们将在第四节详细讨论。

心理账户的意义

在塞勒（1985）的开创性研究之后，塞勒和其他学者继续探究并证明了心理账户的重要性。夏皮罗等人（Hasting and Shapiro，2013）为心理账户理论提供了关键证据：金钱缺乏替代性。他们研究了 2008 年汽油价格下跌 50% 时人们在常规和优质汽油之间的选择，并发现从常规汽油转向优质汽油的消费是标准需求模型预测的 14 倍！专门为汽油设置的心理账户可以解释这个过度转移。有趣的是，心理账户同时预测，这种从低质量到高质量商品的转移，并没有出现在那些价格保持不变的商品中。

罗文斯坦等人（Prelec and Loewenstein，1998）的预期账户（prospective accounting）模型进一步探讨了心理账户的动态变化。“复式记账”的心理账户理论分析了消费商品的快乐和购买商品的痛苦之间的相互作用。这引出了“联结”（coupling）的概念，意指消费会让人回想起支付，反之亦然。塞勒等人（Shafir and Thaler，2006）从人们藏酒的现象中发现了证据。提前购买（比如买一箱酒）会被认为是投资而不是购买。同时，消费很早以前购买的商品并按照计划使用（为晚餐准备酒）经常被认为是“免费的”，甚至可能被当作储蓄。将支出和消费脱钩降低了购买时的痛苦，这是享乐编辑的另一个例子。

在心理账户理论中，人们对结果的感知和评价依赖于具体的背景①，以及如何“编辑”这些决策，比如享乐编辑会使人们把损失和更大的收益整合在一起，以消除损失带来的痛苦。但同时也会及时设定边界：心理账户必须

---

① 塞勒（1999）用特沃斯基和卡尼曼（1981）假设的场景证明了背景依赖：假设你正要去买一件 125 美元的夹克和一个 15 美元的计算器。计算器的售货员告诉你在另一家分店里这个计算器卖 10 美元，但离这里 20 分钟的车程。你愿意驾车去另一家商店吗？与此比较：假设你正要去买一件 125 美元的夹克和一个 15 美元的计算器。夹克的售货员告诉你在另一家分店里这件夹克卖 120 美元，但离这里 20 分钟的车程。你愿意驾车去另一家商店吗？这两个问题关心的都是节省 5 美元是否值 20 分钟的车程。但实际上，大多数人在第一个场景下都会认为值得，但在第二个场景却认为不值。

“开设”和“关闭”。① 比如购买一项金融资产，便会以获得价值为参照点开设一个心理账户。由于以遭受损失（卖出资产）的方式关闭账户会引致痛苦，所以这个理论对金融资产的交易有着重要的意义（Shefrin and Statman，1985；Thaler，1999）。如果损失和收益只在账户关闭时被评估和感知，投资者更可能卖出增值的股票而不是减值的股票。投资者倾向于不减持直至股票停牌，因为卖出意味着以遭受损失的方式关闭账户。谢夫林等人（Shefrin and Statman，1985）为这种效应提供了第一个经验证据，并命名为处置效应（disposition effect）。欧迪恩（Odean，1998）用一个折扣经纪公司的数据库佐证了处置效应。

拉宾等人（1999）创造了“选择归集”（choice bracketing），用于描述选择的分离程度（窄归集，narrow bracketing）或心理账户的加总程度。例如心理账户预测的分门别类式决策就是一种形式的窄归集，且有大量的经验支持（Thaler and Johnson，1990；Loewenstein and Rabin，1999；Rabin and Weizsacker，2009）。

在一篇著名的研究中，塞勒及其合作者探索了纽约出租车司机的劳动力供给决策（Camerer et al.，1997）。他们发现了支持参照点依赖型偏好和窄归集的证据，司机好像每天都设定一个目标收入（参照点），而若目标没有达成，司机会饱尝损失厌恶的痛苦。换句话说，每个工作日都会对应一个单独的心理账户。于是司机在需求大的工作日驾驶更少，在需求低的工作日反而工作更多，这与标准经济理论的预测截然相反。②③

塞勒和约翰逊（1990）证明了即使个体倾向于风险厌恶，也会经常对近期获得的金钱表现出风险偏好，比如赌博。“私房钱效应”（house-money effect）的出现正是由于收益被放入了一个专门的心理账户，并与从其他地方得来的钱区别对待。塞勒和约翰逊同时发现了“保本效应”（break-even effect）：如果有一个机会可以弥补当前损失达到盈亏平衡，那么在损失区域也会额外表现出风险偏好。随后塞勒及其合作者（Post et al.，2008）研究了有重大利益时的

---

① 以下（假想）的例子可以说明这一点（Thaler，1980）：花大价钱买了篮球赛门票的家庭必须在暴风雪中驱车前往赛场，因为不参加就意味着这个心理账户会以一定的损失关闭账户，但如果门票是免费赠送的，他们会宁愿待在家里。

② Farber（2005，2008）选取不同的纽约出租车司机数据，得到的结论对这个结果提出了质疑。然而，Crawford and Meng（2011）运用Farber的数据得出的结论却支持出租车司机每天的估值取决于参照点依赖型偏好。Fehr and Goette（2007）关于自行车送信员的田野实验也支持这个论点。

③ 我们将在第五节讨论窄归集在金融市场的作用。

私房钱效应和保本效应（数据来源于电视游戏节目《一掷千金》）。

三、有限自控

今天消费更多通常意味着明日消费更少，相对于未来的需求，消费者往往更看重当前的需求。经典的新古典理性跨期选择模型是由费雪（1930）、萨缪尔森（1937）提出的指数贴现模型。这个模型可以很好地应用于许多规范和实证研究。标准指数贴现模型意味着时间偏好一致，但难以解释很多观测到的现象，比如偏好逆转和对承诺机制的需求。①②

本节不考虑人们的认知局限，而是着重说明一个人在不同“自我”中的挣扎。我们先简要回顾一些早期的工作，包括塞勒对贴现的研究。接着我们转向塞勒等人（Thaler and Hersh Shefrin）的计划者—实施者模型。最后我们考察政策制定，包括塞勒和桑斯坦倡导的自由主义家长制政策。

3.1 对自控的早期研究

哲学家和社会学家思考人们无法做到自认为正确之事的可能性，最早可以追溯到亚里士多德对无自控力现象（意志力薄弱）的讨论。③ 在心理学领域，弗洛伊德（1955）的工作激励了对自控的研究。在20世纪60年代，心理学家米歇尔（Walter Mischel）介绍了他著名的棉花糖测试：学生可以立即得到一块棉花糖或者在延期后得到两块棉花糖（Mischel，2014）。④

---

① 贴现因子的决定可能会涉及意志力。庞巴维克（Böhm-Bawerk，1889）提出对未来消费的贴现是由于“意志力缺乏“（defect of will）。而庇古（Pigou，1920）却把它归因于想象力的失败。

② 事实上，正如塞勒（2015）指出的，费雪（1930）自己也对这个新古典模型的描述效力表示怀疑。

③ 比如大卫·休谟（David Hume，1739，第三卷第七章）认为自控有限是人们需要政府的三个原因之一，同时亚当·斯密（1759）把自控描述为充满激情的人和中立的旁观者之间的斗争。William James（1890）写道：“专注的努力是意志力的根本表现……如若一个人受苦于采取行动的热情且还想让这种热情看起来是明智的，对他来说，困难在哪里呢？体力上当然不存在困难……比如把原本要挥霍浪费的钱放入口袋，从原本要走向一个妩媚女人门前的路上掉头。困难是心理上的：是否时刻记住采取明智的行动。

④ 后来，Mischel对自控的测量发现自控与生活成果（life-outcomes），诸如学术评估测试（SAT）成绩和受教育程度有关（Mischel、Shoda and Rodriguez，1989；Mischel，2004）。塞勒（2015）指出Mischel的实验启发了他关于自控和计划者—实施者模型的研究。

斯特罗茨（Strotz，1956）假设人们天生具有高估现期消费价值的倾向。与标准的指数贴现模型不同，现在与不久的将来之间的贴现率要大于更远的各时期之间的贴现率。这种现象的一个特别例子是双曲贴现（Ainslie，1992）。① 我们用这个术语表示斯特罗茨（1956）研究的一种更普遍的“现状偏向”贴现函数。斯特罗茨展示了双曲贴现导致时间不一致的问题：“当前的自我”愿意在未来储蓄更多，但“未来的自我”更倾向于不实施这项计划。② 阿莱（1947，附录 3）和托马斯·谢林（1960，1978；2005 年诺贝尔经济学奖得主）也讨论过跨期选择可能涉及不同“自我”之间的矛盾。③

塞勒（1981）首次为双曲贴现提供了经验证据。④ 塞勒要求其实验对象在不同时间线上的收益之间做出假想的选择，他发现事实上现在和不远的未来之间的贴现曲线比遥远的将来各时期之间的贴现曲线更陡峭。他进一步发现对收益的贴现比对损失的贴现更大，对小收益的贴现比对大收益的贴现更大。

塞勒的发现激发了经济学家对自控问题和时间偏好不一致的兴趣。塞勒（1981）的贴现模型被后续很多研究证实，对此可见弗里德里克等人（Frederick et al.，2002）的综述。双曲贴现可以解释很多令人困惑的现象，比如想要戒烟的人会永远推迟这个决定。它同时创造了一种对承诺机制的需求，而这种需求在标准指数贴现模型中并不存在。承诺机制的真实例子有斯特罗茨（1956）和塞勒（1981）提及的人们承诺为圣诞节储蓄的“圣诞俱乐部”（Christmas Clubs）、药物赛可尼（过度使用会有不适感）或者安塔布司（服用后饮酒会感觉难受）；以及诸如“饥饿时不要购物”或“不要在家里存酒”的常用经验法则。

---

① Phelps and Pollak（1968）研究了我们现在所谓的准双曲贴现。由于后期 Laibson（1997）对以投资非现金资产的方式承诺谨慎消费的研究，以及 O'Donoghue and Rabin（1999，2000）对拖延症的研究，准双曲贴现这个提法产生了相当大的影响。

② 在 30 岁的时候，我可能计划从 35 岁开始为退休进行储蓄。而当我到了 35 岁，由于这意味着减少当前的消费我并不想开始储蓄。

③ 时间不一致性的这一表现不同于宏观经济学文献中提及的时间不一致性，在那里理性的政策制定者因为面对不断改变的约束条件，所以有偏离先前计划的激励。第二种时间不一致性启发了 2004 年诺贝尔经济学奖得主 Finn Kydland and Edward Prescott（1977）的研究。

④ Alinslie（1974）提供的鸽子表现出时间不一致性的证据符合双曲贴现，即使在假设一些鸽子会通过承诺来控制冲动的情况下也成立（见 Ainslie，1992）。Ainstie（1975）也讨论了人类对冲动的控制，以非正式的方式提出在个人无限重复博弈中会出现多重均衡。

3.2 计划者—实施者模型

受观察到的现象偏离指数贴现的启发，塞勒和他的合作者谢夫林提出了计划者—实施者模型（Thaler and Shefrin，1981；Shefrin and Thaler，1988）。在计划者—实施者模型中，一个人拥有两个“自我”：一个短视的实施者和一个前瞻的计划者。计划者关心生命周期（贴现值）效用的最大化，而实施者仅仅在意眼前的效用。因为实施者对未来漠不关心，他的行为就像斯特罗茨（1956）假设的那样是短视的。斯特罗茨的模型表明，不同时间存在着不同自我间的矛盾，而计划者—实施者模型则展现了同一时间不同自我（即计划者和实施者）间的矛盾。

为了最大化生命周期的效用，计划者既可以运用有成本的意志力，强迫实施者减少当前的消费，也可以施加规则限制实施者的决策范围。这些自我强加的经验法则尽管不太完美，也能限制实施者的行为。计划者—实施者模型吸收了意志力可以抵抗诱惑的灵感，但这样做要耗费一定的精力成本。用（有成本的）意志力来限制实施者的行为，意味着自控的效力是内生的［不同于斯特罗茨（1956）的双曲贴现将自控视为外生］。个体的特征会决定计划者控制实施者的效力，也就是说不同人的自控力会有很大的不同。

塞勒和谢夫林（1981）认为自控问题也是委托代理问题，计划者（委托人）试图限制和激励实施者（代理人）最大化生命周期的效用。这种方法在后续的自控理论分析中继续得到应用，例如贝纳布和梯若尔（Benabou and Tirole，2004）。弗登伯格和莱文（Fudenberg and Levine，2006，2011，2012）在一系列研究中重构并拓展了计划者—实施者模型。贝纳布和帕希亚（Benabou and Pycia，2002）也发现盖尔等人（Gul and Pesendorfer，2001）的自控理论可以重新表述为计划者—实施者模型。

塞勒和谢夫林（1981）的计划者—实施者模型吸收了现代神经科学家认为人类大脑包含很多互动系统的观点。由于这些系统并不总是无缝对接，人们的行为不会像完全理性且有着一致偏好和信念的行为人所表现出的那样（见如 Kurzban，2012）。谢夫林和塞勒（1988）注意到，我们可以把计划者看作前额叶，而把实施者当成边缘系统。前额叶被认为是大脑中主导长期计划的部位（它是“大脑的执行官”，Fuster，1980），而更早进化的边缘系统则形成短期情绪和渴望。神经科学家的研究，比如麦克卢尔等人（Mclure et al.，

2004)，证实了自控与前额叶和边缘系统的相互作用有关。①

沿着相似的思路，计划者—实施者模型可以和心理学上的双加工理论(dual-process theory) 比较。根据双加工理论，决策是由快速、自动且不费精力的直觉过程（intuitive processes，系统 1）和缓慢、控制和费力的深思熟虑过程（deliberative processes，系统 2）共同做出的②。如前所述，大脑中存在相互矛盾的不同“自我”这一观点在经济学中早已有之，亚当·斯密（1759）在《道德情操论》中就明确阐述了这一点。但首次在自控研究中提出双重自我模型的是塞勒和谢夫林（1981）。

计划者—实施者模型的大量预测都被后续经验研究所证实。例如，它预测强制养老金计划会增加总储蓄（即强制储蓄不会被其他储蓄的减少所抵消)，因为这个计划产生的储蓄不需要运用有精神成本的意志力。切蒂等人（Chetty et al.，2014）最近的经验研究证实了这一预测。计划者—实施者模型同时预测，由于自我强加的借款限制，边际时间偏好率会超过税后利率。塞勒和谢夫林（1988）参考了数篇估计边际时间偏好率超过利率的研究。这个预测也被越来越多的研究所证实（Harrison et al.，2002；Attema et al.，2016)。

3.3 政策制定

由于人们的认知能力和意志力有限，所以并非总是能采取最大化自身利益的行动。一个人也许希望自己能够戒烟，或者为退休后的生活多存钱，但他发现做不到。什么样的政策能帮助这些人做出更符合其长远利益的决策呢？塞勒从多个方面证明了行为经济学可以解答这个问题。

塞勒及其合作者桑斯坦，都是自由主义家长制的主要拥护者（Thaler and Sunstein，2003，2008；Sunstein and Thaler，2003)。根据他们的观点，那些能

---

① Camerer（2007，第 C28 页）也提到了当前的神经科学，紧随塞勒和谢夫林把经济行为人看作一个企业：“大量迅速出现的双自我和双加工方法证实了经济理论可以用于研究作为互动元件系统的大脑。”

② 见 Evans and Stanovich（2013）对心理学中双加工理论的讨论，以及卡尼曼（2003a)。早期的文献有 Wason and Evans（1975)、Schneider and Shiffrin（1977)、Shiffrin and Schneider（1977)，以及更近期 Metcalfe and Mischel（1999）关于自控的冷/热双系统研究。系统 1/系统 2 模型是卡尼曼 2011 年的著作《思考，快与慢》的基础。卡尼曼（2011）指出他和特沃斯基在阐述前景理论的时候并没有想到双系统，但之后他利用双系统阐述了前景理论。

够助推人们做出正确选择且干预程度最小的政策，会带来有利的行为改变①。这一方法强调了使用“选择架构”（choice architecture）的重要性，即设计选择发生的环境。

通过设置默认选项，助推能带来深远的影响。在很多决策问题中，设计决策问题的组织和行为人会事先设定一个默认选项。这是选择架构中非常重要的一环，因为许多人只选择默认选项。在两个非常重要的领域——器官捐献（Johnson and Goldstein，2003；van Dalen and Henkens，2014）和养老储蓄（Madrian and Shea，2001；Choi et al.，2004）中，默认选项至关重要。马德里安和谢伊（Madrian and Shea，2001）的研究激发了学术界对默认选项设计的兴趣。在应用他们的结论时，最值得注意的莫过于塞勒等人（Thaler and Benartzi）对增加养老金储蓄的提议，而我们接下来会讨论这一政策。

在养老金储蓄领域的应用

早在1994年，塞勒就曾提议改变由美国雇主提供的缴费确定型养老金计划［如401(K)计划］中的默认选项。此前的默认选项是，职工需要主动报名参加养老金储蓄计划，并填写相关表格、选择储蓄率和投资方式。塞勒建议新的默认选项设定成以特定的储蓄率和投资方式参加该计划，也就是说自动参加。

根据看似平淡无奇的选择设计理论，缺少明智的默认选项会使养老金储蓄者做出非常不利的决策。塞勒等人（Benartzi and Thaler，2001）的研究显示，当人们面临将他们的养老金储蓄分配到若干可选基金时，他们倾向于采取每个基金分配“1/N”的简单多样化策略，即把储蓄等额投资到所有可选基金中。这将造成预期外的经济效应，即个人养老储蓄的组合风险将受到可选基金的强烈影响。在可选基金中，如果债券基金多于股票基金，结果会是人们将更多的钱投入债券基金。塞勒等人（Cronqvist and Thaler，2004）通过介绍瑞典养老保险系统（PPM）——在该系统中，人们可以选择将部分公共养老金储蓄投资到基金中——说明了不同的选择设计如何带来合意或不合意的经济结果。

许多经验研究表明，默认选项对储蓄有实质性的影响（Madrian and Shea，

---

① Camerer et al.（2003）曾提出“非对称家长主义”的观点。他们建议，如果某一政策能为那些做出错误行为的人带来巨大利益并且不对那些做出理性决策的人造成实际损失，那么该政策应当被实施。

2001；Choi et al.，2004）。在马德里安和谢伊（2001）的一项开创性研究中，他们发现设置成自动参加会使401(K)储蓄计划的参与率从49%提升到86%。

塞勒等人（Thaler and Benartzi，2004）设计并实施了一个能通过克服自控和其他行为偏差来提高养老储蓄的计划。他们的“明天储蓄更多”计划(Save More Tomorrow，简称SMarT）主要包含四个要点。第一，雇员要在远早于工资上涨之前就决定是否增加储蓄，而这个决策不涉及当前消费与未来消费的权衡，而是未来不同时点的消费的权衡。根据双曲贴现的逻辑，这会降低有效贴现率并缓解缺乏自控力的问题。

第二，如果雇员参加养老金计划，缴费随工资的增加而增加。因为增加的储蓄来自未来的收益（工资增加），所以损失厌恶的人无须担心实际到手的工资会减少。

第三，养老金计划包含自动增长：在每次工资提高时，缴费率继续增加直至达到预设的最大值。惰性和现状偏向将使人们不会退出该计划。

第四，雇员可以选择随时退出计划，这会使他们参加时更加安心。自愿参加、允许退出表明人们的偏好具有多样性，一个“完全理性”的雇员将不会因这一计划而遭受损失。另一方面，对于那些承诺在未来增加储蓄的雇员，允许退出也不会让他们的承诺化为空谈。一旦他们参加该计划，惰性和现状偏向将有利于他们留在养老金计划内。

塞勒和贝纳茨在三家不同的公司实施了三次SMarT计划，但计划推行的方式不同。当采用一对一面谈的方式时，计划推行得格外成功，显著增加了养老储蓄。对于2006年美国国会颁布的《养老金保护法案》来说，SMarT计划很重要，这一法案鼓励企业对401(K)计划实行自动参加、自动增长。贝纳茨和塞勒（2013）估计，截至2011年，美国大约有410万人参加了含有自动增长机制的养老金计划，这致使2013年储蓄增加了7.6亿美元。英国最近也开展了一项自动参加的国民储蓄计划，退出率只有12%左右（Thaler，2015）。近期，切蒂等人（2014）使用丹麦的数据论证，含有自动参加机制的储蓄计划不会挤出其他储蓄，也不会增加负债。

政策影响

助推和营销很类似，利用人类的心理来影响人类的行为。所不同的是，助推旨在增进人们基于自己判断的长期福利。这是其“家长制”部分。而“自由主义”原则体现在不限制人们的选择权，设定一个合理的默认选项并不意味着强迫人们接受这个选项。

在2008年塞勒和桑斯坦合著的《助推》出版后，这一理论影响了数个国家（尤其是美国和英国）的政策制定，不仅包括养老金储蓄，还包括医疗保健、教育和其他一些当前选择能够带来长远影响的领域。2015年9月15日，美国总统奥巴马签署了一份行政命令，要求“运用行为科学来更好地服务美国人民”，这显然是受到了自由主义家长制范式的启发。事实上，那时桑斯坦担任美国信息与规制事务办公室主任已有四年（Thaler，2015）。白宫成立了一个社会和行为科学研究团队，成立的第一年就在联邦计划中加入了十几个田野实验（Thaler，2015）。塞勒也在英国的行为学研究团队中担任重要职位，该团队运用行为经济学来设计新政策。在其他国家，也有与之相似的“助推单位”。最近有研究调查了助推在全球的传播，发现“已有51个国家的中央政府采取了受新行为科学影响的政策举措。除此之外，我们发现有证据表明，在196个国家中，有135个国家以及中国的台湾地区采用了受新行为科学影响的政策举措（虽然这些政策未必都是中央制定的）”（Whitehead et al.，2014，第9页）①。

助推的一个重要部分是，在大规模推广政策前，收集足够多的证据证明政策确实能带来预想的结果。理想状态下，政策应该经过一系列随机田野实验的检验和评估②。

自由主义家长制也曾受到其他一些经济学家的批评。罗伯特·萨格登及其合作者明确表达了他们的担忧，他们认为对消费者主权的偏离是自由主义家长制固有的缺陷（Infante et al.，2016；Sugden，2013，2015）。他们指出，自由主义家长制，以及更一般的“行为福利经济学”，把偏离传统理性选择理论视为需要政策制定者纠正的错误，这预示着政策制定者可以最大化一个“被心理外壳困住内在理性的人”的潜在偏好。他们批评这种将偏离传统模型视为

① 以下是助推政策的部分成功应用：提高发展中国家的农业水平（Duflo et al.，2011），降低能源使用（Shultz et al.，2007；Ayres et al.，2013；Brown et al.，2013），提高税收遵从度（Hallsworth et al.，2014），提高工人的生产率（Hossain and List，2012），提高投票率（Nickerson and Rodgers，2010；Bond et al.，2012），增加慈善捐赠（Shang and Croson，2009；Breman，2011），提高抗疟疾药物的依从性（Raifman et al.，2014），提高儿童入学率（Kraft and Rogers，2014；York and Loeb，2014）以及增加发达国家的储蓄（Karlan et al.，2016）。

② 塞勒（2015，第338页）称之为“基于证据的政策”。

“错误”的观点，并质疑政策制定者是否真的知道应该最大化哪些潜在的偏好。萨格登（2013）反而支持福利经济学中的“契约论者”的方法，即试图找出能使个体互惠的协议。此外，阿拉德和鲁宾斯坦（Arad and Rubinstein，2015）也认为自由主义家长制可能会对不喜欢被操纵的人产生负面影响（与实质性结果无关）。通过在线的假设性选择实验（choice experiments）的数据，他们提供的证据表明人们对自由主义家长式的政府干预持负面态度。

塞勒和桑斯坦（2008）也认为，并非所有自由主义家长式干预都是可取的。他们只推荐那些“在人们能自行决策的前提下影响其选择，从而改善其境况（按照他们自己的判断也是如此）的政策”。鉴于塞勒区分了计划者和实施者，此处最好理解为是计划者的判断。另外，他们的方法也强调自愿的一面，人们在计划推出后可以选择不参加或者中途退出。这等于承认不同个体有不同的认知能力和自控力，而且他们也有不同的偏好，所以对每个人而言默认选项的成本和收益是不一样的。

最近的研究普遍发现，自由主义家长式助推获得了较高的民众支持（Hagman et al.，2015；Yung and Mellers，2016；Reisch and Sunstein，2016；Reisch et al.，2017，Sunstein，2017）。桑斯坦（2017）基于对美国的研究得出结论，“民主社会最近采纳或谨慎考虑的助推政策，都受到广泛的支持，令人惊讶的是，这些支持跨越了党派界限”。贝纳茨等人（2017）则利用大量的政府干预案例计算了影响与成本的比率，其中包括税收优惠和金融控制机制等传统政策工具。他们发现，助推干预政策通常比传统干预政策效果更好。他们认为，“助推政策是有益的，应该与传统政策相配合，更多地运用它。但若想判断助推的相对效力，仍然需要更多的计算”（Benartzi et al.，2017）①。

四、社会偏好

假定行为人追求自己的利益，在许多情形下大体上是合乎实际的。但在另一些情形，其中社会导向型动机，比如对公平、正义的渴望，也会发挥作用，

① 行为经济学也可以用于支持更多的传统干预政策，例如对“罪恶商品”（即以长期福利为代价获得即时满足的商品）征税。自控问题为这种税收提供了依据。传统依据则是外部性：对香烟收税可以通过帮助吸烟者戒烟或者减少抽烟而使他的生活变得更好。Gruber and Köszegi（2001）研究了当人们存在自控问题时的最优香烟税，O'Donoghue and Rabin（2006）研究了在一个既有自控不足者又有能自控者的世界里，对罪恶商品征税的一般问题。

亚当·斯密（1759）早已注意到这一点①。近年来，加里·贝克尔（1992 年诺贝尔经济学奖得主）正式描述了人们如何关心他人的福利（Becker，1974）；阿玛蒂亚·森（1998 年诺贝尔经济学奖得主）则认为同情（利他）和承诺是重要的动机，区别在于同情直接影响自己的福利，而承诺涉及与对错有关的道德准则（Sen，1977）。

在 20 世纪 80 年代，对于将公平确立为经济学中的一个重要研究课题，塞勒起到了重要作用。在心理账户理论中，感知公平会决定交易效用（Thaler，1985）。在与卡尼曼和尼奇的合作论文中，塞勒提供了经验证据证明公平在消费者决策中的重要作用。他们的发现支持了下列假说，即公平是利润最大化的约束条件之一，能阻止企业利用其市场势力制定过高的价格。因此，商品有时会以配给制的方式分配，比如当大型体育赛事的门票以低于市场出清价格出售时会被抢购一空，或暴风雪过后雪铲会供不应求。

同卡尼曼、尼奇一起，塞勒也设计了一些新颖的实验，揭示出公平偏好在人们交往中的三个重要表现：第一，人们会公平对待他人，哪怕是在没有信誉之忧的匿名环境中；第二，有些人宁愿放弃收益，也要惩罚那些对自己不公平的人；第三，一些人愿意放弃自己的收益，以惩罚那些有不公平行为或者违背规则的人，即使那些不公平是针对其他人的。在此之前，经济学家仅仅在古斯等人（Güth et al.，1982）的最后通牒博弈中，以实验的方式证明了这三种表现中的第二种。

我们接下来要讨论的是，塞勒就公平在定价、工资设定以及其他类型互动中的作用而展开的研究。

4.1 定价和工资设定中的公平

索洛和阿克洛夫（分别为 1987 年和 2001 年诺贝尔经济学奖得主）分别指出，对公平的关注可以解释为什么在经济不景气时公司不愿削减工资（Solow，1980；Akerlof，1979）。奥肯（Okun，1981）指出公平问题也会影响定价决

① 在《道德情操论》中，斯密用大量篇幅将同情（利他）描述为一种重要的情感，他将公平看作人类行为的一个重要动机。例如，他将公平描述为“自然放入人类胸膛中的对不良品性的感知，当我们违背它时，将会感受到那令人恐惧的应得惩罚。它是人类社会的伟大守卫，它保护弱者，限制暴力，惩罚有罪之人”。如想阅读亚当·斯密关于社会偏好、有限理性以及缺乏自控的论述，请见 Ashraf、Camerer and Loewenstein（2005）。

策。然而，我们仍然缺乏直接的证据来证明公平对价格和工资的影响。

为了验证假定的感知公平在消费者市场中的作用，卡尼曼、尼奇和塞勒（1986b）通过电话调查收集了数据，调查范围是多伦多和温哥华大都市区，随机挑选受访者。受访者被问及几个不同的假想情境下的公平性。第一个问题是：

> 一家五金店卖的雪铲一直是15美元。而在暴风雪过后的早上，他们把价格提高到了20美元。请将此行为认定为：完全公平、可以接受、不公平、非常不公平。

在这个情景中，82%的受访者都认为抬高价格是不公平的（文中将“不公平”和“非常不公平”都归为“不公平”）。

卡尼曼、尼奇和塞勒（1986b）区分了人们判定一个企业的行为是否公平的三个决定要素：参考交易、对行为的解读、行为发生的场景。参考交易指的是按照现行价格或工资发生的交易。偏离了这个参考水平就被认为不公平。例如，如果现任雇员的工资是9美元，那么这通常会变成他的参考工资，但另一个新雇员的参考工资可能比他的低。在经济衰退时期，相较于辞退现任雇员并以7美元的工资聘任新雇员，把现任雇员的工资从9美元降到7美元会被认为更不公平。

当人们基于参考水平来评估价格时，如何设定价格变动是很重要的，而卡尼曼、尼奇和塞勒（1986b）通过经验分析证明了这一点。同样是一辆新车的价格提高了200美元，也许是因为标价提高了，也许是因为折扣降低了，但前者会被认为更不公平。这和损失厌恶相符，因为人们认为标价提高是一种损失，而折扣降低是收益的减少。

最后，塞勒及其合作者发现，触发定价决策的场合会影响人们的感知公平。投入成本增加引起的消费者价格提高通常是可以接受的，但因为市场势力增大而引起的价格提高则被认为是不公平的。上文提到的在暴风雪过后提高雪铲的价格就是后者的例子①。

---

① 另一个例子是［卡尼曼、尼奇和塞勒（1986b，第735页）问题13］：一家杂货连锁商店在许多社区都有分店。在大多数社区中，它们都要与其他商店竞争。而在一个社区中，连锁店没有任何竞争者。尽管这家店的销售成本和销售量与其他商店相同，但这家店里的价格平均比其他的店贵5%。76%的受访者认为这种情况是不公平的。

卡尼曼、尼奇和塞勒（1986b）讨论了在消费者市场中考虑公平所产生的影响以及预测。在面对需求冲击时，市场在短期内无法出清，因为人们认为把价格提高到市场出清水平是不公平的。当单一供应商提供一系列生产成本无差别的产品时，最有价值的产品往往会短缺，因为当生产成本相同时，人们会认为对最有价值的产品定价更高是不公平的。相较于需求变化，价格对成本变化更敏感，因为人们认为因成本增加而提高价格，比因需求增加而提高价格更容易接受。同样，相较于成本降低，价格对成本增加更敏感。最后，在收益和损失的框架下，价格下调将更多被视为折扣而非降低标价。相对于提高标价，取消折扣一般不会被理解为损失，从而不太容易被认为是不公平的。

他们还检验了公平对劳动力市场的影响，这也许可以解释人们对黏性工资的困惑（关于黏性工资存在的证据，请参见阿克洛夫等人 1996 年的文章）。在经济萧条时期，雇主们不愿意降低雇员的（名义）工资，因为雇员会认为降薪是不公平的（也许还会通过不努力工作来报复雇主）。卡尼曼、尼奇和塞勒（1986b）发现，人们认为在没有通胀的情况下降低名义工资比有通胀的情况下维持名义工资更不公平，尽管在这两种情况下实际工资的降低幅度是相同的。这表明通胀也许具有重要的实际影响。随后，费尔和蒂兰（Fehr and Tyran，2001）的实验研究证实了这种货币幻觉的重要性。①

4.2 个人交往中的公平

为了研究个人交往中的公平与慷慨，卡尼曼、尼奇和塞勒（1986a）开展了一个实验，后来被称为独裁者博弈。康奈尔大学心理学专业的学生们被要求在他们自己和另一个随机抽取的匿名同学之间分配 20 美元。学生们可以在两种不同的分配方案中选择：给自己 18 美元，给同学 2 美元；或每人 10 美

① 塞勒（2015）提到了几个现实案例，在这些案例中，企业决策带来的感知不公平导致了惊人的后果。当芝加哥第一银行提出要收取 3 美元的柜台取款手续费时（为了让消费者更多地使用自动取款机），消费者十分愤怒，造成其市场份额损失，这项政策最终被取缔了（在这家银行被一家国民银行收购后）。基于价格取决于需求的理论，可口可乐的一位 CEO 测试了自动贩卖机的动态定价方案（例如，天气热时价格会上涨），而后这个 CEO 就被炒了鱿鱼，动态定价方案就此作废。有时候，法律禁止企业根据需求波动“过度”提高价格，这种法律被称为反欺骗法（Anti-gauging Laws）（Thaler，2015）。这些法律可以用公平的观念来理解。塞勒（2015，第 131 页）强调“感知公平与禀赋效应有关。买卖双方都认为自己有权享受他们已习惯的贸易条件，并将贸易条件的恶化视为一种损失”。

元。一个自利的、只考虑自己货币收益的人，会选择拿走 18 美元。结果却是有 76% 的学生选择平分这笔钱，因为他们偏好公平和平等。显然，即使在没有声誉之忧的匿名情景中，也不是所有人都会选择最大化他们自己的货币收益。

关于独裁者博弈的文献汗牛充栋（详情参见 Camerer，2003）。一般来说，决定资金分配的行为主体（即“独裁者”）能够自由地分配这笔钱，而不是像卡尼曼他们的文章中那样必须在两种分配方案中选择。2011 年一篇关于独裁者博弈研究的元分析，包括了 129 篇论文和 616 项实验（Engel，2011）。平均而言，独裁者给出这笔资金的 28% 。只有 36% 的独裁者表现得像传统的“自利经济人”那样，尽可能多地拿走这笔钱。有 17% 的独裁者选择平分这笔资金，表现出了强烈的公平偏好。

卡尼曼、尼奇和塞勒（1986a）的独裁者实验还有第二个阶段，每个学生都会被告知，她（或他）将会与另外两个同学随机匹配。如果那两个同学在实验第一阶段（即上文中的简单独裁者博弈）中的决策有所不同，那么这个学生将被要求在下面两种分配方案中选择：①

> 5 美元给你自己，5 美元给在第一阶段中选择平分资金的同学，而在第一阶段选择拿走 18 美元的同学则什么都得不到。

或：

> 6 美元给你自己，在第一阶段选择平分资金的同学什么都得不到，而在第一阶段选择拿走 18 美元的同学得到 6 美元。

这个学生如果选择了第一种分配方式，会放弃 1 美元（获得 5 美元而不是 6 美元），但这个方案能够奖励在第一阶段表现出公平的分配者、惩罚自利的人；有 74% 的学生选择了第一种方案。因此，同第一阶段一样，当公平至关重要时，只有少数人选择最大化自己的货币收益。而第二阶段的结论是，许多人都愿意惩罚那些采取不公平行为或违背规则的人，哪怕这些不公平行为并没有伤害到他们的利益。这个实验设计和随后的“第三方惩罚”实验有关，在

① 如果第一阶段中，两个同学做出了相同的选择，那么这个学生在第二阶段不需要做出决策。

那个实验中，第三方（不会受到不公平行为或违规行为的影响）会惩罚采取不公平行为的人（Fehr and Fischbacher，2004）。这是现在我们称为“间接互惠”理论的一个例子（Nowak，2006）。

卡尼曼、尼奇和塞勒（1986a）也做过如今众所周知的最后通牒博弈实验。① 在最后通牒博弈中，第一个参与者给出资金分配方案，第二个参与者选择接受或者拒绝这个方案。如果他接受，那么两个参与者可以按分配方案获得资金；如果他拒绝，那么两个人什么也得不到。卡尼曼、尼奇和塞勒（1986a）发现，一般来说第一个参与者的分配方案会接近平均分配。他们也发现，如果分配方案中第二个人得到的资金少于总资金的25%，那么第二个人一般会拒绝。这些结果和古斯等人（Güth、Schmittberger and Schwarze，1982）当初的观察结果一致，也和之后研究最后通牒博弈的大量文献的结果吻合（Camerer，2003）。许多人为了惩罚那些向自己提出“不公平”方案的人，宁愿牺牲自己的收益（什么也得不到），这被称为负互惠（Fehr and Göchter，2000b）。随后的实验揭示出惩罚的意愿和能力可以鼓励人们采取亲社会行为（Ostrom、Walker and Gardner，1992；Fehr and Göchter，2000a）。另外，亨利奇等人（Henrich et al.，2005）在全世界15个小型社群的实验发现了与最后通牒博弈以及其他相关博弈结果相似的情况。

目前关于社会偏好和互惠的文献异常丰富，包括大量的实验室实验、田野实验和理论模型。两个重要的早期贡献是拉宾（1993）的公平均衡理论模型和费尔等人（Fehr、Kirchsteiger and Riedl，1993）的实验室实验，后者为阿克洛夫（1982）的“公平工资努力”假说（Fair-Wage Effort Hypothesis）提供了支持。几年后，两个极具影响力的理论模型出现了：费尔和施密特（Fehr and Schmidt，1999）的模型，以及博尔顿和奥肯费尔斯（Bolton and Ockenfels，2000）的模型。这些作者认为，独裁者博弈和最后通牒博弈的大量实验结果可以用不公平厌恶（inequality aversion）来解释。相应的，一些文献尝试区分不公平厌恶和其他行为，例如各种类型的互惠。查内斯和拉宾（Charness and Rabin，2012）的研究值得特别关注。若想进一步了解，请参阅费尔等人的研究（Fehr and Gächter，2000b；Camerer，2003）。

---

① 最后通牒博弈此前已经由古斯等人（Güth et al.，1982）提出。但卡尼曼、尼奇和塞勒（1986a）在提出这个实验时显然不知道这篇文献的存在（Thaler，2015）。

五、市场表现：行为金融学研究

虽然人们可能会在实验室实验或个别情况下表现得不理性，但这种不理性行为能否在完全竞争的市场中保留下来还未可知，因为不太理性的行为人也许会被理性行为人击败（Fama，1970）。如果可以证明非理性行为能够影响金融市场，那么这将成为行为偏差能够影响经济中价格和资源配置的有力论据。

塞勒对金融市场的研究做出了大量的贡献，从而成为行为金融学领域的奠基者之一①。这一领域运用行为经济学知识来解释资产定价模式，而这很难与投资者理性、市场有效假说的传统观念相符。为了解释一些现实中的困惑（例如股票价格的可预测性以及所谓的股权溢价之谜），塞勒提出了一些投资心理学的新模型。心理账户理论也可以预测上文（第 2.3 节）提到的处置效应（Shefrin and Statman，1985；Odean，1998）。此外，塞勒还记录了许多价格明显偏离基本面的案例，这些案例很难用市场有效和投资者理性来解释。

在塞勒等人（Barberis and Thaler，2003）的一篇广被引用的行为金融学综述中，他们强调一些投资者的非理性并不足以影响资产价格。市场中一定存在有限套利，防止理性投资者利用错误定价来获利（Shleifer and Vishny，1997）。塞勒的行为金融学研究则主要关注以下两点：（1）研究投资者心理对资产定价的影响；（2）记录金融市场中违背一价定律的案例，说明有限套利的重要性。

投资者心理对资产定价的影响

塞勒等人（De Bondt and Thaler，1985）在一项影响深远的研究中，质疑了传统金融模型中的固有假设：当接收到新信息时，理性交易者会根据贝叶斯法则修正自己的信念，从而使自己持有“正确”的信念。特沃斯基和卡尼曼（1974）的研究表明，许多人会对新信息反应过度，从而系统地偏离这一假设。

为了检验股票市场是否存在对新信息的过度反应，塞勒他们（1985）对比了失败的股票（最近股价下跌）和获胜的股票（最近股价上涨）的回报率。

---

① 这一领域的另一位领军人物是 2013 年诺贝尔经济学奖得主罗伯特·希勒。1991 年，希勒和塞勒共同组织每半年一次的行为金融学讨论会，这已成为推动、激励这一研究领域最重要的学术论坛（Thaler，2015）。

他们的结果与过度反应假说相符，发现失败的股票组合要优于获胜的股票组合。在后续的文献中，他们（1987）进一步检验了这些结果的稳健性，并给出许多其他解释，他们发现实证结果能稳健地支持过度反应假说。尽管在随后的实证研究中，他们的横截面均值回归模型被证明是稳健的，但他们的解释仍然受到了质疑。尤其是失败的股票有更高的收益率也与风险溢价理论相符，即这些股票有更高的系统风险，因此投资者需要更高的溢价来补偿风险。

贝纳茨和塞勒（1985）对所谓的“股权溢价之谜”给出了行为金融学解释。股权溢价之谜指的是：股票的历史收益率远高于债券的历史收益率，这与标准期望效用模型不符（Mehra and Prescott，1985）。他们对此提出了一个基于窄归集和损失厌恶的解释。在贝纳茨和塞勒（1995）的模型中，损失厌恶的影响取决于投资者重置参照点的频率（例如他们“关闭账户”的频率），他们发现如果投资者的评估周期为一年①，则损失厌恶可以解释股权溢价。随后，实验室实验的结果支持了“短视的损失厌恶”（myopic loss aversion）这一解释（Thaler et al.，1997；Benartzi and Thaler，1999）。巴博里、黄明和塞勒（Barberis、Huang and Thaler，2006）认为窄归集可以解释为什么相当多家庭不愿意参与股票市场，这也被称为“股市参与不足之谜”。对于新古典经济模型的扩展和行为模型，究竟哪个能更好地解释金融市场中的风险溢价，尽管金融经济学家还远没有达成共识，但他们对损失厌恶的研究仍不失为经济学中充满活力的一个部分。

错误定价和有限套利

尽管上述贡献为我们观察到的金融市场收益提供了行为金融学解释，但这并不意味着收益实际上受过度反应或其他异常行为影响。事实上，对于这些现象，也存在其他与投资者理性以及市场有效相符的解释。塞勒在关于错误定价的研究中，找到了能更明确地证明存在违背有效市场假说的证据。

封闭式基金是在股票市场上交易的投资基金，它们包含了其他金融资产，例如其他上市公司的股票。封闭式基金之谜指的是封闭式基金中的股票价值往往与股票本身的价值不一样，这违背了一价定律，意味着存在有限套利。在茨

① Barberies et al.（2001）将 Benartzi and Thaler（1995）的模型扩展为多期模型，并将损失厌恶与过去的冒险行为造成的结果相结合。

威格（Zweig，1973）和德龙等人（Delong et al.，1990）的基础上，塞勒等人（Lee、Shleifer and Thaler，1991）对封闭式基金之谜给出了解释——市场中存在抱持错误信念的“噪音交易者”。有时候，这些噪音交易者会高估预期收益（相对于理性预期）；另外一些时候，会低估预期收益。这些噪音交易者的情绪波动导致封闭式基金的价格发生额外变动。理性交易者对这种风险要求补偿，这导致封闭式基金平均而言被折价交易。

他们的结论与他们的理论吻合：（1）不同的封闭式基金的折价具有显著的联动性（它们都是由投资者的情绪波动造成的）；（2）当现有的封闭式基金溢价出售或以低折扣出售时（即投资者情绪高昂时），会设立新的封闭式基金；（3）封闭式基金的折扣与其他受到投资者情绪影响的资产（例如小盘股）的价格相关。然而，这种将封闭式基金折扣解释为投资者情绪的波动却受到了批评，而且现在还有许多基于理性投资者（并假设存在有限套利）的其他解释，如博克等人（Berk and Stanton，2007）。然而，根据李勉群等人（Lee et al.，1991）的研究，封闭式基金的折扣是衡量投资者情绪的常用指标，并且被证明与其他资产价格现象相关（案例请参见 Baker and Wurgler，2013）。

拉蒙特和塞勒（Lamont and Thaler，2003）则为市场违背一价定律提供了更清晰的证据。他们通过所谓的股权切离（equity carve-outs）数据来论证。股权切离是指母公司（公司 Y）将其持有的子公司（公司 X）股份在公开股票市场中出售，并宣布公司将在不久之后剥离其剩余的子公司 X 的股份。在这种情况下，一价定律为公司 X 与公司 Y 的股价提供了可检测的限制条件。尤其是公司 Y 的市场价值理应永远不低于其持有的公司 X 的价值，而且如果公司 Y 持有除公司 X 的股份之外的其他资产，那么公司 Y 的股价理应更高。拉蒙特和塞勒用 Y 的市场价值减去 Y 所持有的 X 公司股份的市场价值，得到了 Y 所持有的其他资产的隐含价值，即“自有价值”（Stub Value）。他们发现 9 家公司拥有正自有价值，3 家公司拥有绝对值很小的负的自有价值，6 家公司拥有明显为负的自有价值，这显然违背了一价定律。拉蒙特和塞勒（2003）认为之所以存在有限套利，是因为很难做空那些价格过高的切离股票。

六、结论

塞勒同他的合作者一起，带领经济学家进入人类心理学领域，给经济学家提供了理解并预测经济结果的新框架。他的贡献包括心理账户理论，即研究有限理性行为的新方法，计划者—实施者模型和自控问题的新框架，以及社会偏好研究。这些贡献给我们带来了关于公平的新观点。最后但同样重要的是，他证明了基于行为经济学的政策如何帮助人们做出更好的决策。

（桂姗　魏辰皓　译　梁捷　校）

参考文献

Ainslie, G. W. 1974. Impulse Control in Pigeons. *Journal of the Experimental Analysis of Behavior* 21, 485 – 489.

Ainslie, G. W. 1975. *Specious Reward: A Behavioral Theory of Impulsiveness and Impulse Control*. Psychological Bulletin 82, 463 – 496.

Ainslie, G. W. 1992. *Picoeconomics*. Cambridge: Cambridge University Press.

Akerlof, G. A. 1979. The Case against Conservative Macroeconomics: An Inaugural Lecture. *Economica* 46, 219 – 237.

Akerlof, G. A. 1982. Labor Contracts as Partial Gift-Exchange. *Quarterly Journal of Economics* 97, 543 – 569.

Akerlof, G. A, W. T. Dickens, and G. L. Perry. 1996. The Macroeconomics of Low Inflation. *Brookings Papers on Economic Activity* 1996 – 1, 1 – 52.

Allais, M. 1947. *Économie et Intérêt*. Paris: Imprimerie Nationale.

Allais, M. 1953. Le Comportement de l'Homme Rationnel devant le Risque: Critique des Postulats et Axiomes de l'Ecole Americaine. *Econometrica* 21, 503 – 546.

Arad, A. and A. Rubinstein. 2015. The People's Perspective on Libertarian-Paternalistic Policies. Mimeo, Tel Aviv University.

Ashraf, N., C. F. Camerer, and G. Loewenstein. 2005. Adam Smith, Behavioral Economist. *Journal of Economic Perspectives* 19, 131 – 145.

Attema, A. E., H. Bleichrodt, Y. Gao, Z. Huang, and P. P. Wakker. 2016. Measuring Discounting Without Mesauring Utility. *American Economic Review* 106, 1476 – 1494.

Ayres, I., S. Raseman, and A. Shih. 2013. Evidence from Two Large Field Experiments that Peer Comparison Feedback Can Reduce Residential Energy Usage. *Journal of Law, Economics, & Organization* 29, 992 – 1022.

Baker, M. and J. Wurgler. 2013. Behavioral Corporate Finance: An Updated Survey. In Eckbo and Ruback (eds.): *Handbook of the Economics of Finance*. Elsevier.

Banford, N. D., J. L. Knetsch, and G. A. Mauser. 1979. Feasibility Judgments and Alternative measures of Benefits and Costs. *Journal of Business Administration* 11, 25 – 35.

Barberis, N. 2013. Thirty Years of Prospect Theory in Economics: A Review and Assessment. *Journal of Economic Perspectives* 27, 173 – 196.

Barberis, N., M. Huang, and R. H. Thaler. 2006. Individual Preferences, Monetary Gambles, and Stock Market Participation: A Case for Narrow Framing. *American Economic Review*

96, 1069 – 1090.

Barberis, N., M. Huang, and T. Santos. 2001. Prospect Theory and Asset Prices. *Quarterly Journal of Economics* 65, 1 – 53.

Barberis, N. and R. H. Thaler. 2003. A Survey of Behavioral Finance. In: G. Constantinides, M. Harris, and R. Stulz (eds.), *Handbook of the Economics of Finance*. Elsevier Science B. V.

Becker, G. S. 1974. A Theory of Social Interactions. *Journal of Political Economy* 82, 1063 – 1093.

Benabou, R. and M. Pycia. 2002. Dynamic Inconsistency and Self-Control: A Planner-Doer Interpretation. *Economics Letters* 77, 419 – 424.

Benabou, R. and J. Tirole. 2004. Willpower and Personal Rules. *Journal of Political Economy* 112, 848 – 886.

Benartzi, S., J. Beshears, K. L. Milkman, C. R. Sunstein, R. H. Thaler, M. Shankar, W. T. Ray, W. J. Congdon, and S. J. Galing. 2017. Should Governments Invest More in Nudging?. *Psychological Science* doi: 10. 1177/0956797617702501

Benartzi, S. and R. H. Thaler. 1995. Myopic Loss-Aversion and the Equity Premium Puzzle. *Quarterly Journal of Economics* 110, 75 – 92.

Benartzi, S. and R. H. Thaler. 1999. Risk Aversion or Myopia? Choices in Repeated Gambles and Retirement Investments. *Management Science* 45, 364 – 381.

Benartzi, S. and R. H. Thaler. 2001. Naïve Diversification Strategies in Defined Contribution Saving Plans. *American Economic Review* 91, 79 – 98.

Benartzi, S. and R. H. Thaler. 2013. Behavioral Economics and the Retirement Savings Crises. *Science* 339, 1152 – 1153.

Benjamin, D. J., S. A. Brown, and J. M. Shapiro. 2013. Who Is Behavioral? Cognitive Ability and Anomalous Preferences. *Journal of the European Economic Association* 11, 1231 – 1255.

Berk, J. and R. Stanton. 2007. Managerial Ability, Compensation, and the Closed-End Fund Discount. *Journal of Finance* 62, 529 – 556.

Bishop, R. C. and T. A. Heberlein. 1979. Measuring Values of Extramarket Goods: Are Indirect measures Biased? *American Journal of Agricultural Economics* 61, 926 – 930.

Böhm-Bawerk, E. 1889. *Positive Theory of Capital* (translated by W. Smart). New York: Stechert.

Bolton, G. and A. Ockenfels. 2000. ERC: A Theory of Equity, Reciprocity, and Competition. *American Economic Review* 90, 166 – 193.

Bond, R. M., C. J. Fariss, J. Jones, A. D. I. Kramer, C. Marlow, J. E. Settle, and J. H. Fowler. 2012. A 61-Million-Person Experiment in Social Influence and Political Mobilization. *Nature* 489, 295 – 298.

Breman, A. 2011. Give More Tomorrow: Two Field Experiments on Altruism and Intertemporal Choice. *Journal of Public Economics* 95, 1349 – 1357.

Brenner, L., Y. Rottenstreich, S. Sood, and B. Bilgin. 2007. On the Psychology of Loss Aversion: Possession, Valence, and Reversals of the Endowment Effect. *Journal of Consumer Research* 34, 369 – 376

Brown, Z., N. Johnstone, I. Hascic, L. Vong, and F. Barascud. 2013. Testing the Effect of Defaults on the Thermostat Settings of OECD Employees. *Energy Economics* 39, 128 – 134.

Camerer, C. F. 2003. *Behavioral Game Theory: Experiments in Strategic Interactions*. Princeton: Princeton University Press.

Camerer, C. F. 2007. Neuroeconomics: Using Neuroscience to Make Economic Predictions. *Economic Journal* 117, C26 – C42.

Camerer, C. F. 2014. *Behavioral Economics*. Current Biology 24, R867 – R871.

Camerer, C. F. and G. Loewenstein. 2004. Behavioral Economics: Past, Present, and Future. In Camerer, C. F., G. Loewenstein, and M. Rabin (eds): *Advances in Behavioral Economics*. Princeton University Press.

Camerer, C. F., L. Babcock, G. Loewenstein, and R. H. Thaler. 1997. Labor Supply of New York City Cab Drivers: One Day at a Time. *Quarterly Journal of Economics* 112, 407 – 442.

Camerer, C. F., S. Issacharoff, G. Loewenstein, T. O'Donoghue, and M. Rabin. 2003. Regulation for Conservatives: Behavioral Economics and the Case for 'Asymmetric Paternalism'. *University of Pennsylvania Law Review* 151, 1211 – 1254.

Charness, G. and M. Rabin. 2002. Understanding Social Preferences with Simple Tests. *Quarterly Journal of Economics* 117, 817 – 869.

Chetty, R., J. N. Friedman, S. Leth-Petersen, T. H. Nielsen, and T. Olsen. 2014. Active vs. Passive Decisions and Crowd-Out in Retirement Savings Accounts: Evidence from Denmark. *Quarterly Journal of Economics* 129, 1141 – 1219.

Choi, J. J., D. Laibson, B. Madrian, and A. Metrick. 2004. For Better or for Worse: Default Effects and 401 (k) Savings Behavior. In: *Perspectives in the Economics of Aging*, Wise D (Ed.). Chicago: University of Chicago Press: 81 – 121.

Coase, R. H. 1960. The Problem of Social Cost. *Journal of Law and Economics* 3, 1 – 44.

Coursey, D. L., J. L. Hovis, and W. D. Schulze. 1987. The Disparity between Willingness to Accept and Willingness to Pay Measures of Value. *Quarterly Journal of Economics* 102, 679 – 690.

Crawford, V. P. and J. Meng. 2011. New York City Cab Drivers' Labor Supply Revisited: Reference-Dependent Preferences with Rational-Expectations Targets for Hours and Income. *Ameri-*

can Economic Review 101, 1912 – 1932.

Cronqvist, H. and R. H. Thaler. 2004. Design Choices in Privatized Social-Security Systems: Lessons from the Swedish Experience. *American Economic Review* 94, 424 – 428.

De Bondt, W. F. M., and R. H. Thaler. 1985. Does the Stock Market Overreact? *Journal of Finance* 40, 793 – 805.

De Bondt, W. F. M. and R. H. Thaler. 1987. Further Evidence on Investor Overreaction and Stock Market Seasonality. *Journal of Finance* 42, 557 – 581.

De Long, J. B., A. Shleifer, L. H. Summers, and R. J. Waldmann. 1990. Noise Trader Risk in Financial Markets. *Journal of Political Economy* 98, 703 – 738.

Dellavigna, S. 2009. Psychology and Economics: Evidence from the Field. *Journal of Economic Literature* 47, 315 – 372.

Duflo, E., M. Kremer, and J. Robinson. 2011. Nudging Farmers to Use Fertilizer: Theory and Experimental Evidence from Kenya. *American Economic Review* 101, 2350 – 2390.

Engel, C. 2011. Dictator Games: A Meta Study. *Experimental Economics* 14: 583. 610.

Ericson, K. M. M. and A. Fuster. 2014. The Endowment Effect. *Annual Review of Economics* 6, 555 – 579.

Evans, J. and K. E. Stanovich. 2013. Dual-Process Theories of Higher Cognition: Advancing the Debate. *Perspectives on Psychological Science* 8, 223 – 241.

Fama, E. 1970. Efficient Capital Markets: A Review of Theory and Empirical Evidence. *Journal of Finance* 25, 383 – 417.

Farber, H. S. 2005. Is Tomorrow Another Day? The Labor Supply of New York City Cab Drivers. *Journal of Political Economy* 113, 46 – 82.

Farber, H. S. 2008. Reference-Dependent Preferences and Labor Supply. *American Economic Review* 98, 1069 – 1082.

Farnsworth, W. 1999. Do Parties to Nuisance Cases Bargain after Judgment? A Glimpse inside the Cathedral. *University of Chicago Law Review* 66, 373 – 346.

Fehr, E. and U. Fischbacher. 2004. Third Party Punishment and Social Norms. *Evolution and Human Behavior* 25, 63 – 87.

Fehr, E. and L. Goette. 2007. Do Workers Work More if Wages are High? Evidence from a Randomized Field Experiment. *American Economic Review* 97, 298 – 317.

Fehr, E. and S. Gachter. 2000a. Cooperation and Punishment in Public Goods Experiments. *American Economic Review* 90, 980 – 994.

Fehr, E. and S. Gachter. 2000b. Fairness and Retaliation: The Economics of Reciprocity. *Journal of Economic Perspectives* 14, 159 – 181.

Fehr, E., G. Kirchsteiger, and A. Riedl. 1993. Does Fairness Prevent Market Clearing? An Experimental Investigation. *Quarterly Journal of Economics* 108, 437 – 460.

Fehr, E. and K. Schmidt. 1999. A Theory of Fairness, Competition, and Cooperation.

Quarterly Journal of Economics 114, 817 – 868.

Fehr, E. and J. R. Tyran. 2001. Does Money Illusion Matter? *American Economic Review* 91, 1239 – 1262.

Fisher, I. 1930. *The Theory of Interest, as Determined by Impatience to Spend Income and Opportunity to Invest* it. New York: Macmillan.

Frederick, S., G. Loewenstein, and T. O'Donoghue. 2002. Time Discounting and Time Preference: A Critical Review. *Journal of Economic Literature* 40, 351 – 401.

Freud, S. 1955. Beyond the Pleasure Principle. In the Standard Edition of the *Complete Psychological Works of Sigmund Freud*. Strachey J and Freud A (Ed.). London: Hogarth.

Fudenberg, D. and D. K. Levine. 2006. A Dual-Self Model of Impulse Control. *American Economic Review* 96, 1449 – 1476.

Fudenberg, D. and D. K. Levine. 2011. Risk, Delay and Self-Control Costs. *American Economic Journal: Microeconomics* 3, 34 – 68.

Fudenberg, D. and D. K. Levine. 2012. Timing and Self-Control. *Econometrica* 80, 1 – 42.

Fuster, J. M. 1980. *The Prefrontal Cortex*. New York: Raven.

Gruber, J. and B. Koszegi. 2001. Is Addiction "Rational"? Theory and Evidence. *Quarterly Journal of Economics* 116, 1261 – 1303.

Gul, F. and W. Pesendorfer. 2001. Dynamic Inconsistency and Self-Control. *Econometrica* 69, 1403 – 1436.

Güth, W., R. Schmittberger, and B. Schwarze. 1982. An Experimental Analysis of Ultimatum Bargaining. *Journal of Economic Behavior and Organization* 3, 367 – 388.

Hagman, W., D. Andersson, D. Västfjäll, and G. Tinghög. 2015. Public Views on Policies Involving Nudges. *Review of Philosophy and Psychology* 6, 439 – 453.

Hallsworth, M., J. A. List, R. D. Metcalfe, and I. Vlaev. 2014. The Behavioralist as Tax Collector: Using Natural Field Experiments to Enhance Tax Compliance. Working Paper 20007, National Bureau of Economic Research.

Hammack, J. and G. M. Brown Jr. 1974. *Waterfowl and Wetlands: Toward Bio-economic Analysis*. Baltimore: Johns Hopkins Press.

Hanemann, W. M. 1991. Willingness to Pay and Willingness to Accept: How Much Can They Differ? *American Economic Review* 81, 635 – 647.

Harrison, G. W., M. I. Lau, and M. B. Williams. 2002. Estimating Individual Discount Rates in Denmark. *American Economic Review* 92, 1606 – 1617.

Hastings, J. S. and J. M. Shapiro. 2013. Fungibility and Consumer Choice: Evidence from Commodity Price Shocks. *Quarterly Journal of Economics* 128, 1449 – 1498.

Henrich, J., R. Boyd, S. Bowles, C. Camerer, E. Fehr, H. Gintis, R. McElreath, M. Alvard, A. Barr, J. Ensminger, N. Smith Henrich, K. Hill, F. Gil-White, M. Gurven, F. W. Marlowe, J. Q. Patton, and D. Tracer. 2005. "Economic Man" in Cross-Cultural Perspective: Behavioral Experiments in 15 Small-Scale Societies. *Behavioral and Brain Sciences* 28, 795 – 855.

Hossain, T. and J. List. 2012. The Behavioralist Visits the Factory: Increasing Productivity Using Simple Framing Manipulations. *Management Science* 58, 2151 – 2167.

Hume, D. 1739. A Treatise of Human Nature. *Reprinted from the original edition in three volumes and edited, with an analytical index*, by L. A. Selby-Bigge, M. A. Oxford: Clarendon Press, 1896.

Infante, G., G. Lecouteux, and R. Sugden. 2016. Preference Purification and the Inner Rational Agent: A Critique of the Conventional Wisdom of Behavioral Welfare Economics. *Journal of Economic Methodology* 23, 1 – 25.

Isoni, A., G. Loomes, and R. Sugden. 2011. The Willingness to Pay-Willingness to Accept Gap, the "Endowment Effect," Subject Misconceptions, and Experimental Procedures for Eliciting Valuations. *American Economic Review* 101, 991 – 1011.

James, W. 1890. *The Principles of Psychology*. New York: Henry Holt and Company.

Johnson, E. J. and D. Goldstein. 2003. Do Defaults Save Lives? *Science* 302, 1338 – 1339.

Jolls, C., C. Sunstein, and R. H. Thaler. 1998. A Behavioral Approach to Law and Economics. *Stanford Law Review* 50, 1471 – 1550.

Kahneman, D. 2003a. Maps of Bounded Rationality: Psychology for Behavioral Economics. *American Economic Review* 93, 1449 – 1475.

Kahneman, D. 2011. Thinking, *Fast and Slow*. New York: Farrar, Straus and Giroux.

Kahneman, D., J. L. Knetsch, and R. H. Thaler. 1986a. Fairness and the Assumptions of Economics. *Journal of Business* 59, S285 – S300.

Kahneman, D., J. L. Knetsch, and R. H. Thaler. 1986b. Fairness as a Constraint on Profit Seeking. *American Economic Review* 76, 728 – 741.

Kahneman, D., J. L. Knetsch, and R. H. Thaler. 1990. Experimental Tests of the Endowment Effect and the Coase Theorem. *Journal of Political Economy* 98, 1325 – 1348.

Kahneman, D., J. L. Knetsch, and R. H. Thaler. 1991. The Endowment Effect, Loss Aversion, and Status Quo Bias. *Journal of Economic Perspectives* 5, 193 – 206.

Kahneman, D. and A. Tversky. 1979. Prospect Theory: An Analysis of Decision under Risk. *Econometrica* 47, 263 – 291.

Karlan, D., M. McConnel, S. Mullainathan, and J. Zinman. 2016, Getting to the Top of Mind: How Reminders Increase Saving. *Management Science*, published online.

Knetsch, J. L. 1989. The Endowment Effect and Evidence of Nonreversible Indifference Curves. *American Economic Review* 79, 1277 – 1284.

Knetsch, J. L. and J. A. Sinden. 1984. Willingness to Pay and Compensation Demanded: Experimental Evidence of an Unexpected Disparity in Measures of Value. *Quarterly Journal of*

Economics 99, 507 – 521.

Kraft, M. and T. Rogers. 2014. The Underutilized Potential of Teacher-to-Parent Communication: Evidence from a Field Experiment. Working Paper RWP14-049, Harvard Kennedy School of Government.

Kurzban, R. 2012. *Why Everyone (Else) Is a Hypocrite: Evolution and the Modular Mind.* Princeton: Princeton University Press.

Kydland, F. E. and E. C. Prescott. 1977. Rules Rather than Discretion: The Inconsistency of Optimal Plans. *Journal of Political Economy* 85, 473 – 492.

K. szegi, B. and M. Rabin. 2006. A Model of Reference-Dependent Preferences. *Quarterly Journal of Economics* 121, 1133 – 1165.

Laibson, D. 1997. Golden Eggs and Hyperbolic Discounting. *Quarterly Journal of Economics* 112, 443 – 477.

Lamont, O. A. and R. H. Thaler. 2003. Can the Market Add and Subtract? Mispricing in Tech Stock Carve-outs. *Journal of Political Economy* 111, 227 – 268.

Lee, C. M. C., A. Shleifer, and R. H. Thaler. 1991. Investor Sentiment and the Closed-End Fund Puzzle. *Journal of Finance* 46, 75 – 109.

List, J. A. 2004. Neoclassical Theory versus Prospect Theory: Evidence from the Marketplace. *Econometrica* 72, 615 – 625.

Madrian, B. C. and D. F. Shea. 2001. The Power of Suggestion: Inertia in 401 (k) Participation and Savings Behavior. *Quarterly Journal of Economics* 116, 1149 – 1225.

McClure, S. M., D. I. Laibson, G. Loewenstein, and J. D. Cohen. 2004. Separate Neural Systems Value Immediate and Delayed Monetary Rewards. *Science* 306, 503 – 507.

Mehra, R. and E. Prescott. 1985. The Equity Premium: A Puzzle. *Journal of Monetary Economics* 15, 145 – 161.

Metcalfe, J. and W. Mischel. 1999. A Hot/Cool-System Analysis of Delay of Gratification: Dynamics of Willpower. *Psychological Review* 106, 3 – 19.

Mischel, W. 2014. *The Marshmallow Test: Understanding Self-Control and How to Master it.* Little Brown and Company: New York.

Mischel, W., Y. Shoda, and M. L. Rodriguez. 1989. Delay of Gratification. *Science* 244, 933 – 938.

Morewedge, C. K. and C. E. Giblin. 2015. Explanations of the Endowment Effect: An Integrative Review. *Trends in Cognitive Science* 19, 339 – 348.

Morewedge, C. K., L. L. Shu, D. T. Gilbert, and T. D. Wilson. 2009. Ownership and Not Loss Aversion Causes the Endowment Effect. *Journal of Experimental Social Psychology* 45, 947 – 951.

Nickerson, D. J., and T. Rogers. 2010. Do You Have a Voting Plan? Implementation Intentions, Voter Turnout, and Organic Plan Making. *Psychological Science* 21, 194 – 199.

Nowak, M. A. 2006. Five Rules for the Evolution of Cooperation. Science 314, 1560 – 1563.

Odean, T. 1998. Are Investors Reluctant to Realize Their Losses? *Journal of Finance* 53, 1775 – 1798.

O 'Donoghue, T. and M. Rabin. 1999. Doing it Now or Later? *American Economic Review* 89, 103 – 124.

O'Donoghue, T. and M. Rabin. 2001. Choice and Procrastination. *Quarterly Journal of Economics* 116, 121 – 160.

O'Donoghue, T. and M. Rabin. 2006. Optimal Sin Taxes. *Journal of Public Economics* 90, 1825 – 1849.

Okun, A. 1981. *Prices and Quantities: A Macroeconomic Analysis.* Washington: The Brookings Institution.

Ostrom, E., J. Walker, and R. Gardner. 1992. Covenants With and Without a Sword: Self-Governance Is Possible. *American Political Science Review* 86, 404. 417.

Phelps, E. S. and R. A. Pollak. 1968. On Second-Best National Saving and Game-Equilibrium Growth. *Review of Economic Studies* 35, 185 – 199.

Pigou, A. C. 1920. *The Economics of Welfare*. London: Macmillan.

Plott, C. R. and K. Zeiler. 2005. The Willingness to Pay-Willingness to Accept Gap, the "Endowment Effect," Subject Misconceptions, and Experimental Procedures for Eliciting Valuations. *American Economic Review* 95, 530 – 545.

Post T., M. J. van dem Assem, G. Baltussen, and R. H. Thaler. 2008. Dear or No Deal? Decision Making under Risk in a Large-Payoff Game Show. *American Economic Review* 98, 38 – 71.

Prelec, D. and G. Loewenstein. 1998. The Red and the Black: Mental Accounting of Savings and Debt. *Marketing Science* 17, 4 – 28.

Rabin, M. 1993. Incorporating Fairness into Game Theory and Economics. *American Economic Review* 83, 1281 – 1302.

Rabin, M. 1998. Psychology and Economics. *Journal of Economic Literature* 36, 11 – 46.

Rabin M. and G. Weizsacker. 2009. Narrow Bracketing and Dominated Choices. *American Economic Review* 99, 1508 – 1543.

Raifman, J. R. G., H. E. Lanthorn, S. Rokicki, and G. Fink. 2014. The Impact of Text Message Reminders on Adherence to Anti-malarial Treatment in Northern Ghana: A Randomized Trial. PLOS ONE 9, e109032.

Read, D., G. Loewenstein, and M. Rabin. 1999. Choice Bracketing. *Journal of Risk and Uncertainty* 19, 171 – 197.

Reisch, L. A. and C. R. Sunstein. 2016. Do Europeans Like Nudges? *Judgment and Decision Making* 11, 310 – 325.

Reisch, R. A, C. R. Sunstein, and W. Gwozdz. 2017. Beyond Carrot and Sticks: Europeans Support Health Nudges. *Food Policy* 69, 1 - 10.

Samuelson, P. A. 1937. A Note on Measurement of Utility. *Review of Economic Studies* 4, 155 - 161.

Samuelson, W. and R. Zeckhauser. 1988. Status Quo Bias in Decision Making. *Journal of Risk and Uncertainty* 1, 7 - 59.

Sauermann, H. and R. Selten. 1962. Anspruchsanpassungstheorie der Unternehmung. *Zeitschrift fur die gesamte Staatswissenschaft*, 118, 577 - 597.

Schelling, T. C. 1960. *The Strategy of Conflict*. Cambridge, Massachusetts: Harvard University Press.

Schelling, T. C. 1978. Egonomics, or the Art of Self-Management. *American Economic Review Papers and Proceedings* 63, 134 - 139.

Schneider, W. and R. M. Shiffrin. 1977. Controlled and Automatic Human Information Processing: I. Detection, Search, and Attention. *Psychological Review* 84, 1 - 66.

Schultz, P. W., J. M. Nolan, R. B. Cialdini, N. J. Goldstein, and V. Griskevicius. 2007. The Constructive, Destructive, and Reconstructive Power of Social Norms. *Psychological Science* 18, 429 - 434.

Selten, R. and C. C. Berg. 1970. "Drei experimentelle Oligopolspielserien mit kontinuierlichem Zeitablauf." In: H. Sauermann, *Beiträge zur experimentellen Wirtschaftsforschung*, Vol. II, J. C. B. Mohr (Paul Siebeck), Tübingen.

Sen, A. K. 1977. Rational Fools: A Critique of the Behavioral Foundations of Economic Theory. *Philosophy & Public Affairs* 6, 317 - 344.

Shafir, E. and R. H. Thaler. 2006. Invest Now, Drink Later, Spend Never: On the Mental Accounting of Delayed Consumption. *Journal of Economic Psychology* 27, 694 - 712.

Shang, J. and R. Croson. 2009. A Field Experiment in Charitable Contribution: The Impact of Social Information on the Voluntary Provision of Public Goods. *Economic Journal* 119, 1422 - 1439.

Shefrin, H. M. and M. Statman. 1985. The disposition to sell winners too early and ride losers too long: Theory and evidence. *Journal of Finance* 40, 777 - 790.

Shefrin, H. M. and R. H. Thaler. 1988. The Behavioral Life-Cycle Hypothesis. *Economic Inquiry* 26, 609 - 643.

Shiffrin, R. M. and W. Schneider. 1977. Controlled and Automatic Human Information Processing: II. Perceptual Learning, Automatic Attending, and a General Theory. *Psychological Review* 84, 127 - 190.

Shiller, R. J. 1981. Do Stock Prices Move Too Much to Be Justified by Subsequent Changes in Dividends? *American Economic Review* 71, 421 - 436.

Shiller R. J. 1984. Stock Prices and Social Dynamics. *Brookings Papers on Economic Activi-*

ty 2, 457 - 510.

Shleifer, A. and R. W. Vishny. 1997. Limits To Arbitrage. *Journal of Finance* 52, 35 - 55.

Shogren, J. F., S. Y. Shin, D. J. Hayes, and J. B. Kliebenstein. 1994. Resolving Differences in Willingness to Pay and Willingness to Accept. *American Economic Review* 84, 255 - 270.

Simon, H. A. 1955. A Behavioral Model of Rational Choice. *Quarterly Journal of Economics* 69, 99 - 118.

Sinclair, W. F. 1978. *The Economic and Social Impact of Kemano II Hydroelectric Project on British Columbia's Fisheries Resources*. Vancouver: Department of Fisheries and Oceans.

Smith, A. 1759. *Theory of Moral Sentiments*. London: Millar.

Solow, R. M. 1980. On Theories of Unemployment. *American Economic Review* 70, 1 - 11.

Strotz, R. H. 1956. Myopia and Inconsistency in Dynamic Utility Maximization. *Review of Economic Studies* 23, 165 - 180.

Sugden, R. 2013. The Behavioral Economist and the Social Planner: To Whom Should Behavioral Welfare Economics Be Addressed? *Inquiry* 56, 519 - 538.

Sugden, R. 2015. Looking for a Psychology for the Inner Rational Agent. *Social Theory and Practice* 41, 579 - 598.

Sunstein, C. R. 2017. Do People Like Nudges? *Administrative Law Review*, forthcoming.

Sunstein, C. R. and R. H. Thaler. 2003. Libertarian Paternalism Is Not an Oxymoron. *University of Chicago Law Review* 70, 1159 - 1202.

Thaler, R. H. 1974. The Value of Saving a Life: A Market Estimate. PhD thesis, University of Rochester.

Thaler R. H. 1980. Toward a Positive Theory of Consumer Choice. *Journal of Economic Behavior and Organization* 1, 39 - 60.

Thaler, R. H. 1981. Some Empirical Evidence on Dynamic Inconsistency. *Economics Letters* 8, 201 - 207.

Thaler, R. H. 1985. Mental Accounting and Consumer Choice. *Marketing Science* 4, 199 - 214.

Thaler, R. H. 1994. Psychology and Savings Policies. *American Economic Review* 84, 186 - 192.

Thaler, R. H. 1999. Mental Accounting Matters. *Journal of Behavioral Decision Making* 12, 183 - 206.

Thaler, R. H. 2015. *Misbehaving: The Making of Behavioral Economics*. New York: W. W. Norton & Company

Thaler, R. H. and S. Benartzi. 2004. Save More Tomorrow: Using Behavioral Economics to Increase Employee Saving. *Journal of Political Economy* 112, S164 – S187.

Thaler, R. H. and E. J. Johnson. 1990. Gambling with the House Money and Trying to Break Even: the Effects of Prior Outcomes on Risky Choice. *Management Science* 36, 643 – 660.

Thaler, R. H. and S. Rosen. 1976. The Value of Saving a Life. In: Terleckyj NH, ed. *Household Production and Consumption.* New York: National Bureau of Economic Research.

Thaler, R. H. and H. M. Shefrin. 1981. An Economic Theory of Self-Control. *Journal of Political Economy* 89, 392 – 406.

Thaler, R. H. and C. R. Sunstein. 2003. Libertarian Paternalism. *American Economic Review Papers and Proceedings* 93, 175 – 179.

Thaler, R. H. and C. R. Sunstein. 2008. *Nudge: Improving Decisions about Health, Wealth, and Happiness.* New Haven: Yale University Press.

Thaler, R. H., A. Tversky, D. Kahneman, and A. Schwartz. 1997. The Effect of Myopia and Loss Aversion on Risk Taking: An Experimental Test. *Quarterly Journal of Economics* 112, 647 – 661.

Tuncel, T. and J. K. Hammitt. 2014. A New Meta-Analysis on the WTP/WTA Disparity. *Journal of Environmental Economics and Management* 68, 175 – 187.

Tversky, A. and D. Kahneman. 1974. Judgment under Uncertainty: Heuristics and Biases. *Science* 185, 1124 – 1131.

Tversky, A. and D. Kahneman. 1981. The Framing of Decisions and the Psychology of Choice. *Science* 211, 453 – 458.

Tversky, A. and D. Kahneman. 1991. Loss-Aversion in Riskless Choice: A Reference-Dependent Model. *Quarterly Journal of Economics* 106, 1039 – 1061.

Tversky, A. and D. Kahneman. 1992. Advances in Prospect Theory: Cumulative Representation of Uncertainty. *Journal of Risk and Uncertainty* 5, 297 – 323.

van Dalen, H. P. and K. Henkens. 2014. Comparing the Effects of Defaults in Organ Donation Systems. *Social Science & Medicine* 106, 137 – 142.

Viscusi, W. K. 1993. The Value of Risks to Life and Health. *Journal of Economic Literature* 31, 1912 – 1946.

Von Neumann, J. and O. Morgenstern. 1944. *Theory of Games and Economic Behavior.* Princeton, NJ: Princeton University Press.

Wason, P. C. and J. Evans. 1975. Dual Processes in Reasoning. *Cognition* 3, 141 – 154.

Whitehead, M., R. Jones, R. Howell, R. Lilley, and J. Pykett. 2014. Nudging All Over the World: Assessing the Global Impact of the Behavioral Sciences on Public Policy. Economic and Social Research Council, UK.

York, B. N. and S. Loeb. 2014. One Step at a Time: The Effects of an Early Literacy Text Messaging Program for Praents of Preschoolers. Working Paper 20659, National Bureau of Economic Research.

Yung, J. Y. and B. A. Mellers. 2016. American Attitudes toward Nudges. *Judgment and Decision Making* 11, 62 – 74

Zamir, E. and D. Teichman. 2014. *The Oxford Handbook of Behavioral Economics and the Law*. Oxford and New York: Oxford University Press.

Zweig, M. E. 1973. An Investor Expectations Stock Price Pridictive Model Using Closed-End Fund Premiums. *Journal of Finance* 28, 67 – 87

行为经济学
过去、现在和未来

理查德·塞勒

近年来，人们越来越关注心理学和经济学的结合，即所谓的"行为经济学"。台上一分钟，台下十年功，和许多看似一夜成名的故事一样，行为经济学也同样经历了相当长的酝酿期。我探讨行为经济学的第一篇论文于 1980 年发表，紧随卡尼曼和特沃斯基（Kahneman and Tversky，1979）提出风靡一时的前景理论之后，在此之前也不乏先行者，最著名的是赫伯特·西蒙（Simon，1955，1957）和乔治·卡托纳（Katona，1951，1953）。

行为经济学的兴起有时被视为经济学的一种范式转变革命，但我认为这是对经济思想史的误读。更准确的说法应该是，行为经济学的方法论将经济学思维带回到了由亚当·斯密开创、由欧文·费雪和约翰·凯恩斯在 20 世纪 30 年代继续推进的方向上。

尽管经济学的行为方法是经济学界早已有之的传统，但直到晚近才遭遇相当大的抵制。在本文中，我首先记述曾经从心理学视角对代表性行为

---

* Richard H. Thaler，2017 年诺贝尔经济学奖得主，芝加哥大学经济学教授。这篇文章主要基于作者 2016 年 1 月在美国经济学会年会上的主席演讲。具体演讲可参见 AEA 网站：https：//www.aeaweb.org/webcasts/2016/Behavioral.php。本文还借鉴了作者最新作品《"错误"的行为：行为经济学的形成》（*Misbehaving：The Making of Behavioral Economics*），书中列出了更广泛的参考书目。原文发表于 *American Economic Review* 2016，106（7）：第 1577—1600 页。

人做出现实描画一些历史先例；然后，回过头来论述被用来论证理性经济人这一理想化模型的观点，即使面对明显矛盾的证据，依然还是有很多这样的观点。我认为这些观点无论从理论还是实证上都已经被驳倒，包括我们可能预期理性无处不在的金融市场。因此，是时候转向更具建设性的方法了。

理论方面的基本问题是，我们总想用一个理论来完成两个不同的目标：描述最佳行为并预测实际行为。我们不应放弃第一类理论（理性经济人模型），它们毕竟是任何经济分析的必要元素，但我们必须使用派生于数据而不是公理的其他描述性理论来扩充第一类理论。

至于实证研究方面，行为方法为我们结合社会科学其他学科的见解来发展出更好的经济行为模型提供了机会。为诠释这个更富建设性的方法，我重点聚焦传统模型做出的一个有力预测，也就是有一系列因素对经济行为并没有影响。我把这些称为假定不相关因素（SIFs）。与传统理论的预测相反，假定不相关因素十分重要；实际上在某些情况下，唯一重要的行为决定因素恰恰是假定不相关因素。最后我要谈谈未来。注意，剧透来了：我预测行为经济学最终会消失。

一、行为经济学的历史渊源

西蒙（1987，第612页）曾表示，“行为经济学”一词有点儿古怪。“短语‘行为经济学’感觉是个赘语。我们能拿什么‘非行为’经济学与行为经济学对照呢？这个问题的答案可以在新古典经济学理论关于人类行为的具体假设中找到。”所有研究经济理论的学生对这些假设耳熟能详。(1) 行为人有明确的偏好和无偏见的信念及预期。(2) 他们根据这些信念和偏好做出最优选择。这反过来意味着，行为人拥有无限的认知能力（换言之，他们和最聪明的经济学家一样聪明）和无穷的意志力，因为他们选择了最好的东西而不是屈服于一时的诱惑。(3) 虽然他们可能会做出利他行为，特别是对亲朋好友，但他们的主要动机仍是自利的。正是这些假设定义了理性经济人，或者我喜欢称呼的“经济个体”（Econs）。行为经济学无非是用“智人”（也即人类）替代了经济个体。

对许多经济学家来说，这些假设和“均衡”等概念有效界定了他们的学科；换句话说，他们研究抽象经济学里的经济个体，而不是现实经济中的人类。不过情况并非都是这样。实际上，阿什拉夫、卡默勒和洛文斯坦（Ashraf、Camerer and Loewenstein，2005）令人信服地证明，时常被奉为经济学学科创始人的亚当·斯密，根本就是如假包换的行为经济学家。考虑行为经济学中最重要的三个概念：过度自信、损失厌恶和自我控制。对于过度自信，斯密（1776，第1页）评论说，“大部分人都对自己的能力怀有趾高气扬的自负”，这导致他们高估了成功的机会。谈及损失厌恶概念时，斯密（1759，第176—177页）指出，“在几乎所有情况下，痛苦……的感觉比同等程度的快乐更为刺激。”至于自我控制，即我们现在所称的“现时偏向”（present bias），斯密（1759，第273页）这样说道：“比起今天就可以享受的快乐，我们对十年之后才能享受的快乐兴味索然。”乔治·施蒂格勒喜欢说，经济学中没什么新鲜事，亚当·斯密一个人全说完了。事实证明，行为经济学也是如此。

但是，亚当·斯密绝非唯一对人类行为有敏锐直觉的早期经济学家。许多人追随斯密的脚步，赞同他对时间贴现的看法。例如庇古（1920，第21页）有一句名言：“我们的前瞻能力是有缺陷的……所以我们看待未来的快乐时总会把它缩小。”同样，首次真正提出现代经济跨期选择理论的费雪（1930，第82页）表示，新古典经济学理论不能很好地描述行为。他给出了生动的故事来支持这种怀疑：“农夫永远不会修补漏水屋顶的故事可以说明这一点。下雨时，他无法阻止漏水；不下雨时，就没有漏水的地方了！”凯恩斯（1936，第154页）在《通论》中预测到了今天行为金融学的很多内容。譬如他观察到，“现有投资的利润日常波动显然是瞬息万变和无关紧要的，却往往对市场造成巨大甚至荒谬的影响”。

更有不少经济学家曾认为，心理学（那时仍处于萌芽阶段）应该在经济学中占据重要地位。帕累托（1906，第21页）写道：“政治经济学乃至一般社会科学的基础，显然都是心理学。没准哪一天，我们能够根据心理学的原理来判定社会科学的规律。”约翰·贝茨·克拉克的儿子约翰·莫里斯·克拉克（John Merice Clark，1918，第4页）想得更远：“经济学家或许可以尝试忽略心理学，但绝对无法忽略人性……倘若经济学家向心理学家借鉴关于人的概念，他的建设性工作就可能保留纯粹的经济特性。但如果不这么做，他是绕不过心理学的。相反，他得强迫自己构建自己的理念，而这将是糟糕的心理学。”

克拉克写下这些话已经将近百年，但现在读来仍然不乏真知灼见，行为经济学家一直听取克拉克的意见，借鉴一些好的心理学而不是发明坏的心理学。可究竟为什么，这个常识性建议长期以来没能引起大量关注？

二、搪塞性解释

第二次世界大战后，经济学在数学上变得越来越严谨，但经济学界似乎丧失了领悟人类行为的良好直觉。有缺陷的前瞻能力被时间一致的指数贴现取代；趾高气扬的自负改成了理性预期；动物精神的瞬息万变也被替换为有效市场假说。经济学教科书里再也没有了人类。这究竟是如何发生的？

我认为最合理的解释是，由于理性行为模型最容易解决问题，所以它们成了标准。这个猜测没有贬低的意思。就好比学习物理学，先研究物体在真空中的运动，然后再把空气加进去。但是，物理学家从不否认空气的存在及其重要性；相反，他们深入研究并建立了更复杂的模型。多年来，经济学家在处理基本模型的现实问题时，所采取的做法相当于要么否认空气的存在，要么声称空气压力根本不重要。马修·拉宾把这些防御反应叫作“搪塞性解释”（Explain-awaytions）。①

现在，让我们直言不讳地展开讨论。以人们保持最优化状态为前提的人类行为模型，通常是高度不合情理的。理由之一在于，模型忽略了行为人将要“解决”的问题是有难易程度的。考虑两个游戏：井字棋和象棋。一个比较聪明的一年级学生可以在井字棋游戏中，学会玩最优策略，因此，如果模型假设玩家在游戏中会做出最优选择，就可以很近似地刻画聪明孩子和清醒成人的实际行为。而象棋则完全是另一码事。大多数人的象棋都玩得很一般，几乎没什么机会能赢过智能手机里的免费程序，更别提打败高段棋手。所以，假设代表性行为人像下井字棋一样下象棋，那是毫无意义的。可这基本上就是我们在经济学中所做的假设。

当我们假设行为人最大化效用（或利润）时，我们并未把这一假设建立在任务难度的基础上。我们假设，人们决定为退休存多少钱和决定早餐要买多少鸡蛋，难易程度是一样的。显而易见，这种假设并不合理。那它为什么还是被接受了？因为有一大堆搪塞性解释。

① 请直接向马修倾吐对这个术语的所有不满。

A. 好像

20 世纪 40 年代，经济学界对“边际革命”颇为不满，《经济学展望杂志》也发表了几篇文章，讨论企业通过计算边际成本等于边际收入的点来设定产量和雇佣工人的理论现实性。辩论的参与者之一是普林斯顿大学的理查德·莱斯特（Richard Lester），他直接问及企业主究竟是如何做出这类决策的。看起来，企业的任何决策都不能用“在边际上相等”这样的说法来刻画。莱斯特（1946，第 81 页）这样结束他的论文：“本文对传统边际理论的有效性及其所依据的假设提出严重质疑。”马克卢普（Machlup，1946）为传统理论辩护，认为即使企业主不知道如何计算边际成本和边际收入，他们也会运用直觉做出接近这些选择的决策。

弗里德曼（1953，第 21 页）在其杰出论文“实证经济学的方法论”（The Methodology of Positive Economics）中提炼并润色了马克卢普的辩解。弗里德曼抛开假设的现实性问题，指出应当根据理论预测行为的能力来评价理论。他打了一个关于台球高手的著名比喻：“假设台球手击球时好像很了解可以给出最佳走位的复杂数学公式，能够通过眼睛估计角度来追踪球的位置，能够根据公式快速计算，然后让球按照公式所示的路线行进，这样的假设也许可以产生出色的预测。我们对这个假设的信心并非基于相信台球手或者台球高手可以或确实执行了所描述的击球过程；而是因为我们相信，除非他们能以这样或那样的方式实现大致相同的结果，否则他们根本就不算台球‘高手’。”

弗里德曼是当之无愧的传播高手和辩论高手，其语言技巧在这段描述中尽显无遗。弗里德曼只用“好像”两个字，就从根本上结束了经济学界关于假设之现实性的辩论。然而，只要仔细读一读我们就会发现，弗里德曼的这段话无非是一种文字游戏。首先，弗里德曼选择讨论台球高手，并非偶然。在很多活动中，假设最优行为的模型确实能很好地刻画高手的行为。但如果不是高手，又会怎样呢？经济学理论不是应该研究所有经济主体的行为而不仅仅是高手和专家的行为吗？比如生命周期假说，旨在论述普通公民如何为退休储蓄，而绝不只是拥有 MBA 学位的人。

弗里德曼的辩护还有一个问题：就算是专家也难以对那些困难的问题最优化。为了说明这一点，我们回到象棋游戏。由于象棋不含任何随机元素，人们早就发现，如果两名玩家都最优化，那么其中一人（任何一人都可以先下或后下）必然有获胜策略，或者两人都没有策略，下成平局。然而，与下跳棋（如果两名玩家都最优化则下成平局）不同的是，即便在大师对弈中，象棋比赛也不会产生可预测的结果。执白棋先行者常常能赢，执黑棋输的次数会多，而平局也不会很少。这证明哪怕是世界上最好的棋手也没有实现最优化。当然你可以说象棋太难玩，这是实话。然而，许多经济决策也是非常困难的。

第二类辩解是承认我们无法事事都做得像个专家，但辩称，如若大家的错误随机分布且均值为0，那么合计起来它们将一笔勾销，使模型的预测大体不带偏见。这通常是为了回应西蒙（1955）的观点，即“人们追求满意的结果”（意思是求出一个令人满意的解，而不是求出一个最优解）。如果满足者的选择与最优者没有系统性差异，那么模型将导出相同的平均预测（尽管满足者会有较多的干扰信息）。20 世纪 70 年代卡尼曼和特沃斯基的开创性研究驳斥了这一论点。

在有关心理学家所指的“判断”，以及经济学家所说的“预期”或“信念”的一系列精彩实验中，特沃斯基和卡尼曼（1974）阐明，人类的判断有系统性偏差。此外，这些偏差可以根据人类的认知理论做出预测。卡尼曼和特沃斯基的假说认为，人们经常会运用某种经验法则或启发式规则做出判断。一个例子是“可得性启发法”（availability heuristic），在这个例子中，人们通过回忆某一实际事件的容易程度，来估计该事件发生的频率。使用这种启发法完全合理，因为频率与回忆的容易程度往往呈正相关。然而，如果频率和回忆的容易程度发生偏离，使用这一启发法就会导致可预测的错误。譬如，在估计美国开枪杀人和开枪自杀致死事件的比例时，大多数人都觉得枪杀死亡事件更为普遍，而实际上开枪自杀事件是开枪杀人事件的几乎两倍。这样的现象并不能用“好像”很合理来描述，它们是可预测的偏向。

卡尼曼和特沃斯基第二个颇具影响力的研究领域是有关决策的。尤其是1979 年他们发表的关于前景理论的文章，前景理论被视为不确定条件下的“描述性”（descriptive）[或米尔顿·弗里德曼所称的“实证”（positive）] 决策模型，旨在替代冯·诺依曼和摩根斯特恩（Neumann and Morgenstern, 1947）的期望效用理论，而大多数经济学家认为，期望效用理论正确地刻画了理性行为人如何做出风险选择。卡尼曼和特沃斯基的研究记录了大量违反理性定义的选择。这组针对不同实验对象的问题提供了很好的例证。

问题 1 设想您正面对以下两个并行决策。首先请仔细考虑这两个决策，然后给出您的选项。

决策（i） 在如下选项中做出选择：

A. 确定收益 240 美元 [84%]

B. 25% 的概率获得 1000 美元，75% 的概率无得无失 [16%]

决策（ii） 在如下选项中做出选择：

C. 确定损失 750 美元 [13%]

D. 75% 的概率损失 1000 美元，25% 的概率没有损失 [87%]

括号中的数字表示选择该选项的实验对象的比例。我们观察到一个经常出现的模式：实验对象在收益领域规避风险，在损失领域则追求风险。乍一看，似乎并没有特殊的因素干扰这些选择，直到有人研究了以下问题。

问题 2 请在如下选项中做出选择：

E. 25% 的几率赢得 240 美元，75% 的几率损失 760 美元 [0%]

F. 25% 的几率赢得 250 美元，75% 的几率损失 750 美元 [100%]

研究显示，尽管问题 2 的措辞不同，但其选项与问题 1 在形式上完全相同。不同之处是问题 2 为实验对象提供了一些简单运算。这些计算一经完成，每位实验对象便都清楚地知道选项 F 优于选项 E，于是所有人做出了相应选择。当然，难点在于没有人选择的选项 E，它由问题 1 中大多数实验对象选中的选项 A 和 D 组成；而所有人都选择的选项 F，却由相当不受欢迎的选项 B 和 C 组成。因此，这组问题说明了两个令理性选择支持者尴尬的结果。首先，实验对象的回答取决于问题的措辞或“设计”方式，这种行为几乎毫不符合任何正式的模型。其次，利用巧妙的设计，可以诱导大多数实验对象挑选受其他选项控制的选择。再次，这种行为与人们好像总是做出理性选择的观点相矛盾。

B. 实验、刺激和学习

20 世纪 80 年代出现的第二类搪塞性解释，一定程度上受到卡尼曼和特沃斯基的研究结果和我的早期论文（Thaler，1980）的影响。这些反驳通常在研讨会和会议演讲中口头陈述，而不是印成铅字发表，[①] 目的是证明维持现状合理正当。一些批评针对这类早期论文中采用的实证方法，即假想的调查问题（比如上述问题1和问题2）。因为实验对象不承担任何风险，经济学家从未对这些数据留下深刻印象。此外，这些问题往往只被问及一次，所以许多人认为，它们并不能很好地说明，在现实中如果有机会从先前的错误中学习，人们会怎么做。于是，批评主要有两点。第一，如果提高风险，人们会更加谨慎地对待这些问题，并以更符合优化结果的方式做出选择。第二，如果有机会学习，人们会做出正确的决策。通常同一个人会提出这两项批评，认为它们会彼此强化。

毫无疑问，熟能生巧。没有人在第一次下棋或打台球时就能玩得很棒。而多数人至少最终都能完成诸如骑自行车或跑步下楼梯等高度复杂的任务。同理，当风险上升时大家的注意力会愈发集中，这样的看法直观而有吸引力。我们在买车而不是决定午餐吃什么的时候肯定会更加慎重。但是，这两个论点并不同向作用，而是反向作用。原因在于，一般说来，某事风险越高，我们做这件事的次数就越少。考虑下列经济活动：决定在杂货店购买多少牛奶，挑选毛衣，买车，买房，选职业，选配偶，为退休储蓄。通过反复尝试，大多数家庭学会了如何合理储备牛奶。买太多会坏掉，买少了又得多去一趟商店。不过倘若家庭每周买两次，最后他们总能把问题解决，至少在孩子搬出去或改喝啤酒之前。但是，很少有人会买车买到百炼成精，而诸如职业、婚姻和退休储蓄之类的重大决策又缺少学习的空间。所以批评者不可能两者兼顾。现实世界要么风险很高，要么会提供无数次学习的机会，但就是难以两全其美。

即便在有无数次学习机会的领域，人们也未必能充分利用这些机会。几年前，卡尼曼和我开展的一次实验说明了这一点（我们尚未公布结果，所以相关细节比较粗略）。实验对象拿到类似这样的表格：

正面：1　2　3　4　5　…　18　19　20
反面：1　2　3　4　5　…　18　19　20

然后向他们出示两个标有正面和反面的大信封，告诉他们每个信封里装有

① 无论怎样，请参阅 Hogarth and Reder（1986，1987）的一些书面论文。

20 个从 1 到 20 不等的筹码。实验对象先掷硬币，然后根据结果，从各自的信封中选一个筹码。他们可以在各自的表格上圈出五个数字，在正面和反面之间随意分配他们的选择。当实验者选出一个筹码并宣布结果时，比如“正面 17”，圈中硬币正面和 17 这个数字的实验对象就会赢得一些钱。更具体地说，如果筹码来自正面信封则赢家会获得 2 美元，倘若筹码来自反面信封，他们会赢得 3 美元。当然，这个游戏的最佳策略是只圈出反面那行的数字，因为这些数字的预期收益高出 50%，但并非所有人都对这一策略了然于胸。约一半实验对象（一所顶尖大学的 MBA 学生）采用了只圈反面数字的正确策略，其余人则采用所谓的“笨拙混合策略”，在正面和反面之间分配选择，最常见的搭配是三个反面加两个正面，与收益率相匹配。①

然而，卡尼曼和我最感兴趣的不是这些最初选择。这是一个涉及学习的实验。因此我们让实验对象重复了 9 次这个任务。每次，实验对象都得到硬币投掷结果和圈画数字的相关反馈，猜中的获胜者立马在其他实验对象面前拿到现金。大家不妨把结果设想为一次思维实验。

在无法当即想出“全选反面”策略的实验对象中，多少人在 9 次附加试验中学会了使用该策略？答案是一人。一位实验对象在某个时候变换到了全选反面的策略；但是另有一名实验对象在第一轮试验中只圈反面，却在“学习”阶段的某个时刻转向了笨拙混合策略，两者刚好抵消。

思考为什么这个实验几乎没有学习可言，可以给我们很大的启发。我们从心理学中知道，当出现有用的即时反馈时，学习也随之发生。譬如学习驾驶，我们很快能弄清楚要顺利启动车辆和停车，应该用多少力量踩油门和刹车踏板。然而在前述实验中，实验对象首先被告知硬币投掷的结果，接着是抽到的数字。显然，大约有一半机会投出硬币的正面，选择组合中包含了正面的人当然很高兴可以继续游戏（哪怕只有几秒）。此外，每当有人从正面的结果中赢到钱，继续在选择组合中纳入这项“策略”的想法就会增强。

一个普遍的观点是，即使在非常简单的环境中，学习也未必简单易行。教授经济学入门课程的人都知道，理性选择模型的许多基本原则（比如机会成本概念）对学生而言绝不直观浅显。可我们的模型甚至假设他们能够理解像

① 同样，当正面和反面没有相同的可能性时，人们倾向于诉诸“概率匹配”行为，而不是选择每次更可能出现的结果。针对经济学家的调查，参见 Vulkan（2000）。

逆向归纳这样更加难懂的概念。

至于赌注增加人们就会在实验任务中做得更好的观点，几乎是一种没有证据支持的臆想。大卫·格雷特和查尔斯·普洛特（David Grether and Charles Plott，1979）借助心理学家萨拉·利希滕斯坦和保罗·斯洛维奇（Sarah Lichtenstein and Paul Slovic，1971）发现的“偏好逆转现象”，首次实证检验了这一想法。利希滕斯坦和斯洛维奇向实验对象提供两个赌博：一个是近似确定无疑的“p－赌局”（高概率），比如有35/36的机会赢取10美元；另一个是风险较大的所谓“＄－赌局”，比如有11/36的机会赢取30美元，潜在的回报较高。实验对象被要求以最低价格评估每个赌注，如果他们是所有者，则会以这个价格卖出赌注，同时选择他们愿意持有的赌注。“偏好逆转”发生在下列事实中：喜欢p－赌局的人中，大部分人都为＄－赌局报了较高的售价，这意味着他们对＄－赌局的评价比p－赌局高。

格雷特和普洛特（1979）对这一发现百思不解，于是着手研究心理学家到底哪儿犯了错，才会得出这么一个明显错误的结果。由于原始研究基于假设性问题，所以格雷特和普洛特研究的假设之一是：倘若赌注是真钱，偏好逆转现象会不会消失。[他们的研究支持了这一假设，尽管利希滕斯坦和斯洛维奇（1973）在拉斯维加斯赌场用真钱再现了他们的研究结果。]格雷特和普洛特对自己的发现惊讶不已。提高赌注确实会促使实验对象更关注他们的选择（从而减少了干扰信息），但是偏好逆转没有因此消失；相反，逆转的频率上升了！在格雷特和普洛特发表开创性论文的近40年里，我不曾看到有研究结果显示，在使用假设的问题时被发现或被复制的“认知错误”，一旦引入重大利益便会消失。

C. 看不见的手波

关于“如果涉及的钱足够多，人们就会像经济个体一样行事”的说法，有一个略微复杂的变异版本。在这个版本中，市场取代了金钱的启示作用。其核心思想是，当行为人在市场环境中互动时，任何倾向表现欠佳的行为都将受到抑制。我把这个观点称为“看不见的手波”（invisible handwave），因为当中隐约植入了亚当·斯密的典故，而我又认为双手保持静止是绝不可能实现此一观点的。

例如，假设霍默深受“沉没成本谬误”的困扰，所以晚餐总是把所有装在盘子里的东西吃光，因为他不想浪费钱。看不见的手波会说，霍默在家里可能会这样做，但是，当他进入市场时，这种失当行为将不复存在。随之而来的问题是：这实际上是如何发生的？如果霍默去餐馆，“因为付了钱”而吃完一顿丰盛的甜点，那他顶多会变胖一些。竞争解决不了问题，因为只要顾客摄入超过 X 卡路里的热量就会撤走食物的餐馆根本没有市场。

事实上，认为市场会消除异常行为的想法说明人们并不了解市场的运作。我们来看看当消费者出现错误时，企业会采取的两种可能策略。企业可以尝试教大家认识犯错的成本，或者设计出一套利用错误来提高利润的策略。后一种办法几乎总是更有利可图。通常，迎合偏见比根除偏见更容易。德拉维尼亚和马尔门迪尔（DellaVigna and Malmendier，2006）在题为“付了钱却不去健身”（Paying Not to Go to the Gym）的文章中，提出了一个颇具启发意义的案例。作者研究了三家健身房的客户使用情况，会员可以选择每月支付 70 美元的无限次使用费，或者花 100 美元买 10 张入场券。他们发现支付月费的会员平均每月去健身房 4. 3 次，这意味着平均每次花费约 17 美元。

显然，典型的月度会员有套利机会。为什么明明可以每次只付 10 美元，他们却宁愿付 17 美元？一个可能的解释是，客户觉得自己会受沉没成本的影响（无论他们是否意识到这是一种谬误），并策略性地将会员费当作一种（极其无效的）承诺机制，试图以此促使自己多去健身房。我们假定这个解释是正确的。相互竞争的健身房会怎么做，从而既可以赚更多钱，又可以减少或消除客户的不完全理性行为？向客户解释，告诉他们换成 10 美元套票可以省下不少钱，肯定会出力不讨好。健身房不仅会失去客户每次到访的费用，还得放弃那些不经常健身又拖延退会的客户的付款。不再去健身房的人退会的时间一般在两三个月后。所以，竞争的健身房如果能把这些人改变成经济个体，还愁赚不到钱吗？我想，德拉维尼亚和马尔门迪尔原本可以开启一项服务，劝说人们转向单次付费的方式；但我更认为，他们选择从事学术工作而非从事个人理财咨询，是一个明智的择业决策。

近期的金融危机也适用同样的分析。许多房主最初以极低的利率获得抵押贷款。利率一旦调整，有些房主便发现他们无力偿还抵押贷款，除非房价继续上涨或者仍能以低利率获得抵押贷款再融资。这类抵押贷款的发起机构随后立即出售贷款以实现证券化，并在这段时间内大发其财，但紧随而来的金融危机几乎令所有人感到痛苦。假设至少部分抵押贷款借款人是受到贷款经纪人的花言巧语所蒙蔽。① 市场会怎么解决这个问题？说服人们不要轻率地借入抵押贷款的人永远不会致富。

同样，如果人们不遵循生命周期假说的观点，因而无法为退休存下足够的钱，市场将如何帮助他们？诚然，销售共同基金的公司是有的，但它们得和卖跑车、卖大屏幕电视机或推销出国度假的公司竞争。究竟鹿死谁手？关键是市场并不存在魔法药水，可以神奇地把人类变成经济个体；实际上，相反的现象更可能发生，市场会迎合这些偏好从而加剧行为偏差。

从本节可以得出的结论是：搪塞性解释并不是假设行为人像经济个体一样行动的好理由。相反，我们需要遵循米尔顿·弗里德曼的建议，根据理论预测的质量来评估理论，如有必要，还应修改我们的部分理论。

三、金融市场②

要评估不完全理性行为人的潜在重要性，金融市场是个不错的开端。我这么说是因为，金融市场的特点让我们很难找到失当行为的证据。这些市场交易成本低、风险大、竞争激烈（也许某些银行部门除外），至关重要的是卖空能力强。正因为卖空，所以即便大多数投资者都是傻瓜，“聪明投资”的套利活动也能保证市场表现得“好像”每个人都很聪明。这就是有效市场假说（EMH）的理论依据。

有效市场假说实际上有两个不同的组成部分。首先是我所说的“没有免费的午餐”条款，即在适当的风险调整基础上“击败市场”是不可能的。海量文献致力于检验这个假说，每一方面都有不少论据。评估各种相互矛盾的观点的困难在于要就如何解释风险达成一致。譬如文献中普遍认同，购买“价值股”（市盈率或市净率低的股票）赚到的回报，要高于购买高市盈率“成长股”的回报。然而，关于这些超额回报的解释备受争议。行为理论家（例如De Bondt and Thaler，1985，1987；Lakonishok、Shleifer and Vishny，1994）认为，超额回报反映了某种错误定价。另一方面，法玛和弗伦奇（Fama and French，1993）等有效市场的倡导者声称，价值股产生高回报是因为这些股票存在风险。虽然不能说这个观点已经让所有人满意，但我觉得，还没有人能具

① 当然，有些借款人可能始终计划着要违约，并在离开之前尽可能长时间地免费租住。此时他们就像经济个体一样行动。

② 本节参考了 Barberis and Thaler（2003）。

体确定价值股如何比成长股风险更大（例如价值股往往具有较低的贝塔系数，即资本资产定价模型中传统的风险测量值）。然而，尽管学者对这些实证结果的正确解释众说纷纭，但詹森的博士论文（Jensen，1968）率先记载的一个重要事实仍然很正确：大体上，活跃的共同基金行业跑不赢市场。

因此从投资者的角度来讲，可以放心地认为有效市场假说在这方面至少是近似真实的。不过，不曲解这一发现也很重要。股市收益缺乏可预测性并不代表股票市场价格“正确”。这是有效市场假说的第二个方面，我称之为“价格正确”要素。不可预测性意味着价格合理的论断，是希勒（Shiller，1984，第459页）曾经指出的“经济思想史上最显著的错误之一”。之所以这是个错误，乃因为恰如蹒跚学步的孩子在操场上奔跑的路线可能完全无法预测，而且不可能是最大化某些形式目标函数的结果（相反是玩乐的结果）。

在我看来，有效市场假说的“价格正确”要素，是这一理论的两个组成部分中最重要的部分。它之所以重要，是因为如果价格“错误”，资本市场就不能有效地配置资源。① 问题已经变成要令人信服地检验理论这个部分，因为某只证券的内在价值通常是不可知的。如果苹果公司的股价太高或太低，我们该如何知晓？事实证明，我们可以明确分辨一些资产类别，也就是说，那些可以用来检验一价定律的资产。虽然我们不知道苹果公司的合理价格，但我们可以肯定，奇数股票（如果还存在这种情况）应该以相同于偶数股票的价格出售。我同欧文·拉蒙特（Owen Lamont）合作探究过若干这类例子②，最近他还给我讲了本文要描述的另一个例子。

为一价定律提供丰富检验来源的证券，是一种封闭式共同基金。不同于开放式共同基金的是，后者接受新的投资，这些投资以基金持有的证券资产净值来估值，然后按资产净值赎回。顾名思义，封闭式基金并不向新投资者开放。当基金启动时，会筹集一定数额的资金并用于投资，然后基金中的股票在诸如纽约证券交易所等有组织的市场上交易。格拉汉姆（Graham，1949）等人早期提到一个关于封闭式基金的奇怪事实：份额的价格并不总是等于标的证券的资产净值。基金通常以10%—15%的折价出售，偶尔也会大幅溢价出售。下面就是这样一支基金的故事。

---

① 这当然不是说，其他系统会做得更好。

② 参见 Lamont and Thaler（2003a，2003b）。

此处我想强调的是，这支特别基金碰巧弄了个“CUBA”（与古巴的英文名相同）的股票代码。它成立于1994年，正式名字叫赫茨菲尔德加勒比盆地基金（Herzfeld Caribbean Basin Fund），持有的股份中美股占69%，其余的外国股份主要是墨西哥股票。该基金的股票代码定为“CUBA”，却不持有古巴证券，而且自1960年以来美国公司在古巴做生意也不合法（尽管这种情况可能会在某个时候改变）。法律规定加上在古巴并没有交易证券，意味着该基金在与自己同名的国家并无任何利益瓜葛。过去，CUBA基金通常以资产净值折价10%—15%的价格交易。

图1绘制了始于2014年9月的一段时间里，CUBA基金的股票价格和资产净值。在头几个月里，我们可以看到股价在正常的10%—15%折价范围内交易。但2014年12月18日那天，情况忽然有异。虽然基金的资产净值没有太多变动，可股票价格却飞涨了70%。以前大概只需90美元就能购买价值100美元的加勒比资产，翌日这些资产的价格居然达到了170美元！读者或许已经猜到，此番价格暴涨恰逢奥巴马总统宣布美国准备放宽与古巴的外交关系。虽然该基金的资产价值保持稳定，但是大幅溢价持续了数月，大约一年后才最终消失。

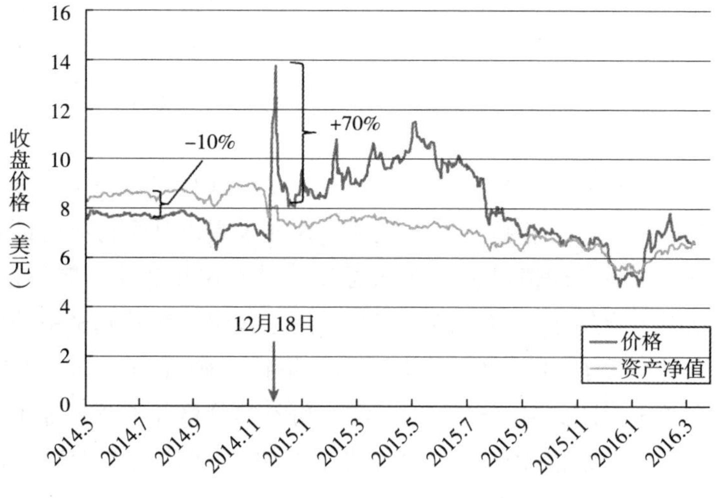

图1　CUBA基金的价格和资产净值

注：2014年12月18日，奥巴马总统宣布将解除对古巴的若干限制。

资料来源：Bloomberg。

这个例子和其他类似案例均表明，即使内在价值容易测算并每日披露，价格与内在价值也可能明显偏离。那么，我们究竟该怎样看待更广泛的市场指标？它们也会变得异常吗？无疑，20 世纪 90 年代末科技股飞涨当时看着就像泡沫，股票以奇高的市盈率出售（或者销售那些没有利润的股票），随后纳斯达克指数下跌了超过 2/3。我们在 21 世纪头十年中期经历了类似的房地产热，尤其是拉斯维加斯和菲尼克斯等城市。价格明显背离售价大约 20 倍于租金的长期趋势，最后只能跌回到长期趋势。由于各种形式的杠杆作用，价格的起落间接导致了全球大衰退。

CUBA 实例和这些大型泡沫之间的区别在于，不可能证明后者的价格是错误的。没有清晰确凿的证据，但是能明显感到资产价格会与基本价值大幅偏离。也许我们应该采纳费希尔·布莱克（Fischer Black，1986）提出的市场效率定义，他的美国金融学会主席演讲的标题用了一个有趣的单词“噪音”（Noise）。布莱克（1986，第 553 页）说道：“我们可以将有效市场定义为其中的价格在价值的两倍之内，即价格是价值的一半以上并小于价值的两倍。当然，这个两倍有点随意。不过直观地讲，从价值来源的不确定性和促使价格回归价值的力量强度来看，我感觉还比较合理。按照这个定义，我认为几乎所有市场都是有效的。‘几乎所有’指至少 90%。”

大家可以对布莱克的定义各种吹毛求疵，但我觉得这个定义并不差，假如布莱克能目睹 20 世纪 90 年代的科技泡沫，或许会把倍数改为三。我想就此提两点看法。首先，有效市场假说是金融市场研究史上一个极其有用且至关重要的概念。事实上，如果没有有效市场假说，可能就没有基准用于比较异常的研究结果。有效市场假说制造的唯一危险是，人们特别是政策制定者把它当成真实。如果政策制定者认为不可能产生泡沫，他们可能就不会采取适当措施遏制泡沫。譬如我认为，房价租金比最具泡沫的城市应该适当提高抵押贷款要求。然而，这反倒是贷款要求异常宽松的时期。

还有一个更广泛的问题。出于诸多原因，我们可能认为金融市场在所有市场中效率最高。它们是唯一可能廉价卖空的市场，这是我们预期价格“正确”的一个基本特征。然而，如果金融市场能以两倍的速度下降，那么我们在多大程度上相信没有实际套利机会的其他市场的价格是衡量价值的良好标准。

仅举一例，考虑劳动力市场。近年来，世界各地收入和财富不平等日益加剧引起了极大关注（Piketty，2014；Atkinson、Piketty and Saez，2011）。虽然有关这一趋势的成因一直争议不断，但是经济学中的大部分讨论都基于一个假设：收入差异反映生产率的差异。这假设站得住脚吗？如果股票价格能下跌50%，那么无论是对卖汉堡的工人还是CEO，它会不会就未必靠谱了？

从收入阶梯的底层到顶端都有理由质疑这个假设。在工资分布的低端，从斯里克特（Slichter，1950）开始就有很多文献论证行业间异常的工资差异。简单来说，某些行业的薪酬比其他行业高，例如文职人员、管理人员以及收入更高的高管。克鲁格和萨默斯（Krueger and Summers，1988）还有狄更斯和卡茨（Dickens and Katz，1986）的重要文章重新阐析了塞勒（1989）总结的这类文献。最近，卡德、海宁和克莱恩（Card、Heining and Kline，2013）在德国利用各种固定效应的面板数据，论证了类似的研究结果。他们发现，当工人从低薪行业转到高薪行业，他们的工资便会跳涨；而当工人从高薪行业转向低薪行业，情况则刚好相反。仅仅因为变换行业，工人的生产率就发生了明显变化，这似乎令人难以置信。

另一方面，在过去的几十年里，CEO与普通员工的薪酬比例飙升。1965年，总部设在美国的大型公司的这个比例为20；到2014年，该比例超过300，是任何其他国家的两倍多（Mishel and Davis，2015）。当然，有经济学家认为，此一上升仅仅反映了CEO的生产率在持续提高（例如Kaplan、Klebanov and Sorensen，2012），但是我们该对这一评估持多大信心呢？CEO的薪酬通常由董事会的薪酬委员会根据顾问的建议来设定，而顾问提出的建议往往会部分参照其他CEO的薪酬。这种递归式自我实现过程并不能让人们相信工资与业绩高度相关。目前确实尚未找到办法解决这个争论；但我只想重述我的问题：倘若股价可以下跌50%，为什么我们仍要相信其他市场不能偏离那么大甚至更大呢？

四、一个理论，两项任务

我从行为金融学研究中得出的结论是：即便是这些最有效的市场，它们所导致的经验结果往往也会违背理性投资者在交易成本极小的市场做出选择的理论。换言之，我们获得的结果与投资者表现得“好像”很理性的假设并不一致。更值得怀疑的是，这种模型能否在其他无法套利的市场中做出好的预测。那么，经济学理论究竟发生了什么呢？

问题在于，我们要求建立的理论要完成两项不同的任务。首先是寻求解决问题的最佳方案，其次是描述人类如何实际做出选择。当然，一个仅由经济个体组成的世界并不需要两种不同的模型。经济个体有意愿做出模型确定的最优选择（至少平均而言）。然而我们的世界远不是这样的：我们人人都在努力确定什么是最优选择，然后用足够的意志力去实现这一选择，尤其是在需要延迟满足的时候。所以，我们需要描述性的经济学理论。

最早也是最成功的这类理论是卡尼曼和特沃斯基 1979 年提出的前景理论，对经济学乃至更一般的社会科学产生了巨大冲击。① 除模型本身富有洞见之外，前景理论还为我们需要的新理论提供了模板。预期效用理论仍然是行为人面对风险如何做决策的黄金标准。前景理论则补充了预期效用理论，向我们叙述人们如何做出这些选择。用一种理论来达到两个目的是不明智的，就好比用锤子敲钉子和涂油漆。

一些经济学家或许认为，没有最优化何来理论，但阿罗（Arrow，1986）在一篇令人信服的文章里驳斥了这个想法。“请允许我驳斥一个观点，这个观点并不总是清晰地得到阐述却常常隐含在许多论著之中。貌似有人断言，经济学理论必须以理性为基础，这是原则问题。否则就不会有任何理论。”阿罗提醒，许多严谨的正式理论，依据的可能是经济学家都不愿称之为理性的行为。他还表示，一个经济学理论家折腾数月，终于为一些复杂的经济问题找到最优解，但轻率地假设在自己的模型里，所有行为人都好像有能力解决同样的难题，这显然是矛盾的。“我们看到了一种奇怪的现象，即科学分析将科学行为归因于行为主体。这不一定是个矛盾，但貌似真会导致无限循环。”

我并不打算在此给出行为经济学理论的详细蓝图，不过，提出一些简要的想法也许是合适的。首先，行为经济学理论（或任何描述性理论）必须摒弃作为新古典主义理论核心的归纳推理，转而采用演绎法，任何假说或设想都应该基于对人类行为的观察。也就是说，行为经济学理论必须以证据为基础。这些理论所遵循的证据可能来自心理学或其他社会科学，也可能是自己制造的。有人也许会发愁理论要怎么建立在经验观察上，但在科学界，这种方法拥有悠久的传统。把太阳而非地球设为太阳系中心的哥白尼革命，正是基于行星运动的相关数据，而不是什么基本原理。

第二个一般观点是，大家不应该期待出现某些伟大的新行为理论来取代新

① 据 Google Scholar 所载，该篇论文被引用了近 4 万次。

古典主义范式。我们早就拥有一套宏伟的理论，能够出色地刻画最优选择和均衡概念如何运作。行为理论更像工程学，其一系列实用的增强功能可以更好地预测行为。目前，这些行为方面的增强理论大多集中在两个广泛的主题上：偏好与信念。

A. 行为偏好

前景理论很好地说明了如何运用不同于推导期望效用理论所依据的偏好假设来构建一个模型。具体而言，前景理论的大部分预测能力来自三个关键的偏好假设。第一，效用源自财富相对于某个参照点的变化，而不是期望效用理论通常认为的财富水平。① 第二，把感知到的财富变化转化为效用的“价值函数”，在原点处呈弯曲形状，而且损失的权重高于收益的权重，这就是“损失厌恶”。第三，决策权重是概率$\Pi(p)$的一个函数，其中$\Pi(p) \neq p$。以上三个假设都是通过研究实验对象在不同赌博之间做出的选择推断而来。

另有两个研究分支始终以偏好模型为依据。第一个是跨期选择。正如前文引用的斯密、庇古和费雪的观点所揭示的，一直以来经济学家都对人们显示出来的“现时偏向”型偏好表示担心，因为这意味着“现在”和“以后”之间的贴现率远高于“以后”和“更以后”之间的贴现率。这种偏好可能会导致时间不一致性行为，因为我们希望在“一年的较小奖励”和“一年外加一周的较大奖励”之间保持耐心，但是当一年过完而“现在”可以获得较小的奖励时，我们就挡不住诱惑了。如若人们意识到自己有这样的偏好，也许他们就会尽力选择较大的延迟奖励，但是对于这样的选择，他们事后也会后悔（至少后悔一周左右）。

目前，专门处理这些异常偏好的模型有两种。一种基于双自我（或“双加工”）方法，旨在刻画对自控问题予以解释的内在冲突。在赫什·谢夫林和我喜欢的这种模型里（Thaler and Shefrin，1981），个人被假定为既是有远见的

① 事实上，冯·诺伊曼和摩根斯特恩没有具体说明如何论证他们的效用函数，而且有人认为，可以简单地将期望效用修改成收入而非财富的函数，从而纳入这一特征。这里有一处疏漏：“收入”的定义取决于心理账户理论，以便了解被测算的是什么时间范围内的收入。如果“收入”是终身收入，则与财富相同。但如果是每天的收入，你会得到截然不同的预测。例如参见关于出租车司机劳动力供给的有争议的文献（Camerer et al.，1997；Crawford and Meng，2011；Farber，2015）。

"计划者"又是短视的"实施者"，他们在一个类似于组织机构的模型中相互作用。谢林（Schelling，1984）还有弗登伯格和莱文（Fudenberg and Levine，2006）也提出双自我模型来描述这种行为。

虽然这些双自我模型呈现更多的心理结构，但在经济学家当中，它们的人气丝毫不及斯特罗茨（Strotz，1955）首先提出、后由莱布森（Laibson，1997）以及奥多诺霍和拉宾（O'Donoghue and Rabin，1999）提炼的更简单、更易于分析的"β－δ"模型。在他们的模型中，δ 是标准指数贴现率，β 衡量短期的急躁情绪。标准模型仅是 β＝1.0 时的特殊情况。拉宾（2013）把 β－δ 模型称为"现有模型的便携式扩展"（PEEMs）的典范。经济学家对可以轻易将这些模型纳入其他标准的分析青睐有加。

除了跨期选择，另一个关于偏好的重要层面是深受行为经济学家关注的"利他偏好"。这些模型全部受到经验研究结果的推动，表明人类并非完全自利，甚至是面对陌生人的时候。例如一次性囚徒困境博弈，其中大约 40%—50% 的受试者是合作的，无论是在实验室实验，还是在赌注超过 1 万英镑的情境游戏（van den Assem，van Dolder and Thaler，2012）。同样，在公共物品环境下，当理性的自利策略无所作为时，人们就会相互协作。拉宾（1993）、费尔和施密特（Fehr and Schmidt，1999）创建了这一领域最突出的模型。用最简单的一句话总结这类文献，那就是人类比经济个体更友好更礼貌。确切地说，合作是他们的第一本能，只要他们预期别人也会这么做。

B. 行为信念

人们在做选择时，会根据对其选择后果的一系列预期和许多可以决定未来如何演变的外生因素做出判断。习惯上，经济学家假设这种信念是不偏不倚的。最先由穆斯（Muth，1961）构建，接着经卢卡斯（Lucas，1976）等人详细阐释的理性预期假说，通常被视为经济学的一种具体建模方法，尤其是宏观经济学，但我认为，客观地说，其基本理念完全是主流观点。理性预期假说明确提出了经济学理论中的一个常见想法，即行为人的行为就好像他们了解这个模型（以及先进的计量经济学方法）。这个假设在经验研究上是否成立则另当别论。

对理性预期本身的直接检验非常罕见，因为我们很少观察或探得实际的预期数据。所以，这么做的时候，我们经常发现实际的预期并非可以合理地被视为理性预期。例如凯斯、希勒和汤普森（Case、Shiller and Thompson，2012）发现，在2000—2005年价格快速上涨期间，房主预判未来10年房价将继续以两位数的速度增长。虽然很难证明这种预期并不理智，但无论是事前还是事后大家看上去都显然过于乐观。此外，在房地产领域以及许多其他领域，预期似乎都太依赖于对近期趋势的外推。大致上，人们预期上涨的东西会继续上涨。

本－大卫、格雷和哈维（Ben-David、Graham and Harvey，2013）研究了财务总监对股票市场收益的预测，从中我们也看到了违反理性预期的行为。研究者请财务总监预测标准普尔500指数的一年期收益率，并给予80%的置信区间。财务总监基本没有能力预测股市收益也许不足为奇。但令人不安的是，他们根本没意识到自己缺乏预测能力。如果财务总监能够精准预测，实际的股票市场收益率将会介于当时高低估值的80%之间。然而，实际的股票市场收益率却介于过去十年高低预测值的36%左右。这与数十个实验室研究中观察到的过度自信情况非常相似。

过度自信和过分外推只是心理学家研究人类判断时记录在案的两个关于有偏信念（biased belief）的例子。相关文献从卡尼曼和特沃斯基研究的三个原始启发法——可用性、代表性、锚定与调整——入手，然而在那之后，很多其他的有偏信念得到了研究和证明：事后偏见（hindsight bias）、投射偏见、过度关注最突出的环境特征，等等。针对这些和其他更多的偏见，经济学家创建了描述性模型，试图让偏见的含义更加具体而严谨。

偏见何其之多可谓福祸相依。所谓福就是人类的判断会以许多有趣的方式偏离理性预期，每种方式都可能为经济行为提供有益的见解。所谓祸则是偏见太多似乎给理论家留下了大到危险的自由空间。虽然我不否认后一种风险失控，但我认为良好的科学实践可以减轻这类自由度层面的危险。

最重要的是记住，所有这些偏见都有经验支持，许多实验研究结果随后还在经验研究中再现。因此，行为经济学家在研究中也实行了某种行为准则：他们可以利用一长串潜在的解释因素，但至少要有证据证明这一因素是真实的。让我们来对比一下有偏信念赋予经济学家的自由度与传统理性模型赋予经济学家的自由度。譬如考虑通用的经验因素（fudge factor）：交易成本。理论上，这类成本可以解释诸多异常现象，但是除非交易成本是可测量的，否则对它的使用就会毫无节制。如果我们把自己约束在有经验基础的变量上，那么整个经济学都将变得更加规范。

当然，我并非认为行为经济学理论已经是“最终成品”。这是一个正在迅速发展的新领域。目标之一应该是，既要设计现有模型的可移植的扩展理论，更要探研可检验的扩展理论。这道题目就留给拉宾，由他来决定把字母 T 插入缩略词 PEEM 的什么位置吧。

五、假定不相关因素

经济学理论极少做出数量级方面的预测。大多数理论都是预测某种效果出现的迹象。需求曲线向下倾斜，供给曲线向上倾斜。当聪明的理论家能够从理论中提炼出更精准的预测时，事情就会变得很有趣。股权溢价之谜即是一个典型例子。由于股票比债券风险高，所以应该获得更高回报率，这个一阶预测得到了历史数据的有力支持。但是，梅赫拉和普雷斯科特（Mehra and Prescott，1985）表明，该标准模型无法同时解释历史上较低的无风险利率和大约 6% 的股权溢价，他们可以证明合理的最大值为 0.35%。结果，这项校准工作催生了大量有趣的文献。

尽管这些关于数量级预测的例子并不多见，但是经济学理论确实对效果的大小做了部分相当精确的预测，但是这些预测都是针对那些对行为根本不起作用的变量。比如，下列事情并不重要：某个问题的设计；选项的显示顺序；一种选择的重要性；先前沉没成本（或收益）的存在；选择是否坚持饮食计划时，餐厅的顾客是否会查看甜点选项，等等。以上种种以及其他许多可能或的确会影响选择的变量，我都称它们为“假定不相关因素”。行为经济学可以丰富经济分析的一个最重要途径就是，指出那些至关重要的假定不相关因素。

在退休储蓄决策中，假定不相关因素的潜在重要性得到了最好的证明。在标准的生命周期模型中，经济个体计算最佳消费路径，然后，在充分考虑合理的夫妻死亡率和离婚、疾病等精算风险的情况下，实施一个使其效用最大化的储蓄、投资及最终动用储蓄金的计划。这简直是一道令世界级象棋对弈也黯然失色的难题。象棋可没有什么不确定性或自我控制的种种纠结。因此毫不奇怪，很多人面对退休储蓄问题时倍感棘手，毕竟在一个缴费确定型养老金体系中，他们必须自己做出所有决策。不过，借助某些假定不相关因素，已有可能帮助人们解决这项艰巨的任务。

第一个帮助人们应对退休储蓄问题的重要的假定不相关因素，是巧妙使用默认选项。在经济个体的世界，特别是当退休储蓄的赌注都一样高时，一个人是加入还是不加入退休计划，并不重要。比起几十年来接受公司匹配和免税的累计养老金缴费，打钩填表的成本必定是微不足道的。然而，改变默认选项的行为对401(k)计划的参与率造成了巨大影响。

首先著文论证这一效果的是马德里安和谢伊（Madrian and Shea，2001），使用的数据来自1999年采纳了现在被称为“自动加入”的公司。以前，要加入401(k)计划，员工必须填写一些表格；如果不填表，就不算成功加入。马德里安和谢伊比较了1998年旧的“选择加入”体系下的新员工参加率与1999年不愿参加的员工必须选择退出的情况。在自动加入之前，只有49%的员工在就业第一年内参加了401(k)计划；切换为自动加入后，86%的员工在入职第一年就加入了。这就是假定不相关因素！如今，自动加入已经非常普遍。超过半数的美国大企业都在使用这个概念，英国则在推行具有这一特性的全国定额储蓄计划。包括英国这一国家计划在内的大多数退休计划发现，退出率在10%左右。

自动加入的一个问题是，在很多计划中，最初加入的员工储蓄率较低；在美国，通常是工资的3%。正如马德里安和谢伊在他们最初的论文中指出的，如此低的初始默认储蓄率可能会导致意想不到的后果：那些没有这个默认选项时原本打算存更多钱的人储蓄更低。为了解决这个问题，也为了更广泛地激励员工提高储蓄率，我和贝纳茨（Thaler and Benartzi，2004）引入了一个“明天储蓄更多”（Save More Tomorrow）的计划。按照这个计划，工人可以选择在晚些时候提高储蓄率，最好是在下一次加薪时。一旦员工加入该计划，他的储蓄率就会不断增加，直至达到某个上限或选择退出。

请注意，“明天储蓄更多”只是假定不相关因素的一个集合。储蓄率在几个月后而不是在当前增加，这并不重要；储蓄率与工资上涨挂钩，计划中保留默认选项，这些也不重要，但是所有这些特性都在发挥作用。把增加储蓄推迟到未来帮助了那些有现时偏向的人；与工资增长挂钩可以缓解损失厌恶情绪；将默认选项保留在计划内能充分利用现状偏向。在我和贝纳茨（2004）研究的第一个计划里，储蓄率三年内提高了三倍多。在最近的一篇文章中（Benartzi and Thaler，2013），我们估计，自动升级（“明天储蓄更多”的通用术语，其中储蓄增加并不总是与加薪有关）每年推动了74亿美元的储蓄。

人们对这类计划的一个担心是，自动加入和“明天储蓄更多”所带来的退休储蓄增长，可能会被其他账户的储蓄减少（或借款增加）所抵消。然而在美国，并没有相应的数据可用来检验这一假设。幸运的是，丹麦确实有这样的数据，因为开征过财富税，丹麦一直都在认真收集家庭财富方面的数据。切蒂等人（Chetty et al.，2014）最近发表的论文使用这些数据回答了该问题。他们使用的方法是，观察员工为了更慷慨的退休储蓄计划奔向雇主提供的工作时，储蓄率会发生什么变化。作者使用4100万人年（person-year）观测值的面板数据研究了三种储蓄：雇主对免税养老金的缴费，员工对免税养老金的缴费，以及应税账户的员工储蓄。他们的研究思路是，观察那些一直积极储蓄、然后跳槽到养老金缴费至少高出3个百分点的公司的员工。平均而言，这些工人得到的（雇主）养老金缴费率上升到其劳动收入的5.64%。雇主的这种多缴费是不是被员工本人缴费减少抵消了呢？是的，但只减少了0.56个百分点，而且应税账户的储蓄基本没变。

切蒂等人（2014）还利用有数据时期发生的税收政策变化。这个自然实验让他们得以比较相对于雇主缴费等设计特点的影响，养老金缴费的税收补贴对鼓励退休储蓄的效果。他们运用的法律变更是，收入分配顶层大约1/5人群的退休储蓄补贴降低了。即便在这个相对富裕的群体中，大多数人也根本没有对补贴变化做出反应，也就是说他们是“消极储蓄者”。约20%的相对富裕群体确实做出反应，取消了对免税计划的所有缴费，不过他们没有花掉这些钱，只是把钱转移给应税储蓄工具。这就引出了一个惊人的结论：用于退休储蓄的每1美元税收支出，仅仅增加1美分的储蓄。决定储蓄率的不是税收政策，而是雇主养老金计划的设计特点，即假定不相关因素。

还有许多其他例子可以阐述政策分析中行为因素的潜在力量，但是对此进行总结会很费时间。我无法比切蒂（2015）在“行为经济学与公共政策：一个实用视角”① 中做得更出色。我也百分百支持他的看法：前进的最好方式是停止有关理论原则的争论，开始努力探索理解世界的最佳途径。

六、结论

本文的一个中心主题是：现在是时候全面接受我所说的“基于证据的经济学”（evidence-based economics）了。这并非在做硬性推销。经济学家使用

---

① Behavioral Economics and Public Policy：A Pragmatic Perspective，*American Economic Review*：*Paper & Proceeding*，vol. 105，2015。中文版“行为经济学与公共政策”，参见《比较》第91辑，第92—140页。

社会科学中最前沿的统计方法，获取日益庞大且丰富的数据库，吸收了从实验（包括实验室和实地实验）到大脑成像再到机器学习的大量新方法。此外，经济学也已成为越来越以实验为依据的学科。哈莫米斯（Hamermesh，2013）发现，顶级经济学期刊中“理论”论文的比例，已从 1963 年的 50.7% 下降到 2011 年的 19.1%。无可否认，经济学是一门经验学科，所以尽情拥抱它吧。

从这个角度看，行为经济学只是经济学中经验研究工作日益重要的一个分支。将设计、自我控制、公平等心理因素揉入经济学分析并无独特之处。如果这类因素有助于我们更好地理解世界，改善对行为的预测，那么何不就像使用网页搜索或遗传标志等其他新数据源那样使用它们呢？

在这个意义上，我认为，现在不要再把行为经济学当作某种革命来思考了。相反，行为经济学应该被视为只是回归那种开明、直观的学科，它由亚当·斯密开创，并借助日益强大的统计工具和数据集迅速发展。这门基于证据的学科仍然会以理论为依据，但不是将我们局限于关注那些只能从传统的惯例中得出的因素。事实上我的理解是，我们即将掀起新一波理论发展浪潮，或许只需把我们的注意力转为研究人类而不是经济个体。

如果经济学确实沿着这些方向发展，“行为经济学”一词终将从我们的字典里消失。整个经济学会像本文所希望的那样包含了行为因素，因此，我们最终将获得能够产生更高 R^2 的经济学理论。

（颜超凡　译）

参考文献

Arrow，Kenneth J. 1986. “Rationality of Self and Others in an Economic System.” *Journal of Business* 59（4，part 2）：S385 – S399.

Ashraf，Nava，Colin F. Camerer，and George Loewenstein. 2005. “Adam Smith，Behavioral Economist.” *Journal of Economic Perspectives* 19（3）：131 – 45.

Atkinson，Anthony B.，Thomas Piketty，and Emmanuel Saez. 2011. “Top Incomes in the Long Run of History.” *Journal of Economic Literature* 49（1）：3 – 71.

Barberis，Nicholas，and Richard Thaler. 2003. “A Survey of Behavioral Finance.” In *Handbook of the Economics of Finance*，Vol. 1B，edited by George M. Constantinides，Milton Harris，and Rene Stulz，1053 – 1123. Amsterdam：Elsevier.

Benartzi，Shlomo，and Richard H. Thaler. 2013. “Behavioral Economics and the Retirement Savings Crisis.” *Science* 339（6124）：1152 – 53.

Ben-David，Itzhak，John R. Graham，and Campbell R. Harvey. 2013. “Managerial Miscalibration.” *Quarterly Journal of Economics* 128（4）：1547 – 84.

Black, Fischer. 1986. "Noise." *Journal of Finance* 41 (3): 529 – 43.

Camerer, Colin. 1997. "Labor Supply of New York City Cabdrivers: One Day at a Time." *Quarterly Journal of Economics* 112 (2): 407 – 41.

Card, David, Jorg Heining, and Patrick Kline. 2013. "Workplace Heterogeneity and the Rise of West German Wage Inequality." *Quarterly Journal of Economics* 128 (3): 967 – 1015.

Case, Karl E., Robert J. Shiller, and Anne Thompson. 2012. "What Have They Been Thinking? Home Buyer Behavior in Hot and Cold Markets." National Bureau of Economic Research Working Paper 18400.

Chetty, Raj. 2015. "Behavioral Economics and Public Policy: A Pragmatic Perspective." *American Economic Review* 105 (5): 1 – 33. Video of lecture: https://www.aeaweb.org/webcasts/2015/Ely.php.

Chetty, Raj, John N. Friedman, Søren Leth-Petersen, Torben Heien Nielsen, and Tore Olsen. 2014. "Active vs. Passive Decisions and Crowd-Out in Retirement Savings Accounts: Evidence from Denmark." *Quarterly Journal of Economics* 129 (3): 1141 – 1219.

Clark, J. M. 1918. "Economics and Modern Psychology: I." *Journal of Poltical Economy* 26 (1): 1 – 30.

Clawford, Vincent P., and Juanjuan Meng. 2011. "New Rork City Cab Drivers' Labor Supply Revisited: Reference-Dependent Preferences with Rational-Expectations Targets for Hours and Income." *American Economic Review* 101 (5): 1912 – 32.

De Bondt, Werner F. M., and Richard Thaler. 1985. "Does the Stock Mrket Overreact?" *Journal of Finance* 40 (3): 793 – 805.

De Bondt, Werner F. M., and Richard H. Thaler. 1987. "Evrther Evidence on Investor Overreaction and Stock Market Seasonality." *Journal o Finance* 42 (3): 557 – 81.

Della Vigna, Stefano, and Ulrike Malmendier. 2006. "Paying Not to Go to the Gym." *American Economic Review* 96 (3): 694 – 719.

Dickens, William T., and Lawrence F. Katz. 1986. "Interindustry Wage Differences and Industry Characteristics." National Bureau o Economic Research Working Paper 2014.

Fama, Eugene F., and Kenneth R. French. 1993. "Common Risk Factors in the Returns on Stock and Bonds." *Journal of Financial Economics*33 (1): 3 – 56.

Farber, Henry S. 2015. "Why You Can't Find a Taxi in the Rain and Other Labor Supply Lessons from Cab Drivers." *Quarterly Journal of Economics* 130 (4): 1975 – 2026.

Fehr, Ernst, and Klaus M. Schmidt. 1999. "Theory of Fairness, Competition, and Cooperation." *Quarterly Journal of Economics* 114 (3): 817 – 68.

Fisher, Irving. 1930. *The Theory of Interest: As Determined by Impatience to Spend Income and Opportunity to Invest It.* New York: MacMillan.

Friedman, Milton. 1953. "The Methodology of Positive Economics." In *Essays in Positive Economics*, 3 – 43, Chicage: University of Chicago Press.

Fudenberg, Drew, and David K. Levine. 2006. "A Dual Self Model of Impulse Control." Harvard Institute of Economic Research Working Paper 2112.

Graham, Benjamin. 1973. *The Intelligent Investor, A Book of Practical Counsel.* 4th revised ed. New York: Harper & Row (Orig. pub. 1949).

Grether, David M., and Charles R. Plott. 1979. "Economic Theory of Choice and the Preference Reversal Phenomenon." *American Economic Review* 69 (4): 623 – 38.

Hamermesh, Daniel S. 2013. "Six Decades of Top Economics Publishing: Who and How?" *Journal of Economic Literature* 51 (1): 162 – 72.

Hogarth, Robin M., and Meluin W. Reder, end. 1986. "The Behavioral Foundations of Economic Theory: Proceedings of a Conference October 13 – 15, 1985." *Journal of Business* 59 (4, part 2).

Hogarth, Robin M., and Melvin W. Reder, eds. 1987. *Rational Choice: The Contrast Between Economics and Psychology.* Chicago: University of Chicago Press.

Jensen, M. C. 1968. "The Performance of Mutual Funds in the Period 1945 – 1964." *Journal of Finance* 23: 389 – 416.

Kahneman, Daniel, and Amos Tversky. 1979. "Prospect Theory: An Analysis of Decision under Risk." *Econometrical* 47 (2): 263 – 91.

Kaplan, Seven N., Mark M. Klebanov, and Morten Sorensen. 2012. "Which CEO Characteristics and Abilities Matter?" *Journal of Finance* 67 (3): 973 – 1007.

Katona, George. 1951. *Psychological Analysis of Economic Behavior.* New York: McGraw-Hill.

Katona, George. 1953. "Rational Behavior and Economic Behavior." *Psychological Review* 60 (5): 307 – 18.

Keynes, John Maynard. 1936. *The General Theory of Employmant, Interest, and Money.* London: Macmillan.

Krueger, Alan B., and Lawrence H. Summers. 1988. "Efficiency Wages and the Inter-industry Wage Structure." *Econometrical* 56 (2): 259 – 93.

Laibson, David. 1997. "Golden Eggs and Hyperbolic Discountiong." *Quarterly Journal of Economics* 112 (2): 443 – 77.

Lakonishok, Josef, Andrei Shleifer, and Robert W. Vishny. 1994. "Contrarian Investment, Extrapolation, and Risk." *Journal of Finance* 49 (5): 1541 – 78.

Lamont, Owen A., and Richard H. Thaler. 2003a. "Anomalies: The Law of One Price in Financial Markets." *Journal of Economic Perspectives* 17 (4): 191 – 202.

Lamont, Owen A., and Richard H. Thaler. 2003b. "Can the Market Add and Subtrcat? Mispricing in Tech Stock Carve-Outs." *Journal of Political Economy*111 (2): 227 – 68.

Lester, Richard A. 1946. "Shortcomings of Marginal Analysis for Wage-Employment Problems." *American Economic Review* 36 (1): 63 – 82.

Lichtenstein, Sarah, and Paul Slovic. 1971. "Reversals of Preference Between Bids and

Choices in Gambling Decisions." *Journal of Experimental Psychology*89 (1): 46–55.

Lichtenstein, Sarah, and Paul Slovic. 1973. "Response-Induced Reversals of Preference in Gambling: An Extended Replication in Las Vegas." *Journal of Experimental Psychology* 101 (1): 16–20.

Loewenstein, George. 1992. "The Fall and Rise of Psychological Explanations in the Economics of Intertemporal Choice." In *Choice Over Time*, edited by George Loewenstein and Jon Elster, 3–34. New York: Russell Sage Foundation.

Lucas, Robert E., Jr. 1976. "Econometric Policy Evaluation: A Critique." *Carnegie - Rochester Conference Series on Public Policy* 1: 19–46.

Machlup, Fritz. 1946. "Marginal Analysis and Empirical Research." *American Economic Review* 36 (4): 519–54.

Madrian, Brigitte C., and Dennis F. Shea. 2001. "The Power of Suggestion: Inertia in 401 (k) Participation and Savings Behavior." *Quarterly Journal of Economics* 116 (4): 1149–87.

Mehra, Rajnish, and Edward C. Prescott. 1985. "The Equity Premium: A P uzzie." *Journal of Monetary Economics* 15 (2): 145–61.

Mishel, Lawrence, and Alyssa Davis. 2015. "Top CEOs Make 300 Times More than Typical Workers." Economic Policy Institute Issue Brief 399. http://www.epi.org/publication/top-ceos-make-300-times-more-than-workers-pay-growth-surpasses-market-gains-and-the-rest-of-the-0-1-percent/.

Muth, J. F. 1961. "Rational Expectations and the Theory of Price Movements." *Econometrica*. 29: 315–35.

O'Donoghue, Ted, and Matthew Rabin. 1999. "Procrastination in Preparing or Retirement." In *Behavioral Dimensions of Retirement Economics*, edited by Henry J. Aaron, 125–56. Washington, DC: Brookings Institution.

Pareto, Vilfredo. 2014, *Manual of Political Economy: A Critical and Variorum Translation Edition.* Reprint edited by Aldo Montesano, Alberto Zanni, Luigino Bruni, John S. Chipman, and Michael McLure. Oxford, UK: Oxford University Press (Orig. pub. 1906).

Pigou, Arthur Cecil. 1920. *The Economics of Welfare.* http://oll. libertyfund org/title/1410 (accessed May 23, 2016).

Piketty, Thomas. 2014. *Capital in the Twenty-First Centruy.* Cambridge, MA: Harvard University Press.

Rabin, Matthew. 1993. "Incorporation Fairness into Game Theory and Economics." *American Economic Review*83 (5): 1281–1302.

Rabin, Matthew. 2013. "An Approach to Incorporation Psychology into Economics." *American Economic Review*103 (3): 617–22.

Schelling, Thomas C. 1984. "Self-Command in Practice, in Policy, and in a Theory of Rational Choice." *American Economic Review* 74 (2): 1–11.

Shiller, Robert J. 1984. "Stock Prices and Social Dynamics." *Brookings Papers on Economic Activity* (2): 457 – 98.

Simon, Herbert A. 1955. "*A Behavioral Model of Rational Choice.*" *Quarterly Journal of Economics* 69 (1): 99 – 118.

Simon, Herbert A. 1957. *Models of Man: Social and Rational; Mathematical Essays on Rational Human Behavior in a Social Setting.* Oxford, UK: Wily.

Simon, Herbert A. 1987. "Behavioural Economics." In *The New Palgrave: A Dictionary of Economics*, edited by John Eatwell, Murray Milgate, and Peter Newman. Palgrave Macmillan.

Slichter, Sumner H. 1950. "Notes on the Structure of Wages." *Review of Economics and Statistics* 32 (1): 80 – 91.

Smith, Adam. 1759. *The Theory of Moral Sentiments.* Reprint edited by D. D. Raphael and A. L. Macfie. Indianapolis: Liberty Classics, 1981.

Smith, Adam. 1776. *An Inquiry into the Nature and Causes of the Wealth of Nations.* Reprint edited by R. H. Campbell and A. S. Skinner. Indianapolis: Liberty Classics, 1981.

Strotz, R. H. 1955. "Myopia and Inconsistency in Dynamic Utility Maximization." *Review of Economic Stubies* 23 (3): 165 – 80.

Thaler, Richard H. 1980. "Toward a Positive Theory of Consumer Choice." *Journal of Economic Behavior & Organization*1 (1): 39 – 60.

Thaler, Richard H. 1989. "Interindustry Wage Differentials." *Journal of Economic Perspectives* 3 (2): 181 – 93.

Thaler, Richard H. 2015. *Misbehaving: The Making of Behavioral Economics.* New York: W. W. Norton &Company.

Thaler, Richard H., and Shlomo Benartzi. 2004. "Save More Tomorrow: Using Behavioral Economics to Increase Employee Saving." *Journal of Political Economy* 112 (1): *S*164 – 87.

Thaler, Richard H., and H. M. Shefrin. 1981. "An Economic Theory o Self-Control." *Journal of Political Economy* 89 (2): 392 – 406.

Tversky, Amos, and Daniel Khneman. 1974. "Judgment under Uncertainty: Heuristics and Biases." *Science*185 (4157): 1124 – 31.

van den Assem, Martijn J., Dennie van Dolder, and Richard H. Thaler. 2012. "Split or Steal? Cooperative Behavior When the Stakes Are Large." *Management Science* 58 (1): 2 – 20.

von Neumann, John, and Oskar Morgenstern. 1947. *Theory of Games and Economic Behavior.* 2nd ed. Princeton: Princeton University Press.

Vulkan, Nir. 2000. "An Economist's Perspective on Probability Matching." *Journal of Economic Surveys* 14 (1): 101 – 18.

改革回忆

Retrospect of Reform

公共选择理论与中国经济改革

张永璟

1. 引言

经济学的核心思维是受约束的效用最大化，所有的经济学分支都是基于这一核心思维的衍生分析。有时候只看单棵树，即微观经济学，有时候看整片森林，即宏观经济学。有时候约束是资源禀赋，而有时候约束是制度，这就有了新古典经济学与新制度经济学的区别。有时候知道各种行动选项的概率，即期望效用理论，而有时候我们两眼一抹黑，这就导向了基于不确定概率的行为经济学。有时候一个人选择就行，如个人选择；有时候以社会计划者（social planner）来决策，如萨缪尔森的社会福利最大化理论；也有时候行为人的决策是相互影响的，比如各类博弈论。根据不同现实背景，学者选择不同的理论假设与研究方法来著书立说，于是就带来了关于假设与方法的各种争论。公共选择理论是众多假设与方法组合中的一种，它有三大要点："方法论上的个人主义"（methodological individualism）；"政治行为人也是经济人"，也就是说，他会做出符合自身利益的理性选择（self-interested rational choice）；"基于共赢的政治契约"，换言之，政治也是一种交易（politics as exchange）。公共选择理

* 作者为加拿大渥太华大学公共与国际事务研究生院暨经济系副教授。美国乔治梅森大学经济学博士。主要研究方向包括公共选择经济学、理性选择政治学、公共财政、行为与演化经济学，特别是制度转型与经济发展中的政府行与政经摩擦。——编者注

论与中国从计划体制向市场体制的渐进式经济改革相契合，因此，学术界也出现了市场维护型财政联邦主义、官员晋升锦标赛、政企合谋等一大批以中国为案例的公共选择研究。然而，长期以来，中文文献对公共选择理论的研究仍然停留在简单的理论推介与零散的概念应用阶段，缺乏植根于中国经济改革实践的系统性研究。

本文试图填补中文文献中的这一空白。本文其余部分的组织结构如下：第二部分将从理论比较的角度简述公共选择理论的若干要点，第三部分评述现有文献关于中国经济改革研究的若干困境，第四部分力图从公共选择理论的角度来思考中国经济改革，最后一部分将进一步讨论未来理论拓展的空间。

2. 公共选择理论的若干要点

2.1 公共选择理论的核心假设与逻辑

根据布坎南（Buchanan，2003）的概括，公共选择理论根植于三个核心假设。第一个假设是"方法论上的个人主义"，以个人为研究单位，不假设集体会协同一致，比如，政府是由一个个单独官员组成的，是个体官员乃至其他经济个体互动的载体。第二个假设是"政治行为人也是经济人"，所有参与政策制定与执行的个人都是以自我利益为中心的理性人，这里所说的自我利益既可以是利己，也可以是利他。政治人也是经济人，穿上官袍或回归社会都不会改变政治人的自利本性。第三个假设是"基于共赢的政治契约"，政治与公共政策制定不是作为一个整体一致运作的，而是一个各色理性人进行交易与竞争、摩擦与妥协的市场，最终得到的不是某个人控制的最优结果，而是一个多方博弈演化而来的次优局面。

公共选择的核心逻辑有二：一是主观主义（subjectivism），理性人在参与政治生活与社会活动时，没有固定不变的心理感知，也不能由他人来认定他们的主观社会成本。每个人有着独特的个人观点与口味，且会随着社会境遇的改变而自我调整。社会规则与个人行为是互动内生关系，即个人行为由社会规则所引导，而汇总后的无数个人行为又会对社会规则起修订作用。经典案例犹如《荷马史诗》所记载的"将你自己系在桅杆上"（tie yourself to the mast，出自《奥德赛》），寓意是面对海妖歌声的诱惑，先用绳子（规则）把自己捆绑起来，才能顺利渡过那片飘荡着海妖歌声的危险海域。换句话说，在无法确定主观成本与个人行为的时候，我们能做的就是尽可能用完备的社会规则来引导个人行为。二是契约型逻辑（contractarian logic）。阿罗不可能定理（Arrow's Impossibility Theorem，1955）与布坎南和塔洛克（Buchanan and Tullock，1962）的“一致同意的计算”理论告诉我们，集体行动中的一致同意只是一个遥不可及的理想，例如，拆迁中最后一个“钉子户”通常会提出高于常态的赔偿款，对此只能以赔偿契约的方法来实现集体协同。更进一步说，公共选择理论认为“基于公共利益的社会福利最大化”是一个伪命题，因为公众不可能对社会福利达成一致意见，大家只不过是互相中和矛盾而达到契约协同。

2.2 狭义与广义的公共选择理论

基于以上核心假设与核心逻辑，公共选择理论在狭义上一般定义为“政治的经济学”（economics of politics）。政治是一个无数理性人参与的市场，而不是简单的政府作为决策个体的优化选择。基于投票法则的候选人竞争，基于社会契约的宪政法则，基于党同伐异的议会斡旋，基于个人偏好的选民行为，理性官员与理性企业家的互动博弈，诸如此类的政治现象都可以用受约束的效用最大化经济学理论来分析。正如引言所说，可供选择的经济学理论可以是新古典经济学，也可以是其他据现实情况而调整的假设与方法组合，公共选择理论在分析方法上是一个开放型的框架。

广义的公共选择理论可以理解为以经济学方法来分析正式与非正式规则下的非市场决策，特别是对社会困境（social dilemma）的理解。从广义的定义来看，政治只是非市场的一个特例。当生物群体（人类以外物种亦可）因无法实现集体一致而不得不寻求群体决策法则，各种人性的弱点就会因为各自追求个体利益最大化而显现出来。每个社会人的收益取决于其他社会人的行为，在无法预知他人行为的时候，个人只能根据有限信息做出个人最优化选择，由此很容易产生互相伤害的局面，比如常见的搭便车、寻租、公地悲剧即是如此。其他案例还包括弱肉强食的丛林规则下的寄生虫、争食、掠夺者—猎物关系等。大量的公共选择理论研究通常专注于在长期不可变的非正式规则（即社会资本或合作精神，如中国古代的乡绅自治）下，如何产生合理有效的正式规则以避免社会不合作，增强社会合作共赢。比如奥尔森（Olson，1962，1982，2000）就提出一系列集体行动的逻辑，讨论陷入社会困境的国家如何走向衰亡（1982）以及独裁者（掠夺者）如何与猎物（公民）形成合作契约

（2000），而诺奖得主奥斯特罗姆（Ostrom，1990）的获奖贡献就是用户组织（user associations）如何构建非正式合作法则来成功管理本处于公地悲剧中的公共财产。

2.3 作为公共经济学的三种不同视角之一

我们可以进一步将公共选择理论与其他类似理论做比较分析。同样关注公共行为的经济学分支还包括马斯格雷夫（Musgrave，1957）为代表的主流公共经济学，以及以哈耶克（Hayek，1973）为代表的奥地利学派视角的公共经济学。主流公共经济学假设政府是代表性社会计划者，以社会福利最大化为目标，而公众是协调一致、有指挥、有既定目标的一支行军队伍。“协调一致”是指公众认可并有效执行社会计划者的政策决策，不考虑执行不力或群体决策的可能性。“有指挥”是指存在一个一心为公且能力超凡的政治人，是“仁慈的独裁者”（benevolent dictator），为公众一致认可的社会福利目标而努力。

奥地利学派视角的公共经济学则强调原子化的人群与自生自发秩序（spontaneous order）形成的群体现象就是合理有效的，认为政府的出现反而是损害效率的。没有人比个人更了解自身的优缺点和能力，而理性个人会根据市场变化自行优化行为，由此产生的无人控制下的自生自发秩序就是有效率的市场结果。比如高峰时高速公路上的车流，各个车道的车流量永远是一样的，当某个车道的车流量明显少于其他车道，自然会有汽车汇流到这个车道。

公共选择理论视角下的公共经济学则介于主流思想与奥地利学派之间。一方面，认为需要指挥，但不认为指挥是万能的。由于公众无法达成一致同意，所以只能通过协商来制定合作法则，单纯的市场竞争无法产生协商机制，即“市场失灵”。政府作为协商机制可以推动契约型合作，特别是惩罚不合作者。但是，政府本身也可能失灵，因为它本身只是各方利益汇聚的载体，并不能保证强势利益就一定会惠及弱势利益。另一方面，认可自生自发秩序的效率，但不认为自生自发秩序就足以解决社会困境问题。在人群因乡邻或血源或重复交往而相互认可、相互谦让的社会规则下，自治社会组织确实有可能取得成功，比如奥斯特罗姆在美国一些村镇所做的小规模社会实验。但如果上升到大规模社会困境，迄今尚无实践案例证明自生自发秩序可以成功。社会规模越大，人群中对异质陌生人的认可就越低，则合作型契约越难达成。

2.4 宪法与制度的公共选择

公共选择理论是旨在解释现实的实证经济学（positive economics），而不是带有价值趋向的规范经济学（normative economics）。这一方法论的差异尤其表现在有关宪法与制度的理解方面。芒格（Munger，2013）在《埃尔加公共选择手册》（*Elgar Handbook of Public Choice*）中就明确指出宪法的契约特性："宪政的功能是保护人们因差异和区别而进行交易以获取利益。宪法作为契约是用来奖励合作与惩罚背叛的。"（第 42 页）如果说制度是博弈规则，即按照既定的规则来奖惩引导社会博弈中的理性个人，那么宪法就是规则的规则，即以何种方式来制定制度。比如，某国按照简单多数规则由选民选举总统，那么简单多数规则即为制度，选民在选举前甚至在建国之初就需要商定选举方式到底是一致同意、简单多数，还是独裁指定，这就是宪法对投票规则作为制度的认定。

按照布坎南和塔洛克（1962）的理论，这个商定需要考虑两个社会成本：决策成本（decision cost）和被排除成本（external cost）。需要同意的人数越多（越低），则集体决策成本就越高（越低），但不同意人群所感知的被排除成本就越低（越高），最低加总成本点所对应的同意人数的规模即为最优选举规则。宪法作为根本法不会轻易变动，同一选举规则反复适用于同一人群的投票，这样人们通常会在决策人群与被排除人群之间转换角色，所以根据罗尔斯（Rawls，1971）的"无知之幕"理论，人们倾向于站在两可之间选择支持社会总成本最小化。这等于是用微观经济学的最低成本理论来解释宪法作为社会契约规则的存在。组织成本相对来说可以监控，但被排除成本是主观感知成本，难以衡量控制，而且不同阶段不同境遇下人们偏好的内容也不一样，所以我们常常争辩的是被排除成本的规模。比如说一个社会的最小加总成本指向 60% 的同意率，即任何一个规则需要 60% 的选民同意方可应用于全社会，但有一个社会群体由于某种原因始终处于 40% 的少数不同意人群之中，那么宪法就额外提供宪法权利（constitutional rights）保护少数派利益，否则少数派只能谋求退出契约拟定或强烈寻求修改规则产生办法。

由此可以理解，所有的宪法法则乃至更低一层的制度规则都是无数理性个人在特定社会背景下群体博弈出来的随机结果，有可能更偏向绝对多数决策，也有可能更偏向绝对少数决策。换句话说，公共选择理论不批评某种宪法与制度安排是好还是坏，而是说“相比较什么而言是好的”，更不认为某一既定宪法或者制度放之四海而皆准。进一步说，公共选择理论倾向于动态演化地思考具体宪法与制度的适用性，随着社会背景的改变（比如私有物产的丰富），决策成本特别是被排除成本也会变，因此最小化总成本所指向的宪法规则也会变。这一社会演化的特性在西方国家自中世纪以来的渐进文明史中体现得淋漓尽致。

3. 现有文献关于中国经济改革的若干理论困境

现有文献关于中国经济改革的理论困境可以用《经济学人》（*The Economist*）杂志2012年1月28日在其每周中国专栏的发刊词中的标题来概括，即“繁荣的悖论”（the paradox of prosperity）。原文说道：“为了中国崛起的可持续性，中国必须摆脱其功效如此之好的发展模式。”既然如此之好，为何必须摆脱？更悖论的是，《经济学人》杂志并没有具体概括总结这一模式到底是什么，更谈不上它到底错在哪里。这个似是而非的论调恰恰印证了主流经济学文献关于中国经济改革的理论困境：理论上解释不通，但实践上确实有效。比如说罗德里克（Rodrik，2003）就提出了这样的问题：“中国缺少完备的私有产权保护，为什么还可以发展这么快?”《经济学人》杂志2008年3月15日刊也纳闷：“理论都认为法治是发展的必须前提，但中国是一个截然的反例。”即使理论界都已认可实践上有效的“摸着石头过河”的渐进式改革模式，现有文献也没有提供一个完整的理论分析框架，罗兰（Roland，2006）和青木昌彦（Aoki，2001）在各自的相关教材都只是一笔带过。

我们有幸读到了许成钢（2011）对中国经济改革的若干反思，总结成三点：第一，改革不存在“已知概率”这一分析假设；第二，地方实验的重要性；第三，我们要偏向于一个考虑内生社会关系的政治经济学视角。在他看来，中国经济改革是一个威权体制下的“演化”加“地方实验”的过程。国内也有学者指出：中国的一切问题归根到底都是政治经济学问题。我们可以根据许成钢等人的反思，将中国经济改革进一步理解为三个核心问题：

1. 最大的经济问题是政治：经济政策的制定与执行者不一定以社会福利最大化为目标，自利的官员随时可能依靠手中的权力来干预经济运行。

2. 最大的政治问题是经济：自利官员手中的权力为他们干预经济运行提供了便利，但也成了他们政治生命的紧箍咒，一个不能带动地方经济发展的地方首脑必然晋升前途暗淡。

3. 最大的政治经济问题是稳定中求发展：在保证社会稳定的前提下，如何不断渐进式修订宪法和制度，在来路可见而前路未知的困难下满足人民群众不断变化的经济发展需求？

这三个核心问题将在第四部分中结合公共选择理论做进一步分析。以阿西莫格鲁（Daron Acemoglu）、阿莱西纳（Alberto Alesina）、贝斯利（Timothy Besley）、佩尔松（Torstern Persson）等经济学家为代表的新政治经济学对宪政、制度和经济绩效的关系问题做出了一系列高水平的理论与经验研究。他们的理论覆盖狭义公共选择理论，即政治的经济学，在方法论上的个人主义与理性个人主义的基础上，通过强有力的技术工具，提供了很多政治经济学视角的厚重历史思考。但遗憾的是，这一新兴学派仍然植根于以期望效用理论为基础的新古典经济学，导致其理论核心假设并不满足中国经济改革的若干核心要素。

首先，新政治经济学假设集体行动的困境必然能得到解决，从而直接讨论政治群体与经济群体之间的冲突，比如阿西莫格鲁和罗宾逊（Acemoglu and Robinson，2006）的模型认为政治弱势群体协同一致的革命威胁导致政治强势群体不得不选择放权。这一强假设导致他们的政治经济学分析缺乏微观基础。其次，新政治经济学的比较宪法与制度分析假设宪法与制度是一个历史截面上的既定存在，只是静态比较各国宪法的政治与经济效应，这可能是因为博弈论通常专注于既定约束下的个体行为，而无法考虑个体行为的加总会在动态中改变作为行为约束的宪法与制度。再次，新政治经济学忽略个人自由以及个人偏好的满足，无法理解人们常常满足于哪怕一丁点帕累托改善，而不是遥远天边的基于假设模型而计算出来的那一片彩霞。最后，新政治经济学偏好基于既定概率的跨期最优决策的动态规划模型，这一方法论无法解决渐进式改革的强烈不确定性。

进入21世纪以来，随着中国经济建设的持续高歌猛进，理论界也在尝试给出一些理论设想。比如，罗兰（2003）本人就曾设想“演化制度主义的视角”（evolutionary institutionalist perspective）。他说“在分析转型过程中尚未用到的一个重要的分析方法是演化博弈论。从演化制度的视角来看，这一方法似乎是显而易见的，因为演化博弈论在均衡选择的分析方面特别有用”。鲍尔斯（Bowles，2006）提出了集体行动加动态演化的思路，他指出：“一个足够好的制度演化模型必须考虑共同演化的过程，其中群体层面的制度与个体层面的偏好统一在一个动态的系统性分析框架之下。”许成钢（2011）也根据其反思提出了一个政治经济学嫁接自然实验策略的思路。

然而，现有文献并未有效拓展上述可供选择的研究方法。总的来说，现有的理论困境主要表现为如何解释差异化的政治与经济群体在微观层面的动态博弈触发了宏观层面的制度演变。正如我将在下一部分所做的延伸分析，这一理论困境恰恰就是中国经济渐进改革的历史路径。

4. 从公共选择理论的视角思考中国经济改革

1978 年以来的中国经济改革历程可以用图 1 中的七种相互关系来描述。关系（1）指中央与地方政府之间的关系，这是比较政治学角度的中国政治研究所关注的核心问题之一。关系（3）是传统转型经济学所关注的国有企业计划经营模式，或者也可以加入集体经济模式的乡镇企业研究（Lin et al.，1993，2003）。关系（4）、关系（5）与关系（6）是钱颖一和罗兰（Qian and Roland，1998）等第二代财政联邦主义所提出的“市场维护型财政联邦主义”的思想，认为地方政府为了吸引更多私有性质的外来投资，必须获得更多资本来改善投资环境，这样就不得不硬化对低效率国有企业的预算约束，这等于是将地方政府看作以地方利益最大化为目标的竞争型企业，而地方政府之间的竞争推动了资源优化配置以及政府的高效运行。自布兰查德和施莱弗（Blanchard and Shleifer，2001）以来的新文献进一步拓展了第二代财政联邦主义理论的微观基础，在关系（4）、关系（5）和关系（6）的基础上增加关系（1）的相关研究，指出地方政府相互竞争的动机是地方官员可以凭借相对优秀的发展业绩而获得晋升的机会。

除了针对关系（1）的比较政治学研究外，其他主题的上述研究都可归类于新古典经济学的优化竞争理论，但其理论脉络的发展逐步注入了公共选择理论的思考。第二代财政联邦主义的思想根源是公共选择理论的代表人物之一布坎南和布伦南（Buchanan and Brennan，1980）合作提出的“财政宪法”（fiscal constitutionism）理论，即设定制度激励机制（可以是民主选举下的选民拥护，也可以是晋升体制下的绩效管理），引导理性的地方官员为了地方利益最大化而相互竞争资源与发展机会。而引入关系（1）之后，更是将政治与官僚体制引入分析，思考有效的政治控制如何引发一个以经济绩效为考量标准的官僚竞争市场。

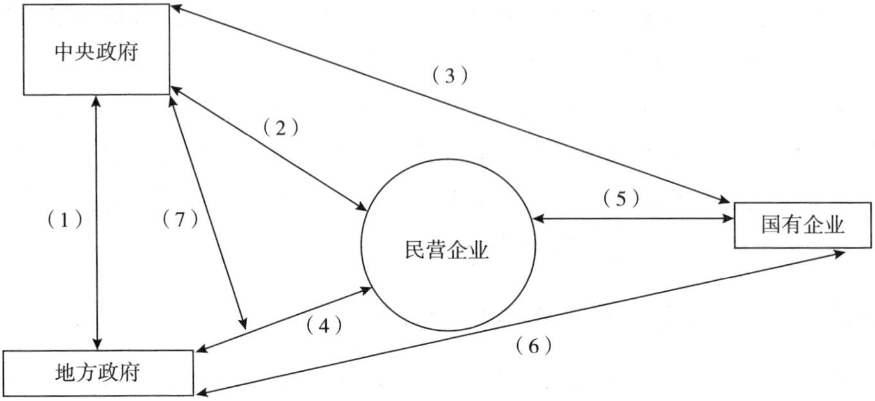

图 1　中国经济改革中的七种关系

至此我们可以发现，公共选择理论的三个核心假设已经在不经意中被广泛引入了关于中国经济改革的分析。第一“方法论上的个人主义”，政府不再是一个整体，不强调政府官员会协同一致，而是一种相互竞争出效率的机制。第二“政治人也是经济人”，官员被认为是以晋升为自利目标的经济人，甚至有腐败官员是以寻租腐败为自利目标。第三“基于共赢的政治契约”，第一层契约是中央政府与地方官员之间以经济绩效作为晋升考核主要标准的官僚奖惩，第二层契约是地方官员与民营企业之间以产权保护交换经济绩效的政企约定，由于每一层契约的约定都共同指向绩效，且中央政府具有可信任的执行能力，这样就形成了在体制转型中保证经济绩效的基于共赢的政治契约。

近年来，随着民营经济的日益崛起并占据 GDP 的大半壁江山，学术界的关注热点聚焦于民营经济在中国经济改革中的双面作用。如果说之前的文献更关注地方政府竞争对理性官员的晋升激励，或者说提高腐败行为的机会成本，那么近年来的文献更深入地思考理性官员的负面行为，如腐败、寻租与懒政。一方面如蔡洪滨和特雷斯曼（Cai and Treisman，2005）发现并不是所有官员都有机会或有动力追求晋升，于是他们可能利用职权谋求私利，自十八大以来的反腐斗争也证明了官员腐败是广泛存在的。另一方面民营经济逐步壮大，很多地方形成了如奥尔森（1982）所说的利益集团，特别是反腐的重灾区如基建行业。所以自费思曼（Fisman，2001）以来，涌现出大量以中国经济为背景的政治关联（political connections）与政企合谋研究，这一批理论和经验研究普遍从企业经营数据、企业家个人状况与官员的职业履历出发，寻找微观数据中的政经关联，这一文献喷涌的现象展现了从公共选择理论的视角来微观思考中国经济改革具有旺盛的理论生命力。

然而，现有文献还远远没有穷尽“中央政府、地方官员与民营企业”之间复杂的三角关系，更多的是在假设制度不变与跨期制度比较的框架下，讨论政治与经济行为人的微观行为。这就类似于前文所述的新政治经济学派的理论局限性，即在固定的策略集合（strategy set）之下，讨论理性行为人的互动博弈或最优选择。换言之，这部分文献运用了公共选择理论的核心假设与逻辑，但其分析工具仍然局限于新古典经济学范畴。因此，我们仍然需要更合适的分析工具来解释中国经济改革中的制度演化问题。

在进一步阐述未来的理论展望之前，我们可以更具体地辨析“中央政府、地方官员与民营企业”之间复杂的三角关系。关系（4）是双向的，既可以是政企合谋理论所关注的寻租合作关系，也可以是董志强、魏下海和笔者（Dong、Wei and Zhang，2016）强调的逼租关系，因为在政企关系中企业家始终处于弱者的位置。这一双向关系（4）会进一步引发关系（7），并再进一步促使中央政府通过关系（1）和关系（2）来进一步控制地方官员与规制民营企业。首先，大国治理中，中央政府必然将地方治理委托给地方官员（委托代理关系）；其实，暂时允许一定的腐败可能反而强化地方官员的经济发展动力，因为只有先把“饼”做大才能分到更多；再次，在民营经济尚不发达的阶段，法治与产权保护也不够健全，则不得不依赖地方官员以“分饼”的政治契约来帮助民营经济发展，这就是公共选择理论所说的“最优不可得，次优也凑合”，这也可以说是在许成钢（2001）的地方实验理论基础上进一步探求地方实验背后的复杂动机与激励；然后，当民营经济发展壮大之后，一方面有企业家精神（entrepreneurship）的企业家需要更可靠的产权与法治保护，另一方面政治关联企业可能成为经济进一步发展的阻力，所以关系（2）就会比关系（4）与关系（7）越来越重要，这也印证了十九大报告中首次显著强调的企业家精神与“亲”“清”新型政商关系。最后，关系（1）的内容也在不断发生变化，随着国家经济实力的不断壮大，改革进入下半场，社会重点从重发展数量即 GDP 转向重质量比如低碳经济，那么中央对于地方官员的考核标准也自然随之变化。

企业家精神对技术进步乃至生产率的根本性长期决定作用是经济增长理论的基本共识之一。改革开放近四十年来，民营企业从无到有再到半壁江山，其宪法地位也从不允许存在，到个体户，再一路抵达目前与公有经济的平等市场地位，经济大变革伴随着社会变革与制度演化。不断演化的三角政经关系、经济与制度共同演化的渐进过程这一公共选择理论视角有可能帮助我们回答中国经济改革的最根本问题——“改革从哪里来，往哪里去?”

5. 未来理论展望

正如笔者（2012）以及笔者和王媚（2017）所总结的中国经济改革的事实，也是回到诺思（1991）从世界历史中归纳出来的结论：“制度演化是群体博弈的偶然结果”，关于中国经济改革的进一步研究需要重点回答制度演化问题。基于普遍可观察的实践经验，理论展望可以考虑如下五个要素：

1. 微观博弈演化出宏观制度变化。制度作为社会契约，是社会参与者不断博弈然后相互妥协后产生的。对制度满意者会选择遵守，不满意者会寻求变化，微观层面的公共选择信息汇总后会对最终决策者提供阶段性概率信息，以决定下一步的制度变化方向。

2. 信息集的不确定性，而不是已知概率或动态规划。个人对现有制度与经济状况的主观感知各不相同，因此一项新的改革举措不可能事先获悉公众反应的准确概率，故而也无法做出相应的动态规划。我们不需要刻意假设已知概率而让基于期望效用的模型成为研究的最终目标（Blankart and Boester, 2006），而可以通过试错的方式依靠公众的行为选择来调整制度改革的方向。

3. 制度分析背景的不断变化。小弗里德曼（D. Friedman，2000）在《法律与秩序》一书中指出，物质生产足够丰富后才会对私有产权有强烈需求。菲律宾等国的历史案例提示我们，在法治不完善的情况下，保护私有产权会让强者们更加贪婪，而东欧各国的激进改革也告诉我们，在私人经济存量不足的情况下，快速推进私有化只会导致广泛的内部人控制。西方社会几百年民主化历程也说明，制度演化是不断融合又不断分裂的各利益群体之间缓慢达成社会契约的结果，其演化的方向也因国家而异。由此，我们需要从不断的社会变化中探寻公众对制度变化的适应与要求。

4. 追求均衡，还是防止失衡? 新古典经济学刻意追求模型的均衡解，而社会困境的均衡解可能恰恰是一个类似“公地困境”的社会失灵。更进一步说，在不断的社会变革中，原有社会背景下群体博弈形成的制度不再符合公众的普遍需求，比如物质生产丰富以后的产权需求，社会有可能因为公众纷争而陷入混乱失衡。所以，制度演化的目标常常是防止失衡，而不是寻找一个必然存在的假想的均衡解，这正如集体行动的社会困境中难以达成人人合作的社会最优解（social optimum）。

5. 政经摩擦。中国最大的经济问题是政治，我们可以运用公共选择理论所倡导的“经济学帝国主义”来剖析政治人物的行为、选择与博弈，思考不可避免的制度漏洞如何引导他们干预经济活动。中国最大的政治问题是经济，经济动荡必然带来社会不稳定，因此需要考虑作为理性人的官员的个人偏好集里包含什么样的经济变量及其权重。基于企业家精神的经济利益来源于个人自由，而政治本身就是基于社会不一致而相互妥协达成契约的集体自由，按照哈耶克（1973）的理论，集体自由与个人自由之间存在着固有的矛盾。因此，中国经济改革的研究绕不开政经摩擦这一要素。

以上五个基于中国国情的理论要素都可以在公共选择理论里找到相应的思想，我们可以像新政治经济学那样，将公共选择理论的核心假设与逻辑同新古典经济学方法相结合，重点分析既定制度下的个人行为。而在制度演化这一中国经济改革的根本问题上，我们也可以响应鲍尔斯、罗兰与许成钢等经典作者的理论假设，将公共选择理论和演化博弈论或行为经济学嫁接。对此，笔者近年来略有尝试。笔者（2012a，2012b）曾运用演化博弈论，分析政府官员和企业家之间的博弈关系如何在不同发展阶段依次引发不同类别的制度变化。笔者和王媚（2017）运用行为博弈论对此博弈机制给出另一种解释。笔者（2012c）还借助行为决策中的期望理论（prospect theory）解释不确定概率下的“摸着石头过河”机制，认为小范围地方实验的成功会产生确定性效应从而推动更大范围的诱致性制度变迁，而效果不确定的制度变迁只能采用自上而下的强制性制度变迁。最近笔者和董志强（Dong and Zhang，2016b）则在近代历史数据中寻找达成社会契约所必需的作为非正式规则的社会信任与社会资本。囿于篇幅所限，有兴趣的读者可以根据文后文献索引下载原文阅读，此处不再展开。

总而言之，公共选择理论基于个人理性的社会契约分析视角可以帮助我们厘清中国经济改革中的很多问题，汗牛充栋的浩瀚文献也证明了这一视角对中国问题的适用性。与此同时，现有文献仍然无法解释关于中国经济改革的若干理论困境，特别是最根本的制度演化路径问题，即“改革从哪里来，往哪里去?”公共选择理论对一问题提供了建设性的理论设想，但具体深入的学术研究依然有待未来开拓，希望本文能起到抛砖引玉的作用。

加入 WTO 与中国制造业企业绩效

罗伦·布兰德特　约翰内斯·范比塞布洛克　王璐航　张铁凡

自 20 世纪 90 年代至 2008 年全球金融危机，中国制造业经历了生产率的大幅提升（Brandt et al.，2012）。很多研究认为国际市场的拓展以及出口增长是驱动生产率提高的重要因素（Yu，2014；Khandelwal et al.，2013）①。然而，对外开放国内市场的改革对中国企业的影响却一直被忽略。当时的中国领导人，如朱镕基，在努力推动对主要制造业部门进行重组的过程中，基于当时国内的政治经济环境，均认为开放国内市场作为中国加入 WTO 的条件，会成为变革的重要催化剂②。

现有关于贸易自由化影响的文献多集中于对生产率影响的研究，仅有少数文献从成本加成的角度进行考察。一方面，成本加成的估计无需企业层面的价

---

*　Loren Brandt，多伦多大学经济系；Johannes Van Biesebroeck，比利时鲁汶大学经济系；王璐航，厦门大学国际经济与贸易系；张铁凡，香港中文大学经济系。作者感谢哥伦比亚大学、法兰克福大学、诺丁汉大学、普林斯顿大学、耶鲁大学、世界银行和苏黎世大学，以及其他研讨会与会者给予的中肯评论。特别感谢 Jan De Loecker 针对估计和识别问题给予的反馈。Brandt 感谢 SSHRC 的资助；Van Biesebroeck 感谢 ERC（资助编号 241127）和鲁汶大学的资助。王璐航感谢福建省自然科学基金的支持。原文见 *American Economic Review*，2017，107（9）：2784—2820。

①　di Giovanni et al.（2014）和 Autor et al.（2013）证明这些变化对全球福利的影响也十分重要。

②　比如，Branstertter and Lardy（2008）同样把竞争视为促进体制改革的一大动力来源。

格信息，这与企业层面的生产率估计不同。但另一方面，成本加成变化中既有效率提升的贡献，也包括了最终品和中间品市场均衡价格变化的影响，因而政策变化导致成本加成变化的作用机制更为复杂。成本加成定义为价格与边际成本之间的差异，我们可以把贸易引致的最终品价格的变化分解为成本加成的变化、中间品价格的变化和生产效率的变化。这三类变化分别对应于贸易自由化的三个福利提升效应。第一，进口关税的降低会加剧竞争，促使具有垄断地位的企业降低成本加成（Levinsohn，1993），从而增加消费者剩余，减少生产者剩余，同时减少资源配置扭曲。第二，中间品进口关税下降通过影响要素价格直接降低企业的边际成本（Tybout and Westbrook，1995）。第三，效率或生产率的提升也会使边际成本下降。在其他条件不变的情况下，以上三个机制均会降低最终品价格并提升消费者福利。而后两个机制在成本节约不完全转移给消费者的情况下，会增加成本加成。因此，贸易利得与成本加成之间并非单调关系，而是取决于具体的作用机制①。

本文使用中国制造业企业层面的数据，研究1998—2007年贸易自由化的影响。研究结果表明，不同行业表现的差异与关税削减密切相关。在观测不到企业层面最终品和中间品价格时，我们无法分别从企业层面的全要素生产率价值（Revenue TFP，TFPR）估计值中剔除成本加成进而得到生产率的估计值（Garcia et al.，2013），但是本文关注的并非绩效指标的水平值，而是生产率和成本加成与关税之间的协同变化。在估算生产率之前，我们使用细化的行业层面价格指数对变量的名义值进行平减，因此处理后的变量会包含企业特定价格与行业平均价格之间的偏差。如果在对关税的回归中，给企业观测值赋予的权重和构建行业价格指数时的权重一样，这些价格偏差与行业关税之间就不存在相关性。因此，当价格平减指数和关税削减在同一层面可被观测时，就可以分别估计贸易自由化对生产率和成本加成的行业平均影响。

本文估计了生产函数，并参照德勒克等人（De Loecker and Warzynski，2012）的方法来计算成本加成，生产函数的估计方法来自阿克博格等人（Ackerbeg et al.，2015）。在缺少企业特定价格信息的情况下，得到生产函数系数的一致性估计值需要假定无法观测的企业异质性是单一维度的（Ack-

① 尽管后面两个机制会增加成本加成，但增加的程度取决于以低价形式转移给消费者的部分，这也使成本加成与福利的分析变得更加复杂。

erbeg et al. ，2007）。在这种情况下，控制函数不仅吸收了企业不可观测的生产率差异带来的影响，还控制了内生的投入决策以及最终品或中间品价格可能造成的内生性问题（De Loecker et al. ，2016）。全要素生产率价值为生产函数的残差部分。

相对于现有文献，本文的第一个贡献是分别考察了最终品关税和中间品关税削减对企业成本加成的影响。阿米提等人（Amiti and Konings，2007）考察了两种关税各自对生产率的影响。本文增加了对成本加成影响的分析。我们发现中间品关税与成本加成有负向关系，这也反映了中间品关税对中间品价格的直接影响。另一方面，最终品关税则与成本加成之间存在正向关系，并且仅在使用企业权重时显著。这表明贸易自由化促使大企业压缩成本加成，而对整个样本的平均影响并不显著。由此需要注意的是，关税削减对企业成本加成的异质性影响同企业特定价格与行业价格指数之间的偏差的变化存在系统性关联，该偏差随着企业规模的扩大而减小，也就是说，对于调低成本加成的大企业，该偏差为负，而对于不调整成本加成的小企业，该偏差为正。因此，如果在生产率回归中对所有企业赋予同样的权重，最终品关税的系数将会被低估，由此贸易自由化引起的生产率增长效应会被高估。使用行业内企业权重可以纠正这一偏误。

本文的第二个贡献是通过比较贸易自由化对生产率和成本加成的影响，来分析贸易自由化效应的具体实现机制。我们关于中间品关税下降提升生产率的发现，与阿米提等人（2007）分析的印度尼西亚的情形类似①。进一步，假设生产函数为柯布—道格拉斯形式，外部因素对成本加成的影响可以分解成对全要素生产率的影响以及对最终品和中间品价格影响的净效应（De Loecker and Goldberg，2014）。本文发现中间品关税下降对生产率的影响大于对成本加成的影响（系数绝对值），这说明成本节约以低价形式转移给消费者的部分必定超过中间品关税下降引致的直接的中间品价格效应，因此部分成本节约一定来源于企业生产率的提升。

与前文提及的现有文献不同，我们发现最终品关税的削减也会提升生产

① 需要注意的是，对中间品价格的平均影响已经由对中间品价格平减指数的影响所解释，因此我们应该将对生产率的影响解释为效率效应。在单独的价格回归部分已经表明关税削减对国内的价格平减指数存在显著的影响，甚至超过了国内消费中进口的份额。

率，这表明竞争加剧促进了效率提升①。我们的实证结果表明，竞争使企业在产品市场面临价格下行的压力，因此效率提升压低成本带来的好处并未转化成企业的成本加成利得，而是转移给了消费者。这与关税对最终品价格的估计结果一致，且与生产率回归部分中最终品关税的系数大小相当，但符号相反。对于大企业，促进竞争效应和价格削减效应发挥主要作用，反映在成本加成回归中最终品关税的系数为正。

本文的第三个贡献是通过分解总效应以分析贸易自由化效应的具体实现机制。最终品关税削减对成本加成的促进竞争效应主要作用于在位企业，这些企业往往更有可能拥有一定的市场势力。中间品关税削减带来的效率提升则主要体现在新进入企业，因为新企业可以更灵活地调整生产要素组合并充分利用贸易自由化带来的新机会。本文也发现在位企业内部同样存在效率提升，但被在位企业之间的资源错配效应抵消，换言之，我们发现在开放程度更高的行业，拥有更高生产率的企业并未能获得更大的市场份额。

关于中国的一个独特发现是，在控制中间品关税的情况下，最终品关税对生产率的影响系数依旧显著为负。在对其他国家的分析中，贸易自由化带来的福利主要来自企业可获得更多、更低价的进口中间品。与此不同，在中国制造业企业的总投入中，进口中间品的比重几乎未发生变化②。在中国，贸易自由化的生产率效应主要作用于新进入企业和在位企业。对于在位企业，一个可能的解释是外部竞争加剧会激励企业更多地投资于效率提升（Raith，2003；Chen，2014），或者减少为提升效率而重组企业所面临的阻力（Schmitz，2005），进而影响企业内部的委托代理关系。对于私营企业，我们发现在更开放的行业企业退出市场的概率增加，企业破产的威胁为企业绩效的提升提供了直接激励。对于国有企业，由于其面临软预算约束，我们发现在企业经历了低迷增长之后，CEO 被替换的概率升高，由此反映出政府

① 当 Amiti and Konings（2007）在其生产率回归中同时引入最终品关税和中间品关税时，中间品关税系数约为最终品关税系数的 6 倍，且在将标准误聚类到行业—年份层面时，最终品关税的系数并不显著。在 Topalova and Khandelwal（2011）的研究中，当标准误聚类在企业层面时，最终品关税系数仅在 10% 的水平上显著。

② 中间品关税的降低会对上游行业产生很强的价格削减效应，即使对国内生产的中间投入品而言，也是如此。但是这一平均效应已通过（中间品）价格平减指数予以控制。这些福利包括并没有在价格中充分反映的更高质量的进口中间品，或者与生产形成互补关系的更多中间品种类（Halpern et al.，2015）。

监管实践的相应变化。此外，本文的另外一个发现是，在更开放的行业，新进入企业相对于在位企业有更高的生产率。在竞争加剧的形势下，新企业的进入选择机制变得更加严苛，因此成功进入的企业会拥有更高的生产率，这与西维尔森（Syverson，2004）的空间竞争模型机制以及康德沃尔等人（Khandelwal et al.，2013）将纺织品配额取消后的出口增长归功于新进入优质企业的作用机制一致。

在现有的相关文献中，本文的研究与德勒克等人（2016）的最为接近。两项研究都发现中间品关税与成本加成之间存在强烈的负相关关系，而最终品关税对成本加成的影响并不显著。与本文类似，德勒克等人（2016）强调贸易自由化引起的成本削减效应，包括中间品价格下降的直接效应和企业效率提升的间接效应，为企业提供了增加成本加成的激励。德勒克等人（2016）进一步利用企业层面的价格信息构建企业的边际成本。在控制边际成本的情况下，他们对纯粹竞争促进效应进行估计。他们对印度的估计结果与本文对中国的估计结果非常相似：最终品关税降低 1%，成本加成的对数值会减少 0.10—0.15。

另外两篇关于贸易自由化与成本加成的文献关注贸易自由化对资源错配以及成本加成离散度的影响。埃德蒙德等人（Edmond et al.，2015）基于寡头竞争的假设，通过比较在台湾地区实际观测到的均衡与模拟封闭经济时的均衡来计算贸易利得。他们发现在集中度较高的行业，贸易自由化的促进竞争效应能够通过减少资源错配增进福利，同时，竞争效应随着与贸易国之间部门生产率差异的缩小而增加。陆毅和余林徽（2015）发现在中国加入 WTO 之后成本加成的离散度缩小，其变化的主要来源是成本加成分布的右端高值部分降低了，这与本文的发现是一致的。

最后，本文与国际贸易中几支研究贸易自由化对总生产率影响的文献相关。通过对总效应进行分解，很多重要文献强调了低生产率企业退出（Eslava et al.，2013）以及市场份额从低生产率企业重新配置到高生产率企业（Pavcnik，2002）对总效率提升的贡献。阿尔克拉克斯等人（Arkolakis et al.，2012）用来评估贸易利得的理论框架中并未引入企业内部生产率提升的机制；而本文的估计表明，这一机制对中国十分重要。此外，在研究处于转型时期的经济体时，贸易和产业政策的互补性是一个重要议题（Murphy et al.，1992）。本文的实证发现提供了贸易自由化与企业放松进入或国有企业改革之间存在互补性的微观证据①。

本文剩余部分安排如下：第一部分讨论中国试图在国内市场引入国际竞争的政策演变过程；第二部分为本文的分析提供了一个概念框架，并讨论相关估计问题；第三部分是数据说明；第四部分实证分析关税削减对成本加成和生产率的影响；第五部分讨论影响机制；第六部分为全文结论。

一、国际竞争的加剧

（一）政策背景

20 世纪 70 年代末，中国开始着手经济体制改革，而对外开放则是经济体制改革初期不可或缺的一部分。中国在 1980 年设立了 4 个经济特区，并于 1984 年在 14 个沿海城市建立了第一批国家级经济技术开发区，以吸引外商直接投资（FDI）的进入，并通过引入外国资本、管理经验与先进技术促进国内制造业出口部门的发展。而在这些经济特区或经济技术开发区之外的区域，则通过允许进口、新技术进口许可以及资本品进口等政策推进国内企业的现代化。与此同时，在 2001 年底正式加入 WTO 之前，中国单方面削减关税与非关税壁垒，并开放直接贸易权给更多的企业。

事实上，在中国加入 WTO 之前，国内制造业在一些方面已经处于一个相对开放的水平。第一，作为鼓励外商直接投资政策的一部分，中国免除了大部分外资企业加工出口所涉及的原材料、中间投入品和资本设备的进口关税。在 20 世纪 90 年代末，进口关税的免除范围甚至扩展到特定类别的国内企业。拉迪等人（Branstetter and Lardy，2008）指出，在 2000 年仅有不到 40% 的产品仍需支付进口关税。第二，20 世纪 90 年代初期，中国开始降低国内的进口关税，从 1992 年的 43.2%（HS 8 位数层面②的未加权关税）至 2001 年的 15.3%。与此同时，受非关税壁垒限制（进口许可或配额）的进口品比重也在减少（Branstetter and Lardy，2008，第 635 页）。这一过程作为中国加入

① 通过使用跨国数据进行回归，Freund and Bolaky（2008）在总体层面也发现了贸易自由化与放松企业进入管制之间存在相似的关系。

② HS 编码，又称海关编码，是编码协调制度的简称，其全称为《商品名称及编码协调制度的国际公约》，由世界海关组织主持制定的一套供海关、统计、进出口管理及国际贸易相关各方共同使用的商品分类编码体系。——编者注

WTO 谈判的一部分继续进行，但与之前不同的是，部分关税的削减并非自愿。

中国的对外开放与国内的经济体制改革相辅相成。在大批国有企业、集体企业被允许破产或出售的同时，私营企业的进入管制也得到极大的放松①。私营企业劳动力的雇佣人数不断增加，2007 年约占整个制造业部门全部雇佣人数的 1/3（Brandt et al.，2012）。大范围的改革对经济增长发挥了催化作用，自改革开始后，人均 GDP 年均增速达到了 8%。

（二）贸易自由化程度的量化

本文使用的进口关税数据来自世界银行 WITS 数据库，由于编码不一致，我们需将 HS 8 位数产品关税数据对应到中国国民经济行业分类（CIC）4 位数层面，以获得企业和行业层面分析所需的最终品关税②。考虑到受保护程度高的产品进口量更低，为了避免可能出现的偏误，我们对 4 位数行业分类下对应的产品关税求简单平均值以获取最终品关税。中间品关税为最终品关税的加权平均值，权重来自 2002 年的投入产出表。由于中国投入产出表的行业加总程度更高，中间品关税仅在 3 位数层面有效。鉴于中国的国民经济行业分类和 HS 编码分别在 2003 年和 2002 年发生了变化，我们重新构建了统一的行业代码进行调整，以使 1994—2007 年的行业层面关税水平具有可比性。

图 1 列出了 1992—2007 年中国进口关税的变化水平，从中可以发现：第一，进口关税间发性骤减，在 1994—1997 年间关税大范围急剧减少，中国加入 WTO 之后，即 2002 年，大范围的关税骤减态势再次呈现，而在其余年份，进口关税的削减则更缓慢且行业间差异程度更大；第二，最终品关税的平均水平显著高于中间品关税，这也反映了最终品与原材料、中间投入品和资本品等在进口关税上的差异；第三，在样本期末，最终品关税的中位数仅为 7.5%，远低于其他与中国同等收入水平的国家，此外，中间品关税与最终品关税的中位数差异也缩小到两个百分点以内。

---

① 比如，1999 年宪法修正案改善了私营企业的政治环境，在 2004 年的修正案中则为私有产权提供了更好的保障。

② 我们将 HS 与 CIC 匹配表扩展到制造业产品和行业，并对其中的几个错误进行了纠正。而 2002 年 HS 代码的调整（影响了近 10% 的产品）和 CIC 行业代码在 2003 年的调整则需要多个对照表。

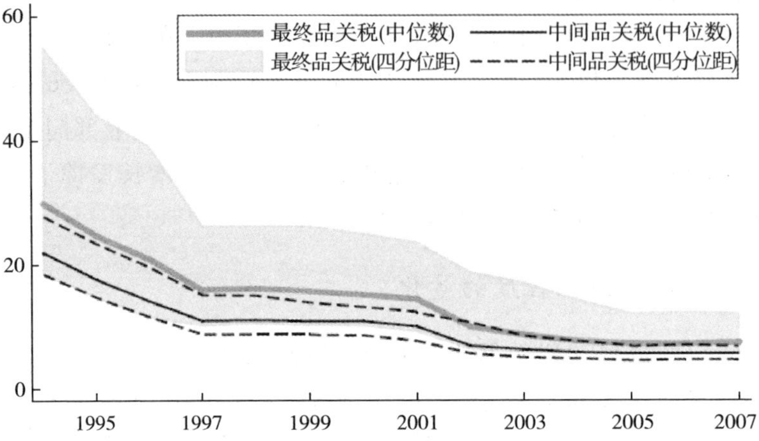

图 1　每个部门中间品和最终品的进口关税演变

注：最终品关税由 CIC 4 位数行业对应的 HS 8 位数产品关税求简单平均值而得。基于 2002 年的投入产出表对最终品关税进行加权平均，得到 CIC 3 位数层面的中间品关税。实线表示的是不同行业关税的中位数，阴影区域（最终品关税）和虚线区域（中间品关税）表示的是不同行业关税水平的四分位距。

在研究贸易自由化对企业成本加成和生产率的影响时，如果只关注进口关税的平均水平，就会忽略行业间或行业内部关税变化的差异。因此，本文进一步分析行业间关税削减程度的差异。图 1 中的阴影区域和虚线区域分别表示行业间最终品关税和中间品关税的四分位距。从图中可以发现，行业间的关税水平在样本期初差异很大，但随着时间的推移逐渐降低到统一的水平：对于最终品关税，四分位距由 1994 年的 18%—55% 缩小至 2007 年的 6%—12%。因此，不同行业的贸易自由化程度存在很大的不同。

非关税壁垒（NTBs）和外商投资管制也是贸易自由化政策的重要组成部分。商务部（原对外经济贸易合作部）的年度公报中提供了进出口许可证和外商直接投资管制①的相关信息。在限制类行业，外国企业需要采取和中国国内企业共同经营的形式方可进入，而禁止类行业则完全禁止外商投资。图 2 描述了至少存在一个 8 位数产品受到外商直接投资管制的行业占比，该数目从

① 中国政府在 1995 年颁布了第一部《外商投资指导目录》，后分别经历了 1997 年、2002 年、2004 年、2007 年、2011 年和 2014 年等多次修订调整。《外商投资指导目录》将外商投资项目分为鼓励、允许、限制和禁止四类。

1995 年的 87 个（全部 424 个 4 位数行业）下降至 2007 年的 47 个，其中 2001 年末中国加入 WTO 是一个突变时点。相对于限制类措施的大幅下降，禁止类行业的比重下降则更缓慢，截至 2007 年仍有近 20% 的行业存在禁止进入的管制。此外，需要进口许可证的行业也出现下降，虽然从 1997 年的 15.3% 上升至 2000 年的 22.6%，但在 2007 年又降低至仅 1.2% 的水平。

进口关税能够为贸易开放度提供最为精确和详细的信息，因此，本文在后续的研究中使用进口关税作为核心解释变量。图 2 中的三个指标均表明，贸易自由化水平在 1995—2007 年显著提升。利用截面数据进行分析可以发现，在 1997 年，以上三种不同的贸易保护措施之间呈现很强的正相关性；而在 2007 年，关税与外商直接投资管制和非关税壁垒之间的相关性则不显著。这也进一步说明，截至 2007 年，各行业的关税基本下降至一个统一的低水平，并且非关税壁垒的重要性也在不断削弱。

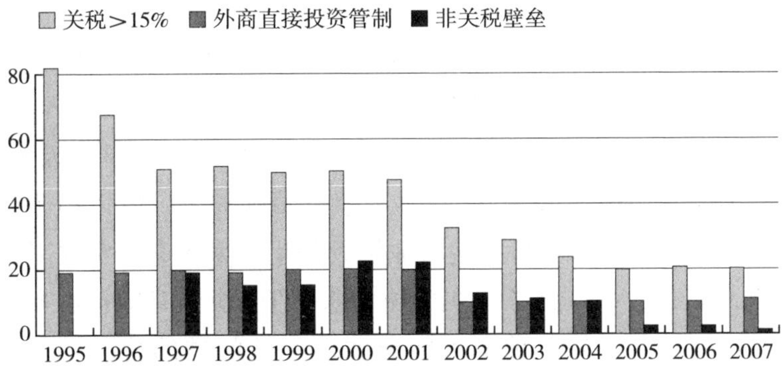

图 2　制造业部门中有高关税、非关税壁垒和外商直接投资管制的行业占比

注：年度统计量为制造业部门中 424 个 CIC 4 位数行业虚拟变量加总的平均值。关税率来自 WITS，外商直接投资管制和非关税壁垒数据源于商务部的年度通告。

（三）关税的内生性

使用关税研究贸易自由化的影响时可能会存在两个问题。第一，反向因果，即关税和生产率之间的负相关可能不是因为关税的降低促进生产率的提升，而是政策制定者在降低关税时优先考虑了更有能力与低价进口品相竞争的行业，比如生产率增速快的行业。第二，错误归因，即与关税削减相关的行业特征同时直接促进生产率提升。

基于下述原因，我们认为反向因果对本文关注的问题不会造成严重影响。首先，截至2007年，各行业间关税差异很小，这说明在降低关税的问题上，几乎不存在政策干预的空间。在图1中，样本期末最终品关税的四分位距仅为6%—12%，而中间品关税则差距更小，仅为5%—7%。平均进口关税从1992年的44%下降至2007年的10%，与此同时，行业间关税的标准差也由28%降至7%。此外，样本期第一年和最后一年关税水平的相关性为0.7，说明2007年的行业相对保护程度可以很好地由1992年的初始保护水平解释。

图3更直观地描述了这一趋势，横轴表示1992年的初始进口关税水平，纵轴为1992—2007年的关税变化。1992年各行业的关税水平差异很大，其中有9个行业超过100%。而到了2007年仅有1个行业关税水平超过40%，9个超过25%。图3中初始关税水平与之后关税削减幅度的相关关系拟合线的斜率接近-1，表明二者几乎是一一对应的关系。

图3下图中，横轴表示2001年各行业的关税水平，纵轴表示2001年与2007年的关税之差。从图中可以发现，关税削减程度在中国加入WTO之后呈现更大的行业差异，由此可能存在政策内生性问题。但是，因为2001年之后的关税削减在中国加入WTO的协定中已明确规定，所以内生性问题只是在预期意义上存在，即如果某些行业强劲的生产率提高趋势是其关税迅速削减的原因，那么这一趋势必须在中国加入WTO谈判时即被准确预期，才会导致内生性问题。另外一种更可能导致内生性问题的情况是，实际税率偏离协定税率，且偏离的程度取决于行业表现。在图3下图中，我们观察到关税削减存在行业差异，为了排除第二种形式的政策内生性问题，本文使用中国加入WTO的协定税率（基本确定于1999年）作为2001年之后实际执行税率的工具变量①。表1第（5）列报告了2002—2007年的第一阶段的回归结果，结果表明，入世协定书中确定的税率上限对实际税率具有很好的预测力，其中系数小于1表明关税削减的实施早于入世协定正式执行时间。

① 工具变量并未能解决在加入WTO的谈判时，政策制定者对未来行业表现的正确预期所产生的内生性问题。然而，行业固定效应的控制、谈判时间与样本时期的差距以及在中国经济高速增长背景下行业未来表现的不确定性等因素都使得这仅是一个次要问题。

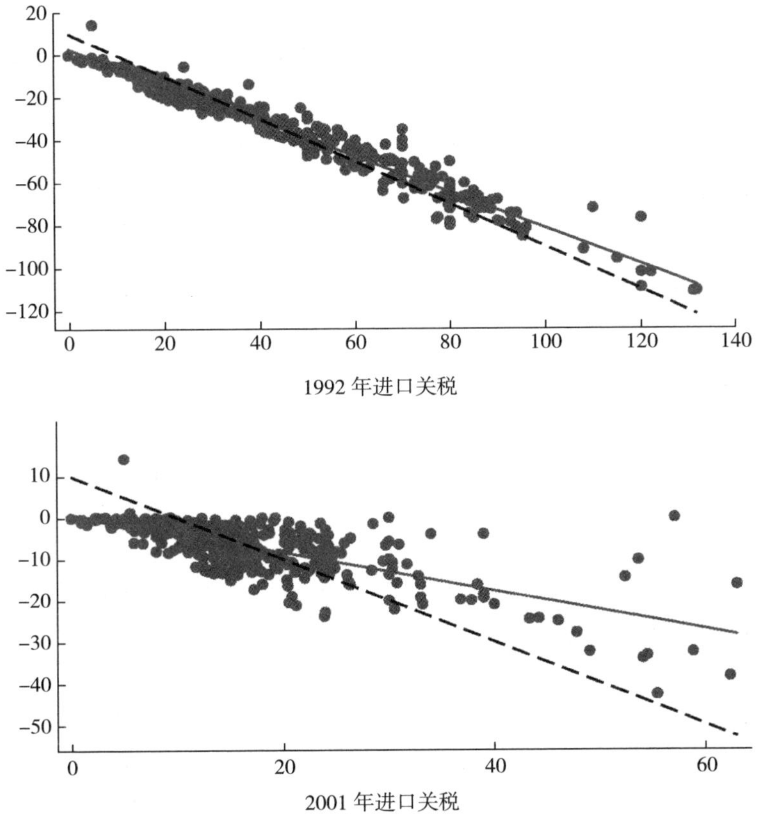

图 3　不同初始进口关税行业的关税变化

注：观测值为制造业部门中不同的 CIC 4 位数行业。实线为关税变化对初始关税的回归拟合线（1992—2007 年的斜率为 -0.84，2001—2007 年的斜率为 -0.46）；虚线的斜率为 -1（用于比较）。

表 1　关税保护变化的决定因素

	1998—2007 年的关税变化 ($\tau_{2007}-\tau_{1998}$)				2002—2007 年的关税水平
	(1)	(2)	(3)	(4)	(5)
TFP_{1998}	-0.428		-0.852	-0.467	
	(0.293)		(0.448)	(0.499)	
$TFP_{1998}-TFP_{1995}$		0.371	0.822	0.335	
		(0.302)	(0.450)	(0.532)	
$TFP_{1998}\times$			0.005	-0.019	
$(TFP_{1998}-TFP_{1995})$			(0.111)	(0.127)	

（续表）

	1998—2007 年的关税变化 ($\tau_{2007}-\tau_{1998}$)				2002—2007 年的关税水平
	(1)	(2)	(3)	(4)	(5)
$EXP_{1998}-EXP_{1995}$				0.249 (0.822)	
$EXP_{2007}-EXP_{1998}$				0.001 (0.026)	
产品类型（BEC）					
中间品（虚拟变量）				0.043 (0.032)	
资本品（虚拟变量）				0.017 (0.033)	
消费品（虚拟变量）				0.007 (0.031)	
美国的行业特征变量					
差异化产品（Rauch 虚拟变量）				-0.008 (0.012)	
销售支出密集度				0.053 (0.021)	
研发支出密集度				-0.497 (0.395)	
广告支出密集度				-0.315 (0.193)	
中国的行业特征变量					
行业前 4 家企业的市场份额				-0.016 (0.023)	
劳动力（对数）				-0.837 (0.343)	-0.003 (0.001)
资本产出比（对数）				0.925 (0.0963)	
2 位数行业销售额中国有企业占比				-0.011 (0.019)	0.004 (0.002)

（续表）

	1998—2007 年的关税变化 ($\tau_{2007}-\tau_{1998}$)				2002—2007 年的关税水平
	(1)	(2)	(3)	(4)	(5)
初等教育比例				0.133 (0.099)	
最高关税水平					0.524 (0.018)
2 位数行业的固定效应	是		是	是	
4 位数行业的固定效应					是
R^2	0.35	0.01	0.41	0.49	0.98
观测值	410	410	410	370	2484

注：第（4）列以及后文中企业层面的回归均进一步控制了年份固定效应以及相关控制变量（2位数行业产出、出口以及外资企业份额）。括号内为标准误。

为了更好地研究行业间贸易自由化程度差异是否与行业过去的表现相关，本文采用与康德沃尔等人（Topalova and Khandelwal，2011）相似的做法，将1998—2007 年的关税变化对初始生产率进行回归。因为本文的生产率估计分别在每个 2 位数行业内进行，从而生产率水平的比较也仅在同一个 2 位数行业内有效。我们通过两种方法来解决这一问题：第一，在使用 1998 年的初始生产率水平进行回归时，控制 2 位数行业层面的固定效应，从而生产率水平的比较仅在同一 2 位数行业分类下的所有 4 位数行业之间进行；第二，我们使用1995—1998 年的生产率增长，进一步探究 1998 年之前同一 2 位数行业分类下的所有 4 位数行业的生产率变化趋势。

基本回归结果如表 1 的第（1）列和第（2）列所示，从中可以发现，两种方式衡量的初始生产率均与之后的关税变化不相关。仅在第（3）列同时引入两个变量时，回归系数才具有统计显著性，但系数符号相反且大小相当（我们报告的是对变量进行标准化处理之后的标准化回归系数）。这表明，生产率更高的企业接受了更大程度的关税削减，而在 1998 年之前经历生产率快速增长的行业关税削减程度更小。第二个发现与中国通过加入 WTO 来加速改革国内制造业落后部门的目标一致，即生产率增长滞后的部门经历了更大幅度的关税削减，这与存在反向因果关系情况下的相关性符号相反。

在第（4）列中加入其他控制变量之后，关税削减与初始生产率之间的相关性完全消失。加入的控制变量包括：企业滞后期及当期的出口表现、标示产品类型的虚拟变量（中间投入品、资本品和消费品），以及一系列对 1998 年关税水平具有预测力的美国和中国的行业特征变量。前文指出，与关税削减相关的行业特征可能同时促进生产率提升，比如出口，中国在加入 WTO 之后出口量激增，而更好的出口表现会促进行业生产率的提升。但是在第（4）列的回归结果中，我们并没有发现出口增长与关税削减之间存在相关性，并且仅有少数几个行业特征变量与关税变化相关。在之后的绩效回归分析中，本文将控制 4 位数行业层面的固定效应、就业率以及国有企业和外资企业份额。

二、实证分析框架

（一）计量模型

为了考察关税削减的影响，本文借鉴帕维克尼克（Pavcnik，2002）的两步法：第一步构建衡量企业绩效的变量 y_{it}，比如生产率和成本加成；第二步估计了如下模型：

$$
\begin{aligned}
y_{it} = {} & \alpha_0 \text{ output tariff}_{st-1} + \alpha_I \text{ input tariff}_{st-1} \\
& + Z_{st}\gamma + \gamma_t + \gamma_i + \gamma_s + \varepsilon_{it} \qquad (1)
\end{aligned}
$$

其中，$\text{outputtariff}_{st-1}$ 和 $\text{inputtariff}_{st-1}$ 分别表示滞后一期的行业最终品关税和中间品关税，用来衡量行业的贸易自由化水平，这是本文的核心解释变量。Z_{st} 表示随时间变化的行业层面控制变量集合，γ_t 、γ_i 分别表示年份、企业层面固定效应。在少数情况下，当样本中包含了转换行业的企业时，我们还引入行业固定效应 γ_i 。正如前文所讨论，对于 2002 年中国加入 WTO 之后的实际进口关税水平，我们使用入世协定中确定的税率上限作为工具变量。

因为控制了企业层面固定效应，本文关注的系数 α_0 和 α_I 的识别来自行业 s 内所有企业y_{it} 的平均增长率与行业最终品关税或中间品关税变化之间的相关性。年份固定效应控制了全部制造业部门和进口关税的平均变化趋势。此外，本文还进一步控制 2 位数行业与年份交叉项固定效应作为稳健性检验，在这种情况下，系数的识别仅来自同一 2 位数分类下的 4 位数行业间的变动。在最后一部分的回归中，因为要研究新进入企业在生产率分布中的相对位置，我们不再控制企业层面固定效应。

在使用(1)式进行行业层面的研究时，即当因变量分别为行业价格指数、行业平均成本加成或生产率增长的分解项时，我们均不控制企业层面固定效应。本文将样本期分为两段，分别对行业的平均成本加成或生产率增长进行分解，然后将两期样本叠加，从而可以控制行业层面固定效应，此时，系数的识别仍然来自行业内部关税变化与因变量增长率之间的相关性。最后，我们还使用与(1)式一样的模型设定，引入产品固定效应来分析关税变化对产品进口量的影响。

企业层面的回归均使用双向聚类稳健标准误，具体的聚类方式为：(1)行业—年份层面：因为核心解释变量仅在行业—年份层面发生变化；(2)企业层面：以控制因变量潜在的序列相关问题。

(二) 成本加成

为了研究贸易自由化对成本加成的影响，本文借鉴德勒克等人（De Loecker and Warzynski，2012）的方法来估计成本加成：

$$\mu_{it} = (\frac{P^Q}{MC})_{it} = \frac{\beta_m}{s_{it}^M}，其中\ s_{it}^M = \frac{\exp(m_{it}^n)}{\exp(r_{it} - \widehat{\epsilon}_{it})} \tag{2}$$

成本加成可以表示为可变投入要素的产出弹性 β_m 与该要素相应的支出份额 s_{it}^M（使用名义变量 r_{it} 和 m_{it}^n）之比。该方法的优势在于对企业成本加成的估计不依赖于任何对市场结构和需求曲线的假设。鉴于企业对原材料和中间投入的调整比资本和劳动力更加灵活，同时尽可能避免测量误差的问题，本文使用原材料和中间投入作为可变投入要素来计算企业的成本加成。

直观来看，(2)式可以提供如下信息；在其他投入固定时，边际产出会随着原材料投入的增加而递减。在完全竞争的情况下，企业面临一个给定的产出价格，并在原材料投入的边际产出价值等于原材料价格时实现成本最小化，此时要素投入的产出弹性等于其在支出中所占份额，从而(2)式中的比值等于1。而如果产出弹性大于支出份额，则说明企业决定不增加原材料投入以充分利用其边际生产力。相反，企业利用其市场势力提升最终品价格，从而企业的产量与投入购买量均比市场完全竞争时低。

基于柯布—道格拉斯生产函数，(2)式中的分子 β_m 即为原材料投入在生产函数中对应的系数。如果使用 $\ln(u_{it})$ 作为因变量，则分子部分 $\ln(\beta_m)$ 会被行业或者企业层面固定效应吸收，余下部分可简化为 $-\ln(s_{it}^M)$。但是在计算成本加成时，为了得到经企业不可观测的生产率冲击 $\widehat{\epsilon_{it}}$ 调整后的要素支出份额，我们仍然需要对生产函数进行估计，从第一阶段获得 $\widehat{\epsilon_{it}}$［具体可参见(3)式］。由于估计方法的限制，本文无法计算样本期间第一年的成本加成。在函数形式设定更灵活的情形下，成本加成的对数形式 $\ln(u_{it})$ 还取决于企业特定的产出弹性 $\ln(\beta_{mi})$，但是样本期间产出弹性的均值部分可以被企业层面固定效应所吸收，无法控制的仅仅是可能与贸易自由化相关的企业特定产出弹性 $\ln(\beta_{mit}/\bar{\beta}_{mi})$ 的变化。

（三）生产率

本文的第二个因变量是全要素生产率价值（TFPR），通过对每个 2 位数行业的生产函数进行估计求残差而得。对于产出和原材料投入的名义值，我们使用行业层面的价格指数进行平减。正如前文所述，假设柯布—道格拉斯式的实物生产函数：

$$q_{it} = \beta_k k_{it} + \beta_l l_{it} + \beta_m m_{it} + \omega_{it} + \epsilon_{it}$$

在缺少企业最终品和中间投入品价格指数的情况下，本文对名义变量进行平减，生产函数可以重新表示为：

$$\tilde{r}_{it} = \beta_k \tilde{k}_{it} + \beta_l l_{it} + \beta_m \tilde{m}_{it} + (p_{it}^Q - \bar{p}_t^Q) - \beta_m (p_{it}^M - \bar{p}_t^M) + \omega_{it} + \epsilon_{it} \qquad (3)$$

平减后的产值 $\tilde{r}_{it}$ 等于 $q_{it} + p_{it}^Q - \bar{p}_{it}^Q$，原材料 $\tilde{m}_{it}$ 的表达与之类似，$\tilde{k}_{it}$ 是使用资本平减指数平减过后的实际资本①，l_{it} 为劳动力人数。

(3)式中 ω_{it} 为生产率冲击中可被企业观测的部分，会影响企业当期的要素投入选择，ϵ_{it} 为真正的残差项，其中包括企业不可观测的生产率冲击和测量误差。由于 ω_{it} 可以被企业观测到并影响当期要素选择，(3)式的估计结果就会出现偏误。本文参照德勒克等人（De Loecker and Warzynski，2012）的广义矩方法（GMM），利用中间品投入需求的反函数来构造作为不可观测生产率代理变量的控制函数。考虑到生产率冲击中可能包括一些长期因素，我们使用中间品投入的滞后项作为工具变量以保证排他性。此外，如德勒克（2013）主张的那样，本文明确地将重要的政策变量同时放进生产率演变函数，由此关税

① 在对资本变量进行平减时，如果认为企业层面的差异也很重要，则会生成一个新的价格偏差项。

变量也出现在控制函数中。这一拓展对于获得合理的生产函数估计至关重要，因为企业的中间投入（或者投资）需求也会受到贸易自由化政策的影响。

需要注意的是，使用名义变量会导致(3)式的误差项中包含企业特定的价格偏差，这些价格偏差也会导致内生性问题。德勒克（2011）通过引入特定形式的需求函数，陆毅和余林徽（2015）借助额外的数据，来克服缺少最终品价格信息的问题。投入要素价格的相关问题更为复杂。首先，全部要素投入品的价格信息获取难度很大；第二，即使全部要素投入品的价格信息可获得，在构建企业要素价格指数时还需要各个企业的要素投入比例信息。除此之外，德勒克等人（De Loecker and Goldberg，2014）指出，对于多产品企业而言，各种产品的产出比例信息也需要能观测到。当中间品投入支出仅在企业层面可被观测时，生产函数的估计也只有在所有产品均使用相同生产技术时才有可能实现。

以下三个因素将减弱缺少企业特定价格指数这一问题的严重性。第一，本文使用的4位数行业层面的细化价格指数，已经能够很好地控制行业内部所有企业的共同价格变动趋势。我们的估计结果显示行业价格指数对关税变化极为敏感，4位数行业层面的价格指数能够完全控制此类价格变化。第二，企业特定价格与行业中间品或最终品价格指数之间的偏差在(3)式中表现为相反的符号（分别为$p_{it}^{M}-\bar{p}_{t}^{M}$与$p_{it}^{Q}-\bar{p}_{t}^{Q}$两项），支付更高中间品价格的企业往往也会索取更高的最终品价格，这两项在一定程度上会相互抵消。因此，在缺少中间品价格的情况下，对二者均不予控制也许能更好地避免偏误（De Loecker and Goldberg，2014）。第三，如果企业的价格差异与决定企业要素投入的生产率差异之间存在单调关系，我们构造的生产率代理控制函数也可以同时控制价格差异的影响，由此生产函数的估计仍旧是一致的，德勒克等人（De Loecker et al.，2016）对此有详细讨论。从根本上说，这等同于假定不可观测的企业差异是单一维度的。

企业层面对变量名义值平减后的生产率增长，即(3)式中的残差项，可以表示为：

$$\Delta TFPR_{it}=\Delta\omega_{it}+\Delta\epsilon_{it}+(\Delta p_{it}^{Q}-\Delta\bar{p}_{t}^{Q})-\beta_{m}(\Delta p_{it}^{M}-\Delta\bar{p}_{t}^{M}) \qquad (4)$$

如果在回归中使用与构建行业价格指数时一样的权重，那么$\Delta TFPR_{it}$仅与行业层面的变量相关，即行业层面的最终品或中间品关税只会通过(4)式右边第一项影响$\Delta TFPR_{it}$。这是因为右边最后两个价格偏差项的行业加权平均值恒为0，与包括关税在内的任何行业层面的变量均不相关。因此，本文可以有效分离并识别关税削减对生产率和成本加成的不同影响①。所以，尽管我们不能识别企业层面的效率水平，但仍然可以将行业层面关税变化对全要素生产率价值的影响解释为效率效应。

（四）成本加成与生产率效应之间的关系

同样，成本加成的变化可以表示为：

$$\Delta \ln u_{it} = \Delta p_{it}^{Q} - \Delta MC(\Delta \overset{-}{\omega}_{it}, \Delta \overset{+}{p}{}_{it}^{W}, \Delta q_{it}) \tag{5}$$

其中 Δp_{it}^{W} 为表示所有投入要素价格变化的向量。如果生产函数是规模报酬不变的柯布—道格拉斯形式，且所有的要素投入在短期内可变，那么(5)式可以简化为 $\Delta \omega_{it} + \Delta p_{it}^{Q} - \beta^{W} \Delta p_{it}^{W}$，最后一项为所有投入要素价格变化的线性组合，$\beta^{W}$ 对应生产函数中各投入要素所占比重。

最终品和中间品价格对关税变化的不同反应是导致关税对生产率和成本加成产生不同影响的主要原因。中间品关税的削减会降低企业的投入成本，从而在其他条件不变的情况下，提升企业的成本加成。如果企业降低产品价格，那么一部分成本节约可以转移至消费者；只要产品价格的降低幅度小于边际成本的节约，企业的成本加成就会增加。同理，在关税变化导致企业生产率提升的情况下，如果企业将一部分成本节约以降低最终品价格的形式转移给消费者，那么关税变化对成本加成的影响就会小于对生产率的影响。

(5)式表明，通过减去关税对最终品和中间品价格的影响差异，我们可以从关税变化引致的成本加成总效应中分离出效率效应，本文也将使用这一方法来检验关税变化对生产率的估计效应。但是在实际应用中，诸多测量问题都会影响这一效应分离的准确度。第一，行业最终品价格指数需要能够正确反映样本中所有企业的最终品平均价格，因为关税削减而导致的企业样本构成的变化需要及时反映在行业价格指数中。第二，中间品价格指数需要能够反映一个行业平均水平的企业所面临的整个投入要素集价格，而同一行业中不同企业的要

① De Loecker and Goldberg（2014）证明(4)式关系依然成立。本文在不同行业间的比较与Garcia et al.（2013）形成对比，在他们的研究中，比较的是出口商与非出口商，Δ表示的是两种类型企业之间的差异。此外，他们进一步假设所有企业面临一样的中间品价格，因此企业间全要素生产率价值和成本加成的差异是一致的。

素投入情况存在差异，这使得基于投入产出表计算的行业中间品价格指数仅在行业的平均层面上有意义。第三，成本加成、生产率以及中间品价格之间的线性关系仅适用于柯布—道格拉斯形式的生产函数。第四，如果存在短期不可调整的投入要素，则企业产量的变化会影响其边际成本，也会导致生产率和成本加成之间产生差异。

（五）加总与分解

为了量化关税削减的资源再配置效应，我们将关税削减引致的行业生产率和成本加成的平均变化分解为企业内和企业间部分。本文首先参照霍尔蒂万格（Haltiwanger，1997）的方法，使用行业 s 在 t 年与 $t-k$ 年之间的平均值 y_{st-k} 对企业 t 期的 y_i 进行标准化处理；然后，参照格瑞林格等人（Griliches and Regev，1995）的方法，对于持续存在的企业，以年份平均的形式（企业市场份额 $\bar{s}_i$ 和表示企业生产率或成本加成的 $\bar{y}_i$）赋予企业一定的权重。这等同于将在位企业市场份额和内部生产率变化的交叉项，即 $\Delta s_{it}\Delta y_{it}$，均等分配至在位企业内和在位企业间两项。具体分解如下式所示：

$$\Delta y_{st} = \sum_{i\in C}(\underbrace{\bar{s}_i\Delta y_{it}} + \underbrace{\Delta s_{it}[\bar{y}_i - y_{st-k}]}) + \sum_{i\in E} s_{it}[y_{it} - y_{st-k}] - \sum_{i\in X} s_{it-k}[y_{it-k} - y_{st-k}] \quad (6)$$

其中，C、E 和 X 分别表示行业 s 内的在位企业样本、新进入企业样本和退出企业样本。

(6)式精确地分解了由企业层面 y_{it} 加权平均计算得出的行业生产率和成本加成的总增长 Δy_{st}。本文的关注点并非(6)式各项的绝对值大小，而是通过将(6)式中的每一项作为因变量单独进行回归后得到的各自与关税变化的相关性。第一项衡量的是企业内部的增长，结果应该与企业样本的回归类似。第二项衡量企业间的资源配置，如果贸易自由化有利于高于平均水平 y_{it}（$TFPR_{it}$ 或 $\ln u_{it}$）的企业获得更多市场份额，则企业间的资源配置会促进行业总生产率的提高或成本加成的增加。第三项对应新进入企业的贡献，在更开放的行业，只有当新进入企业相对于在位企业拥有更高的 y_{it} 时，新进入企业才会提升行业生产率和成本加成的总增长。第四项衡量的是退出企业的贡献，如果贸易自由化迫使低生产率或低成本加成企业退出市场，行业生产率和成本加成的总增长才会更大。

三、数据

本文数据主要来源于1998—2007年中国工业企业数据库，该数据库涵盖了所有国有企业与规模以上（年销售额高于500万元）的非国有企业。中国工业企业数据库由国家统计局建立，它的数据主要来自样本企业提交给当地统计局的年报汇总。布兰德特等人（Brandt et al.，2014）对该数据库进行了详细的讨论。对所有样本企业的从业人数、主营业务收入、总资产和出口交货值等变量进行加总，与《中国统计年鉴》中公布的年度数据基本吻合。对比2004年全国经济普查年报可以发现，中国工业企业数据库中的样本企业对全部工业企业的生产活动具有充分代表性，2004年规模以上工业企业样本的工业总产值、全部从业人数、出口交货值和固定资产总值占全部工业企业的比重分别为91%、71%、97%和91%。

本文最终使用的数据为非平衡面板数据，包括的企业数从1998年的145511家增加到2007年的311323家。由于重组、并购等活动会导致企业代码的变更，本文在企业代码的基础上，进一步利用企业名称、行业代码和地址等信息来识别同一家企业。仅有4%的企业是通过额外信息识别的，但在所有存续时间超过一年的企业样本中，近1/6的企业在某一时点变更了企业代码。为了估计企业层面的生产率，本文使用了如下变量：工业总产值（产出）、原材料投入、中间品和服务投入（原材料）、总雇佣人数（劳动力）、实际资本存量（参照2012年布兰德特等人的方法基于固定资产相关信息计算）。

本文根据企业的登记注册类型来识别企业的所有制。对于登记注册类型中存在混合所有制的部分企业，我们根据注册资本中占比最大的类别来定义企业的所有制。因此，我们将企业按照所有制分为三种类型：国有企业、外资企业（包括香港、澳门和台湾企业的子公司，简称HMT）、私营企业（包含乡镇企业和集体所有制企业）。此外，本文分析中使用的信息还包括企业所在地（或省份）、开业时间和出口状态等。

由于中国的国民经济行业分类（CIC）在2003年发生了变动，为了使整个样本期间行业代码保持一致，本文使用了调整后的行业分类代码①。表1中

① 行业代码调整表、价格平减指数、关税税率、投入产出表等数据以及面板数据构建和实际资本存量计算的相关程序均可从http：//feb.kuleuven.be/public/N07057/CHINA下载。

使用的行业特征变量为调整后的行业分类，其中，中国的行业特征变量数据来自 1995 年和 2004 年的工业普查数据。美国的数据来自美国联邦贸易委员会（FTC），瓦格纳等人（Ravenscraft and Wagner，1991）对其进行了详细的阐述。前文分析中所用到的关税、非关税壁垒、外商直接投资管制等均是加总至调整后的行业层面。根据贸易类型（一般贸易和加工贸易）和进口商类型（一般进口商和贸易中间商）分类的进口数据来自中国海关数据库，并加总至 HS 6 位数产品层面①。

（一）价格平减指数

本文使用 1998—2003 年企业调查的相关数据构建细化的产出平减指数。在这些年份中，企业需要根据国家统计局提供的参考价格来报告名义产出和实际产出②。名义产出和实际产出的比值为我们提供了基于基年参考价格的企业特定价格指数。这个价格指数在两年之间的变化即衡量了该企业在两年间的价格调整，我们将其平均到 4 位数行业层面。我们剔除了相对于平均值的偏离程度超过半个标准差的价格变动观测值，这一部分约占全部样本的 15%—25%。利用余下的样本，以当期总产出占比为权重，我们分行业重新计算价格变动的加权平均。最后，我们把每一年相对于基年的价格变化连接起来，构造了 425 个 4 位数行业在样本期的产出平减指数序列。

利用《中国统计年鉴》中获取的 2 位数行业层面（39 个行业）的出厂价格指数，我们将产出平减指数序列扩展至 2007 年。在研究关税削减对国内价格水平的影响时，我们使用了另外两种产出平减指数进行稳健性检验：《中国统计年鉴》中的 2 位数行业层面的出厂价格指数（1998—2007 年）和基于企业调查数据但剔除了偏离平均值一个标准差后（约删除 8% 的观测值）的 4 位数行业层面产出平减指数（1998—2003 年，剩余年份使用《中国统计年鉴》中 2 位数行业层面的出厂价格指数补齐）。在线附录中的表 A. 1 可见，以上三

① 贸易中间商根据企业名称中是否包括“贸易”“进出口”“经贸”“工贸”“外经”和“外贸”等文字来识别。

② 在 1993 年之前，大多数工业企业仅以参考价格报告产出；从 1993 年开始，国家统计局要求企业以当年价格报告产出。在 2004 年，国家统计局停止收集以不变价格报告的产出等相关数据，并宣称是因为随着企业创新的加速出现了大量新产品，频繁的决策或更新所有的不变价格成本太大。

个产出平减指数在2位数行业层面高度相关。

行业投入平减指数由制造业各行业产出平减指数加权平均而得，权重为2002年中国投入产出表（IO）中各行业对应的中间投入份额。由于投入产出表仅区分了80个行业部门，细致程度远低于4位数行业分类，因此，本文构建投入产出表与CIC分类之间的对照表。投入产出表中每个部门的产出平减指数为该部门所有4位数行业产出平减指数的加权平均值，权重为产出份额；然后，为得到每个部门的投入平减指数，我们以该部门生产过程中各个部门所占的中间投入品份额为权重，对产出平减指数加权平均。本文使用同样的权重利用最终品关税构建各个行业的中间品关税。

四、估计结果

（一）进口与国内价格

基于下述原因，我们使用关税削减而非进口增长来衡量行业贸易自由化程度的变化。第一，关税能够即刻反映政策的变动，而企业会基于对未来进口的预期调整行为。进口渗透率的变化对国内企业的影响则会相对缓慢；第二，关税削减会改变国内的价格水平，在这种情况下，观察到的进口增长往往会低估贸易自由化带来的竞争效应。萨尔沃（Salvo，2010）研究的巴西水泥行业为此提供了一个极端的例证，在进口关税降低后，巴西国内的竞争加剧进而导致企业利润下降，但卡特尔仍然能够通过限制价格的方式完全阻止水泥行业的进口。

基于中国海关总署企业—产品—目的国层面的交易数据，表2的A部分报告了HS 6位数产品进口额对进口关税的回归结果。回归结果显示，关税削减极大地促进了产品进口增长。鉴于加工贸易完全减免进口关税，我们排除了占据一半进口总额的加工贸易，仅关注一般贸易的增长①。利用(1)式进行产品层面的回归，本文发现进口关税的半弹性系数为-3.1。根据产品类型进行回归，我们发现中间投入品进口额对关税的变化最为敏感（系数为-4.3）。此外，不使用工具变量进行估计，得到的系数仅为-2.8。给定一般贸易进口额

① 表2中对进口量的回归不包括经由中间商进口的产品，样本期间，这部分进口量虽然大，但比重却在下降。在包括中间商进口量进行回归时，结果并未发生显著变化，但却考虑了进口关税变化对其的影响。

年增长率为13.7%，上述估计意味着年均1.2个百分点的关税削减可以解释大约1/4的进口增长①。

表2　关税对进口和国内价格的影响

	中国HS 6位数产品层面一般贸易进口（对数）				
	所有产品 (1a)	原材料 (2a)	中间投入品 (3a)	资本品 (4a)	消费品 (5a)
分表A　进口，2000—2007					
进口关税（滞后）	-3.112 (0.331)	-1.559 (0.826)	-4.349 (0.668)	-2.325 (0.692)	-1.980 (0.631)
观测值	127049	8458	73351	19013	26061
年份固定效应	是	是	是	是	是
产品固定效应	是	是	是	是	是

注：每个系数都是基于中国海关总署加总到HS 6位数产品层面的企业交易数据分别进行回归估计所得。回归数据不包括免税进口品。回归还区分了经由贸易中间商进口的产品的差异化弹性（结果未报告）。回归使用加入WTO协定中确定的税率上限作为2001年后实际执行税率的工具变量。括号内为产品层面的聚类标准误。

	行业层面（CIC 4位数行业）的国内价格水平指数				
	所有产品 (1b)	原材料 (2b)	中间投入品 (3b)	资本品 (4b)	消费品 (5b)
分表B　国内价格水平，1998—2007					
(i) 基准序列：4位数行业层面并使用2位数行业数据补齐					
进口关税（滞后）	0.296 (0.090)	0.320 (0.212)	0.492 (0.191)	0.174 (0.088)	0.011 (0.106)

① 在线附录表A.4报告了在不对2001年后关税使用工具变量的情况下，因变量分别为进口量和国内价格水平时的回归结果，表A.5则同样报告了在未使用工具变量的情况下，因变量分别为企业成本加成和生产率时的回归结果。

(续表)

	行业层面（四位数 CIC 行业）的国内价格水平指数				
	所有产品	原材料	中间投入品	资本品	消费品
	(1b)	(2b)	(3b)	(4b)	(5b)
(ii) 备择序列 (1)：基于企业层面信息构建					
进口关税 (滞后)	0.283	-0.309	0.493	0.197	0.049
	(0.100)	(0.212)	(0.204)	(0.091)	(0.112)
(iii) 备择序列 (2)：基于《中国统计年鉴》2 位数行业出厂价格指数构建					
进口关税 (滞后)	0.255	0.298	0.442	0.182	-0.085
	(0.092)	(0.244)	(0.169)	(0.158)	(0.089)
观测值	4240	70	1950	1180	980
年份固定效应	是	是	是	是	是
行业固定效应	是	是	是	是	是

注：所有系数均基于 4 位数行业层面数据分别回归而得。回归使用加入 WTO 协定中确定的税率上限作为 2001 年后实际执行税率的工具变量。在第（i）部分，1998—2003 年的价格指数如论文第四部分所述，由企业层面的价格变动加总到 4 位数行业层面而得；并利用《中国统计年鉴》中获取的 2 位数行业层面价格指数将这一指数扩展至样本期末。在第（ii）部分，1998—2003 年细化的价格指数在计算过程中剔除了少量极端值。第（iii）部分为 2 位数行业层面的价格指数。括号内为行业层面的聚类标准误。

随着贸易自由化水平的推进，关税削减不仅会使国内企业失去市场份额，还会降低国内的价格水平。表 2B 部分使用国内（产出）平减指数作为因变量进行了类似的回归。第一行为基准平减指数，使用布兰德特等人（Brandt et al.，2012）基于 1998—2003 年企业调查数据构建的 4 位数行业层面平减指数，剩余年份使用国家统计局 2 位数行业层面的平减指数补齐。第二行使用的是在构建价格指数过程中剔除部分极端值而得到的产出平减指数。第三行使用更为加总的 2 位数行业层面的平减指数。

回归结果表明，关税削减对国内的价格水平影响显著。进口关税每降低 1 个百分点会引致行业平均价格水平下降 0.30%。给定平均进口渗透率为 10%，

0.3%的价格下降表明：关税削减不仅降低了进口产品的价格，国内厂商也相应调整其产品的国内销售价格①。

此外，某些类型的产品价格对关税削减尤为敏感。表2B部分的第(2)到(5)列分别报告了基于广义经济分类（Broad Economic Classification，BEC）划分的不同类型产品的回归结果②。第(2)列原材料产品和第(3)列中间投入品价格对关税变动最为敏感，表明这些行业价格竞争程度尤为激烈。与此相应，我们在表2A的回归中也发现中间投入品的进口量对关税变动最为敏感。相对而言，第(4)列显示资本品价格对关税变动的反应偏弱，而第(5)列显示三种方式构造的消费品价格平减指数序列均不受进口关税的变动影响。布兰德特和图恩（Brandt and Thun，2010）指出，进口和本土生产的资本品与消费品往往是在中国的不同细分市场上竞争，从而使中国国内企业能够规避来自进口产品的竞争。

（二）贸易自由化对企业成本加成的影响

关税削减可能通过压低成本加成，降低中间品价格，以及提升生产效率三种途径促使产品价格下降。本文分别构建了行业最终品关税和中间品关税，并估计出企业的成本加成和全要素生产率价值，在这一小节，我们将利用这些信息和(1)式的回归方程来考察关税削减发生作用的不同机制③。我们在回归过程中控制企业层面固定效应，因此系数的识别来自各个变量在时间维度的变化。在此我们使用的回归样本不包含4位数行业代码发生过变化的企业④。

表3A报告了企业层面成本加成的基本回归结果，我们分别报告了等权

---

① 需要注意的是，竞争会通过如下两种方式降低价格：直接减少成本加成，或间接引发效率提升。

② BEC将产品分为四大类：原材料（111、21、31），中间投入品（121、22、32、42、53），消费品（112、122、61—63）和资本品（41、51、52）。

③ 在线附录表A.2报告了生产函数的估计系数，表A.3则展示了不同2位数行业TFP增长率和成本加成的描述性统计。

④ 样本期间，约20%的企业至少存在一次行业转换的行为。我们删除这部分企业的原因有两个：第一，对于在不同2位数行业间转换的企业，它们的生产率和成本加成在不同时间不具有可比性；第二，对于转换行业的这部分企业，并不明确要选择哪一个行业的关税来对其进行研究，而这可能会造成结果的偏误。

重、用行业内产出份额作为权重以及用总产出作为权重三种不同加权方式得到的结果。除了一个例外，所有回归中最终品关税和中间品关税的系数符号均相反①。中间品关税的减少会导致更高的成本加成。因为中间品关税减少直接降低了企业的边际成本，只要企业未将成本节约完全转移给消费者，其成本加成就会上升。偶数列的回归控制了企业固定效应和2位数行业与年份交叉项固定效应。相对于奇数列的回归结果，偶数列回归系数的绝对值更大。这是因为使用中国投入产出表构建的中间品关税仅在3位数行业层面发生变化，相对于更加细化的最终品关税，中间品关税的更多变化被交叉项固定效应吸收。中间品关税降低一个标准差所产生的平均效应（相对更小）在奇数列和偶数列中大小相当。在2位数行业平均变化之外，中间品关税降低1个百分点意味着更大的影响②。

表3　关税对企业层面成本加成和生产率（对数）的影响

	未加权		行业内产出份额		总产出份额	
	(1a)	(2a)	(3a)	(4a)	(5a)	(6a)
分表A　成本加成，1998—2007						
最终品关税（滞后）	0.045	0.058	0.07	0.095	0.375	0.543
	(0.041)	(0.044)	(0.043)	(0.051)	(0.110)	(0.120)
中间品关税（滞后）	-0.227	-0.969	0.016	-0.733	-0.651	-1.173
	(0.106)	(0.074)	(0.169)	(0.094)	(0.354)	(0.181)
企业固定效应	是	是	是	是	是	是
年份固定效应	是		是		是	
行业—年份固定效应		是		是		是
观测值	1293495	1295372	1211861	1213586	1293495	1295372

① 表3中的标准误聚类在行业—年份层面和企业层面。如果我们聚类在行业层面，最终品关税系数在（3a）列成本加成的回归部分变得不显著，在（1a）列和（2a）列也依然不显著；在生产率回归部分，（4b）列的最终品关税系数变得不显著，而其他系数则仅在较低的水平上显著。

② 在生产率回归中，我们并没有观测到中间品关税系数（绝对值）的增加，原因是生产函数的参数是在2位数行业层面被估计。而在回归中，控制交叉项固定效应之后，我们可以看到因变量标准误的大幅度减少。

（续表）

	未加权		行业内产出份额		总产出份额	
	(1b)	**(2b)**	**(3b)**	**(4b)**	**(5b)**	**(6b)**
分表 B　生产率（TFP），1998—2007						
最终品关税（滞后）	-0.369	-0.316	-0.176	-0.107	-0.273	-0.387
	(0.139)	(0.097)	(0.088)	(0.062)	(0.155)	(0.115)
中间品关税（滞后）	-0.806	-1.031	1.790	-1.621	-2.395	-0.682
	(0.385)	(0.167)	(0.323)	(0.144)	(0.616)	(0.249)
企业固定效应	是	是	是	是	是	是
年份固定效应	是		是		是	
行业—年份固定效应		是		是		是
观测值	1293495	1295372	1211861	1213586	1293495	1295372

注：回归使用加入 WTO 协定中确定的税率上限作为 2001 年后实际执行税率的工具变量。样本仅包括未发生行业转换的企业。括号内为行业—年份层面和企业层面的双向聚类标准误。

与中间品关税下降的影响不同，最终品关税的削减导致成本加成降低（表现为表 3A 中的部分系数符号为正），需要注意的是，这是两种相反效应共同作用的净效果。一方面，竞争的加剧会促使企业加大效率提升方面的投资，在因效率提升而节约的成本未完全转移给消费者的情况下，成本加成会上升。另一方面，关税削减引致的促进竞争效应会迫使企业调整最优价格，从而使成本加成下降。估计结果表明，对于大企业而言，促进竞争效应占据主导地位，因为符号为正的系数在使用行业内产出份额为权重时显著，即(3)列和(4)列的结果。此外,第(5)列到第(6)列根据占总产出的份额进行加权后的系数也显著为正，但绝对值更大。

德勒克等人（2016）使用类似回归模型研究关税削减如何影响印度产品层面的成本加成，与他们 0.109 的估计结果相比，本文的综合效应估计值偏小。但是他们样本量小而且样本企业规模偏大，可比性最高的系数是第(4)列报告的 0.095，即最终品关税每下降 1 个百分点，成本加成相应下降约 0.1%。由此，1998—2007 年之间的关税总削减导致成本加成下降 1.1%，给定各行业成本加成的中位数水平约为 26%，这个效应很小。

整体来看，中间品关税削减的影响力度更大，且与最终品关税削减效应的方向相反，从而贸易自由化会促进行业平均成本加成的增加，这与德勒克等人（2016）的结果一致。如果中间品关税估计系数不显著异于 0，表明企业的成本节约完全转移至消费者，除了第（3a）列外的估计结果都推翻了成本节约完全转移的原假设。如果成本节约完全没有转移，估计系数应该等于边际成本中的中间品投入份额（88%）乘以中间品关税削减对投入品价格的平均效应（49%）①。因此，在成本节约没有转移至消费者的情况下，中间品关税每减少1个百分点，成本加成将上升0.43%。第（1a）列报告的系数估计值-0.23的系数（未加权）表明，企业保留了一半以上的剩余收益。给定当前中国各个行业普遍存在的激烈竞争，企业保留的份额看起来似乎很高。但是，上述估算并未考虑贸易自由化同时会降低中间品的价格和边际成本，一个有市场势力的利润最大化企业在这种情况下会增加成本加成。由此，如果考虑到更低的边际成本，隐藏在上述系数估计值背后的向消费者转移的份额会更高。

需要注意的是，在成本加成的回归中引入中间品关税其实已经控制了贸易自由化降低中间品价格的影响，但是因为效率提升也会引起成本下降和一定程度的成本加成上升，最终品关税削减的促进竞争效应会比回归系数显示的更大。德勒克等人（2016）对印度的研究并未发现效率提升有显著影响。利用企业层面的价格信息，他们可以在回归中直接控制边际成本，即同时控制中间品成本减少和效率提升的效应。因此，他们得到的较高的估计值0.143反映了纯粹的促进竞争效应。由于缺少中国企业层面的价格，我们无法进行类似的分析。但是根据前文的讨论，缺少企业层面的价格信息并不妨碍我们估计贸易自由化对生产率的影响。

（三）贸易自由化对企业生产率的影响

本文在控制行业平均价格变动的情况下，估计关税削减对企业全要素生产率价值的影响。在剔除表2中报告的关税变动对行业平均价格的影响之后，如果对企业观测值赋予适当的权重，(3)式中企业层面的价格偏差就与行业的关税水平不相关。因此，第(3)列到第(6)列报告的关税对全要素生产率价值的影响可以解释为效率效应。在所有回归结果中，关税系数估计值均为负，这表明最终品和中间品的关税削减都有助于效率的提升。

对比成本加成作为被解释变量的回归结果，此处最显著的差异是最终品关

① 中间投入品占产值份额的中位数为70%，成本加成的中位数水平为26%，这些意味着边际成本中中间投入品的份额为88%。

税的系数符号恒为负，在第(3)列中为 -0.176。表2 中关税削减对最终品价格的影响比表 3A 中对成本加成的影响更大，由此也可以推断关税削减必定促进了生产效率的提升。在第(4)列控制 2 位数行业和年份交叉项固定效应时，系数的绝对值相对偏小，但是两种不同控制固定效应的方法导致的系数估计值的差异并不显著，无论采用何种加权方法。

注意第(1)列和第(2)列未加权的系数估计值的绝对值更大。如前文所述，在成本加成回归中，只有在对企业样本进行加权时最终品关税削减的系数才显著为负，即更多利用规模较大的企业的样本中的数据变化才能够发现最终品关税削减的促进竞争效应。未加权时绝对值更大的中间品关税系数进一步表明，在更开放的行业，大企业价格水平更低。在更开放的行业，小企业相对于行业平均价格水平的产出品价格偏差更可能为正，而大企业的价格偏差更可能为负。利用行业层面的价格平减指数处理企业的名义投入产出而得到的全要素生产率价值包含这些价格偏差。所以在回归中如果赋予小企业和大企业一样的权重，就会高估关税削减对生产率的促进效应。表 3B 中，加权和未加权的回归系数估计值的比较印证了上述预期，第(1b)列和第(2b)列未加权的结果是绝对值更大的负数，即系数估计值存在向下偏误。

中间品关税的估计系数始终显著为负，以第(3b)列和第(4b)列为基准，系数值分别为 -1.79 和 -1.62。从绝对值来看，中间品关税的系数远高于最终品。中间品关税削减对最终品价格的总影响是对如下三个因素影响之和：生产率、中间品价格和成本加成。我们可以通过对总影响的分解来推断成本节约转移给消费者的比重。第(4b)列估计结果表明中间品关税下降 1%，最终品价格会降低 1.6%。在表 2 的估计结果中，关税每下降 1%，国内的价格水平会下降 0.3%，这也意味着分配到最终品价格的下降比为 0.26%。在(4a)列中，中间品关税的回归系数为 -0.73，说明企业把更多的成本节约通过低价的方式转移给了消费者，而企业保留的部分仅为 0.63（或 1.62 -0.26 -0.73），这也与前文得出的结论一致。

在全要素生产率的回归分析中，最终品关税的系数即使在控制了中间品关税之后仍然显著为负，这与已有文献关于巴西（Schor，2004）、印度尼西亚（Amit and Konings，2007）和印度（Topalova and Khandelwal，2011；De Loecker et al.，2016）等发展中国家的发现有所不同。在这些国家，一旦控制了中间品关税的变化，最终品关税对生产率影响不再显著。中国制造业部门有其独

表 4 关税对行业绩效的影响分解

	总影响 (1a)	企业内 (2a)	企业间 (3a)	进入 (4a)	退出 (5a)
分表 A 成本加成，1998—2007					
最终品关税变化	0.152	0.122	0.010	0.014	0.005
	(0.066)	(0.043)	(0.013)	(0.039)	(0.009)
中间品关税变化	-0.292	-0.045	0.040	-0.282	-0.005
	(0.149)	(0.098)	(0.030)	(0.088)	(0.021)
行业固定效应	是	是	是	是	是
观测值	844	844	844	844	844
	(1b)	(2b)	(3b)	(4b)	(5b)
最终品关税变化	0.221	0.150	-0.023	0.095	0.001
	(0.049)	(0.032)	(0.009)	(0.026)	(0.006)
中间品关税变化	-0.400	-0.146	0.068	-0.319	-0.002
	(0.127)	(0.083)	(0.024)	(0.068)	(0.015)
行业—年份加权	是	是	是	是	是
观测值	844	844	844	844	844
	(1c)	(2c)	(3c)	(4c)	(5c)
分表 B 生产率，1998—2007					
最终品关税变化	-0.569	-0.200	0.042	-0.428	-0.017
	(0.137)	(0.074)	(0.028)	(0.106)	(0.016)
中间品关税变化	-1.160	-0.297	0.246	-1.080	-0.030
	(0.312)	(0.168)	(0.065)	(0.241)	(0.036)
行业固定效应	是	是	是	是	是
观测值	844	844	844	844	844
	(1d)	(2d)	(3d)	(4d)	(5d)
最终品关税变化	-0.465	-0.209	0.049	-0.302	-0.003
	(0.141)	(0.071)	(0.022)	(0.097)	(0.010)
中间品关税变化	-1.236	-0.551	0.170	-0.837	-0.019
	(0.363)	(0.184)	(0.056)	(0.252)	(0.026)
行业—年份加权	是	是	是	是	是
观测值	844	844	844	844	844

注：每列的系数由对样本分别进行回归得到。回归使用加入 WTO 协定中确定的税率上限作为 2001 年后实际执行税率的工具变量。对行业层面的成本加成和生产率进行线性分解，因变量为相应部分表达式所对应的数值。样本为两期（1998—2003 年和 2003—2007 年）增长率数据的叠加，分别包括 424 和 420 个行业。括号内为标准误。

特之处，比如更大规模的国内市场、早期成功出口多种商品的经验以及在华外资企业的大量存在等因素都有可能弱化高质量中间品进口关税下降的影响。与此同时，拥有垄断势力的大型国有企业的存在则强化了进口竞争的影响。我们将在第六部分对此详加讨论。

(5)式显示关税对生产率和成本加成影响的差异与投入品和产出品价格的相应不同变化保持一致。即在规模报酬不变的情形下，关税削减对生产率和成本加成影响的差异应该等于关税削减对 $\Delta p_{it}^{Q} - \beta^{W}\Delta p_{it}^{W}$ 的影响，其中 $\beta^{W}\Delta p_{it}^{W}$ 为企业生产中使用的中间品价格变化的加权平均。最终品关税对生产率和成本加成影响的差异在第(3)列和第(4)列分别为0.246和0.202，大致符合表2中对价格0.296的平均影响，因为最终品关税削减并不影响投入要素的价格 p_{it}^{W}，这也是唯一相关的影响机制。而对于中间品关税，在全要素生产率回归部分的系数与成本加成部分的系数均为负，但对全要素生产率的影响的绝对值更大，这意味着总体而言，中间品关税削减之后产出价格会降低。

探讨贸易自由化对不同类型企业的不同影响有助于更好地理解贸易自由化政策的作用机制。比如，我们发现最终品关税削减引致的效率提升在中国加入WTO后或者沿海地区更加显著。但是，将企业分门别类进行分析的问题在于如果不同类别企业的价格对关税削减的反应存在系统性差异，那么关税就会与全要素生产率价值中包含的企业价格偏差具有相关性。通过考察不同类型企业的成本加成效应，我们发现促进竞争效应在中国加入WTO之前对老企业和出口企业的影响更大。这一发现并不意外，因为在前文的分析中我们已经发现成本加成效应随着企业规模的增加而更加显著，但是这也意味着我们不能再对不同类别企业的生产率效应进行解释。

（四）行业绩效的分解

将行业平均的成本加成和生产率效应按照企业类型进行分解，进而考察在位企业、新进入企业以及退出企业的贡献，也是理解贸易自由化政策作用机制的一个有效途径。我们将(6)式右边四项，即企业内的变化、企业间的资源再配置、新进入企业的贡献以及退出企业的贡献，分别作为因变量与关税变动进行回归。正如前文所讨论，本文先将样本期按照加入WTO前后分为两段进行行业生产率或成本加成的分解，然后将两期样本叠加，进而得到844个样本观测值。表4报告了回归结果。表4第(1)列的结果为行业层面的总效应，其中两种不同关税类型系数的符号均与表3中企业层面的回归结果一致。不出所料，表4中控制行业固定效应的回归系数的大小与表3中根据行业内产出份额加权得到的结果最接近，而根据行业—年份对观测值进行加权回归的结果则与表3中利用总产出份额加权的结果接近。因为我们采用的是线性分解和线性回归，第(2)列到第(5)列的系数之和等于第(1)列。

控制行业固定效应并对所有行业赋予相同权重的回归结果表明：最终品关税对成本加成的总影响，即促进竞争效应和效率提升效应之和，主要是通过在位企业内的调整来实现；而中间品关税削减导致成本加成上升的来源则是新进入企业。利用产出对行业观测值进行加权，我们发现总效应加强，并且在位企业和新进入企业的成本加成都受到最终品关税和中间品关税的影响，但是在位企业仍然是最终品关税变动影响的主要来源，而新进入企业仍然是中间品关税变动影响的主要来源。

表4B中，关税变动对生产率的影响主要来源于企业内的调整以及新进入企业，但是这两种类型的企业发生作用的机制不同。第(2c)列中，最终品关税系数估计值显著为负，在更开放的行业，在位企业必须要提升自身的效率以应对竞争的加剧，且效率提升并没有转化成更高的成本加成［参考第(2a)列对成本加成的回归，最终品关税的系数估计值显著为正］。同时，在更开放的行业，新进入企业有着更低的成本加成［第(4a)列］，这使得收回企业进入成本更加困难。另一方面，新进入企业拥有更高的生产率，这表明行业的进入选择机制更为严苛。

在控制行业固定效应并对所有行业赋予相同的权重时，新进入企业对生产率的贡献尤为重要，在生产率的回归部分，新进入企业中间品关税的系数绝对值显著高于其他类型企业，这是因为新企业能更好地抓住贸易自由化的契机，通过进口低价优质的中间品来降低成本并促进自身效率提升。需要注意的是，本部分对生产率效应的分解面临着与前文分析一样的问题，即不同企业类型的价格变动可能存在系统性差异，导致全要素生产率价值估计值中包含的企业特定价格偏差与关税变化相关。比如，在表4A中，在更开放的行业，新进入企业并不像在位企业（企业内部调整）一样在最终品关税减少时降低成本加成。因此，我们可能会高估新进入企业群体的生产率水平，这在一定程度上能够解释为何表4B中新进入企业样本最终品关税系数估计值的绝对值显著高于其他类型（-0.428）。

在表4B的第(3c)列中，唯有在位企业间的调整项系数的符号与其他列相反。以中间品关税削减的情况为例，在关税削减更多的行业，产出份额并没有从低生产率企业转移至高生产率企业。这说明，最好的企业并没有获得更多的市场份额，而相对较弱的企业仍能维持其原有份额。这会导致企业生产率与市场份额之间更弱的相关性，并会拉低行业整体的生产率，从而抵消一部分中间品贸易自由化带来的福利效应。

值得注意的是，无论因变量是成本加成还是生产率，在退出企业的样本回归中，最终品关税和中间品关税的系数始终不显著。在中国经济高速增长的大背景下，低生产率企业的退出对整体生产率增长的贡献微乎其微（Brandt et al.，2012）。表4第(5)列的全部结果表明低生产率企业退出对整体生产率增长的贡献与关税变化无关。根据竞争选择机制（Melitz，2003），在最终品关税削减的情况下，低生产率企业因为丧失市场份额且无法支付生产经营所需的固定成本会退出市场。生产率回归部分第(5c)列和第(5d)列最终品关税的系数估计值为负，与此机制一致，但是估计结果在统计上不显著，表明该机制的作用很弱。

政府的行为会阻碍退出机制发挥作用，尤其是在战略和支柱性行业。在2003年国务院设立国有资产监督管理委员会之后，兴起于20世纪末的国有企业精简规模的大潮趋于停止。世界银行和国务院发展研究中心在2013年联合编撰的《中国的2030》一书中，也记录了国有企业和其他类型企业退出时面临的制度约束。

五、影响机制讨论

（一）最终品关税削减的促进竞争效应

贸易自由化的直接效应体现为进口竞争会对国内的成本加成形成向下的压力，即促进竞争效应，这也是贸易自由化最普遍的预期结果。几种不同的模型设定下都存在贸易自由化的促进竞争效应。莱文索恩（Levinsohn，1993）使用寡头垄断模型，引入市场行为参数并假设单一的国内需求弹性；梅丽泽等人（Melitz and Ottaviano，2008）假设垄断竞争模型以及水平化产品差异的线性需求函数，他们发现贸易自由化和进口产品的增加会使存活企业的需求曲线下移，而企业则会降低其成本加成。埃德蒙德等人（2015）使用寡头垄断竞争模型以及常数替代弹性（CES）效用函数，并假设国内产品之间相对进口品具有更强的替代性。他们发现国内企业面临的隐性需求弹性依赖于行业的进口渗透率，因此会随着贸易自由化的推进而升高，企业会相应降低成本加成。对台湾地区数据进行分析，他们发现价格约束效应在贸易福利效应中占主导地位，且主要存在于仅有一两家本土企业的行业。

贸易自由化对成本加成还存在一个间接的反向影响。存活企业的边际成本由于更低的投入品价格或效率提升而减少，与此同时，在需求曲线上，价格弹性会随着价格的下降而上升，那么企业成本加成有可能上升，进而对成本加成的两种反向效应会相互抵消掉一部分（De Loecker et al.，2016）。另一方面，如果贸易自由化导致了低生产率、低成本加成企业的退出，那么市场份额重新配置到高生产率企业，这也会提升行业的平均成本加成（Arkolakis et al.，2015）。

本文关于最终品关税削减降低成本加成的发现表明，虽然贸易自由化间接效应有可能提升成本加成，直接的促进竞争效应在中国仍然占据主导地位。

（二）中间投入品进口的增加

最新的贸易文献开始关注贸易自由化通过中间品渠道提升国内企业生产率。哈尔彭等人（Halpern et al.，2013）描述了贸易利得的两个静态来源：第一，进口中间品相对具有更好的质量；第二，中间品种类的增加会提升生产水平。此外，还存在第三个来源，即戈德伯格等人（Goldberg et al.，2010）提出的动态效益。他们采用内生增长模型中的生产结构，且国内的生产成本随着中间品进口种类的增加而减少。当贸易自由化扩大进口产品的种类时，国内行业的生产率会得到提升并有能力进行新产品的生产。德雷克和戈德伯格（2014）证明，在一个简化的模型中，中间品对生产成本的影响表现为生产函数中的新增项，而不可观测的这一项会随着中间品进口的增加而增加，并最终反映在用来衡量生产率的残差项中。

对中国而言，表3的结果表明中间品关税的削减会提升生产率，而表4的结果则说明在行业层面，中间品和最终品关税削减的影响大小相当。与此不同，对其他发展中国家的研究发现，贸易自由化的影响主要通过中间品进口来实现。接下来，本文将使用海关贸易数据库将贸易数据与样本企业进行匹配①。本文基于BEC商品分类来识别进口品中的未加工或已加工的中间投入品（121、22、42和53类）、原材料（111、21和31类）。然后分别计算制造业中进口中间投入品企业的比重以及在所有企业全部中间投入品中进口投入品所占的比重。

具体计算结果见表5，从中可以发现，即使在中国进口量大幅增长的背景下，对于制造业企业而言，进口中间投入品的重要性有限。进口中间投入品进行生产的企业比重仅由2000年的9.6%轻微增长到2007年的10.9%，且其中大部分增长来源于加工贸易。对于加工贸易而言，中间投入品的进口享受免税待遇，因此不会受益于中间品关税削减②。对这类企业而言，很有可能是因为它们所需要的中间投入品在国内并不容易获取。

表5　进口中间投入品　（单位:%）

	所有进口 (1)	加工贸易 (2)	一般贸易 (3)
A. 进口中间品的企业所占的比重			
2000	9.6	6.9	6.6
2007	10.9	8.7	7.1
B. 匹配样本中进口中间投入品占全部中间投入品的比重			
2000	29.1	19.7	9.3
2007	27.3	17.5	9.8
C. 整个制造业部门进口中间投入品占全部中间投入品的比重			
2000	13.4	6.2	7.2
2007	13.5	5.9	7.4

注：A、B部分的计算基于海关数据库与工业企业数据库的匹配企业样本。C部分中，分子的计算基于海关数据库中的所有企业，分母则使用的是工业企业数据中所有企业的总投入或利用国民账户对制造业的总投入的估计量。

① 2006年大约覆盖了进口额的一半，剩余部分为未匹配企业的进口，包括贸易中间商和非制造业企业（比如零售商）的进口额。随着时间的推移，更多的企业拥有了直接贸易权，贸易中间商的作用也在衰退。因此，表5中的数据甚至高估了进口中间投入品企业和中间投入品的比重。

② 表5A中两种贸易方式之和，即第（2）列和第（3）列的加总超过了第（1）列，这是因为存在部分企业同时进行加工贸易和一般贸易。

表5B第(1)列的结果表明在所有匹配样本企业的总中间投入品中，进口的比重由2000年的29.1%下降至2007年的27.3%，这与中国企业更多地从国内获取中间投入品的行为是一致的（Kee and Tang，2016）。其中，一般贸易所占的比重小于10%，且在2000—2007年仅增长0.5%。因此，中间投入品进口不可能成为提升生产率的主要渠道。此外，不同类型的企业中间投入品进口份额差异大，与表2中报告的结果类似，我们对不同类型企业分别进行回归发现，对于一般贸易，私营企业的中间投入品进口量对关税削减的反应最大。然而，私营企业的进口中间投入品在总投入中的平均比重仅为1%，并不足以解释生产率的提升。

表5C报告了与表5B相似的计算，但反映的是整个制造业中间投入品的进口份额，而非仅限于样本中的匹配企业。先根据BEC分类对全部进口进行归类，然后计算中间投入品和原材料进口占全部制造业总投入的比重①。从第(1)列来看，中间品份额在2000—2007年几乎未发生变化，但一般贸易则从7.2%增加到7.4%。相比于表5B中的匹配样本企业，全部制造业的进口份额更低，但其中一般贸易发挥的作用更大。出现这些差异的原因很直观，因为更重要的进口商被匹配的概率也更高。最重要的是，我们最主要的研究结果并未改变，即进口中间品在2000年需要支付更高关税时的重要性有限，而之后的中间品关税削减也并未提升进口中间投入品的重要性。

（三）委托代理问题

本文关于中国的一个独特发现是，最终品关税的削减会引发企业内部生产率的提升，对企业层面和行业层面的分析均支持这一发现。竞争的加剧会导致成本加成降低并影响企业的存活率，从而迫使企业努力提升自身的生产率。现有文献指出了多种企业效率提升的机制，比如被困要素（Trapped Factor）的利用（Bloom et al.，2011），加快新技术的引进（Ederington & McCalman，2007）或劳动力素质的提升（Schmitz，2005）。

---

① 为了得到制造业的总投入，我们计算了中国工业企业数据库中所有样本企业的中间投入之和。但因为该数据库不包括规模以下企业，会造成总投入的低估。我们基于国民账户数据另外构建了一个总投入，但依赖于增加值与总产出之比。如果这个比重随时间增加，正如Kee and Tang（2016）所证明的，会夸大总投入的增长。为了平衡这两种偏差，本文实际使用的总投入是这两种总投入估计的几何平均。

另一个重要的影响机制是代理成本模型中经理人的激励结构和均衡努力水平的变化（Schmidt，1997；Raith，2003；Chen，2014）。考虑到国有企业众所周知的经理人激励问题，我们预期这一机制对处于转型时期的中国尤为重要。在中国工业企业数据库中，我们可以观测到大部分企业法人代表的姓名，一般都是企业的高层管理人员，本文称之为CEO①。我们利用这一信息构建标示企业CEO更替的变量，检验竞争是否会改变他们所面临的激励结构。

理论上，竞争与最优激励方案之间的关系是不明确的。施密特（Schmidt，1997）认为，清算威胁效应和节约成本的价值效应的作用方向可能是相反的。竞争加剧的第一个效应是增加企业破产的风险，从而提高了经理人提供次优努力水平的期望成本。给定企业存活的条件下，竞争加剧的第二个效应是降低了企业的市场份额或利润水平，从而减少了企业成本节约型创新的潜在价值。当经理人面临紧的参与约束时，第一个效应会占据主导地位，更激烈的竞争会提升经理人的努力水平。雷斯（Raith，2003）进一步证明，根据竞争形式和退出选择的不同，成本节约的价值甚至会随着竞争的加剧而增加，这进一步强化了竞争加剧会提升经理人努力水平的可能。

在讨论竞争加剧对CEO更替的影响之前，本文分别比较了国有企业和私营企业的产出增长和存活率。预期国有企业存在更严重的委托代理问题，我们估计了国有企业和私营企业的绩效差异与最终品关税变动的关系。表6第(1)列的结果表明国有企业相对于私营企业产出增长更慢，最终品关税越高，二者产出增长差距越大。第(2)列的结果表明，国有企业的存活率更低，最终品关税越高，二者的存活率差距越大。贸易自由化会增加企业退出的概率，从而激励私营企业经理人更努力地工作，但这个机制并不适用于国有企业。第(1)列显示国有企业在贸易自由化后持续表现疲软，挥之不去的软预算约束问题是原因之一。

表6第(3)列到第(4)列的结果表明政府加强了对国有企业的直接监督管理。对于不存在破产风险自动激励经理人努力工作的国有企业，一个解决方式就是在更开放的行业调整对CEO的激励方案。本文以企业法人代表被替换的

① 在1998—2000年，中国工业企业数据库额外提供了法人代表的职位。仅有16%的企业法人代表的职位是董事长，而超过80%的企业则是总经理或厂长。

概率来衡量企业的奖励机制。第(3)列和第(4)列的回归中，因变量代表企业是否发生 CEO 更替的虚拟变量。回归结果显示，产出增长以及产出增长与国有企业虚拟变量交叉项的系数均显著为负，即企业的增长绩效越差，CEO 被替换的概率越高，国有企业尤甚。

表 6　关税对增长、退出和管理层更替的影响

	产出增长 (1)	企业存活的虚拟变量 (2)	CEO 更替的虚拟变量 (3)	CEO 更替的虚拟变量 (4)
国有企业虚拟变量	-0.1187 (0.0059)	-0.0776 (0.0035)	0.0537 (0.0013)	0.0606 (0.0025)
最终品关税（滞后）	-0.0110 (0.0004)	0.0005 (0.0002)		0.0004 (0.0002)
最终品关税（滞后）×国有企业	-0.0013 (0.0004)	-0.0004 (0.0002)		-0.0004 (0.0002)
产出增长			-0.0099 (0.0008)	-0.0055 (0.0014)
产出增长×国有企业			-0.0057 (0.0016)	-0.0075 (0.0029)
产出增长×最终品关税（滞后）				-0.0002 (0.0001)
产出增长×最终品关税（滞后）×国有企业				0.0004 (0.0002)
企业固定效应、年份固定效应、控制变量	是	是	是	是
观测值	1318033	1341456	924693	841921

注：所有回归均使用 1998—2007 年的数据，并控制了资本密集度和 CEO 任期。括号内为行业—年份层面和企业层面的双向聚类标准误。

表 6 中第(4)列报告的结果增加了所有变量与最终品关税的交叉项。对于私营企业，产出增长与关税交叉项负的系数表明竞争加剧（更低的最终品关税）会弱化产出增长与 CEO 被替换概率之间的关系，因为正如第(2)列所示，破产风险的增加已经充分激励经理人提升努力水平。然而对于国有企业而言，最后一行中的三项交叉项系数为正，且超过了上一行负系数估计值的绝对值，

这说明竞争的加剧会强化国有企业产出增长与 CEO 更替概率之间的关系。因此，本小节的结果表明：在竞争加剧的情况下，委托代理问题更严重的企业会采取强有力的激励措施以敦促经理人提升努力水平①。

（四）新进入企业的生产率水平

表 4 中的一个重要发现是，最终品关税削减会导致行业生产率提高，其中新进入企业贡献了主要力量。新企业的进入率以及新进入企业的平均生产率水平对此都有影响。在线附录中的表 A.6 显示，最终品关税削减并未提升行业的企业进入率②。我们发现大多数行业都有很高的进入率，且行业之间的差异与关税削减无关，仅在中国加入 WTO 之后，关税削减才和行业进入率正相关（为负的系数），但是相关度很低。即便假定所有的贸易自由化进程在一年内实现，由此引发的进入率增长仍旧小于 1%。

接下来我们将比较不同类型企业成本加成和生产率的相对水平。特别地，我们将验证在开放程度更高的行业，新进入企业在生产率分布中的相对位置是否会不一样。在回归时，引入最终品关税和中间品关税与表示企业状态虚拟变量（在位企业、新进入企业和退出企业）的交叉项。我们仅控制行业固定效应（使因变量标准化到行业层面）和企业状态变量与年份的交叉项固定效应（控制样本构成的变化以及成本加成或生产率的差异性变动）。因此，重要系数的识别来自每行业不同状态企业的比较，而非企业内的变化（表 3）。

表 7 的回归结果中，所有关税变量交叉项的符号均与表 3 一致，除了成本加成回归中最终品关税部分的系数不显著外，其余的系数均为负。这表明同样的机制会影响在位企业、新进入企业以及退出企业，但影响程度存在差异。

首先，生产率回归部分中，新进入企业两种类型关税系数的绝对值均大于其他类型企业。在进口竞争加剧的情况下，新进入企业能够更灵活地调整产品

---

① 当行业间的竞争环境存在差异时，即使是在其他背景下也会出现同样的现象，如 Giroud and Mueller（2010）、Cunat and Guadalupe（2009）

② 唯一系统的效应是中间品的关税削减可以通过更低的进入率来预测活跃企业数量的减少，但这并未有助于解释表 4 中行业生产率效应。

市场并获取更低价的中间投入①。估计系数表明，在其他条件不变的情况下，样本期间贸易自由化引致的关税削减会使新进入企业的平均生产率相对于同行业在位企业增加4.7%②。在经历了更大程度关税削减的行业，这个差异也会更大，比如，对于关税削减量比均值高一个标准差的行业，相对生产率会增加7%。

表7　关税对不同状态企业成本加成和生产率的影响

	成本加成 (1)	生产率 (2)
最终品关税（滞后）		
×在位企业	0.004	-0.454
	(0.040)	(0.143)
×新进入企业	0.017	-0.568
	(0.054)	(0.202)
×退出企业	-0.010	-0.373
	(0.044)	(0.148)
中间品关税（滞后）		
×在位企业	-0.185	-0.284
	(0.107)	(0.386)
×新进入企业	-0.153	-0.914
	(0.164)	(0.507)
×退出企业	-0.083	-0.363
	(0.141)	(0.403)
行业固定效应	是	是
企业状态变量与年份的交叉项固定效应	是	是
观测值	901048	904960

注：样本期为1999—2006年，且样本仅包括未发生行业转换且存活时间至少为两年的企业。为了避免在计算生产率时使用的不是全年的产出，我们分别剔除了新进入企业的第一年和退出企业最后一年的数据。回归使用加入WTO协定中确定的税率上限作为2001年后实际执行税率的工具变量。括号内为行业—年份层面和企业层面的双向聚类标准误。

① 需要注意的是，表4中效应分解时的问题同样会出现。为了将不同类型企业的生产率从成本加成效应中分离出来，我们需要假设不同的企业类型经历的价格变化趋势是一致的。但至少在成本加成回归部分，我们并未发现对价格会产生不一样的影响。

② 在整个样本期间，最终品关税和中间品关税分别平均累计减少8%和6%，其标准差分别为7.2%和2.3%。

第二，生产率回归部分，新进入企业的中间品关税系数大且显著。中间品关税削减会提升新进入企业的生产率，这一机制我们在前文已有讨论，企业会从更多的中间品种类以及高质量的进口投入品中受益，而新进入企业获益更大，因为它们的生产过程调整更灵活从而能更好地利用贸易自由化带来的机会。樊海潮等人（Fan et al.，2015）提出了一种互补机制，即中间品关税的削减会促使企业提升产品质量，他们使用中国出口商的数据为这一机制提供了经验证据。产品质量提升需要企业更多的固定成本投资，而中间品关税削减会提升成本加成，这有助于企业投入更多的资源。

本文还进一步区分企业所有制类型：私营企业、国有企业和外资企业，进行了与表7类似的回归。一个有意思的发现是，最终品关税削减引发的促进竞争效应（成本加成减少）对于全部所有制类型的新进入企业都一致，而对于在位企业，国有企业的成本加成受贸易自由化的影响最小。另外，对于退出的国有企业，在生产率回归中最终品关税的系数估计值显著为负，即在更加开放的行业，这部分退出企业相对于开放程度更低的行业有着更高的生产率，支持了贸易自由化导致生存选择更为严苛的论断。

随着中国向市场经济转型，放松行业进入管制本应吸引相当多新企业的进入。但是我们发现进入率与关税削减无关，与行业的开放程度正相关的是新进入企业的生产率水平。一方面，更低的投入品成本有助于新进入企业拥有更高的生产率；另一方面，最终品关税的削减降低了国内的价格水平，进而提高了新企业进入的生产率门槛。降低外部壁垒加速了低效国有企业的退出。这些分析结果与坎德维尔等人（Khandelwal et al.，2013）关于中国的研究发现相一致，他们的研究表明纺织品配额政策会导致资源的无效配置。《多种纤维协定》（MFA）的终止使得更有效率的新企业进入成为可能，新企业获取更多市场份额推动了整个行业生产率水平的提升。对企业进入退出的影响只是贸易自由化如何与国内改革共同作用的一个例子。

六、结论

本文的目的在于分析贸易自由化对中国国内生产率和成本加成的影响。尽管使用我们的数据无法分别估计企业层面的生产率和成本加成，但利用行业细化的价格指数，我们可以分别识别关税削减对生产率和成本加成的行业平均效应①。本文发现，中间品关税的削减会同时提升生产率和成本加成，而最终品关税削减则存在两个相反的效应：降低成本加成但提升生产率。相对于已有文献，在全要素生产率的回归分析中，即使在控制了中间品关税之后，最终品关税的系数仍然显著为负，这是本文的重要新发现。

现有的实证文献大多集中于研究关税对现有企业的影响，但理论层面的研究却强调广延边际（Extensive Margin）的重要性。本文对产业层面总效应的分解揭示了企业进入机制对促进资源有效配置的重要作用。在关税变化影响行业生产率的总效应中，新进入企业的贡献超过一半。

在中国背景下，以下机制对解释本文的发现十分重要：第一，在有关贸易自由化对成本加成影响的研究中，即使在企业（更低的边际成本）和行业层面（资源重新配置到更高成本加成和生产率的企业）均存在成本加成上行压力的情况下，最终品关税削减引发的促进竞争效应依旧占据主导地位；第二，最终品关税削减的生产率提升效应则与在位企业委托代理问题的改善（尤其是国有企业），以及更开放行业对新进入企业更严苛的选择机制密切相关。第三，与其他发展中国家不同的是，从国际市场获取更多种类、更优质的中间投入品并非贸易自由化影响中国生产率增长的重要机制：进口中间投入品占总投入的比重在2000—2007年并未出现显著增长。尽管如此，中间品关税的削减会增加成本加成，从而有助于企业更多地投资于生产率提升，并最终促进生产率的增长。

推而广之，本文的发现揭示了内外部改革之间的互补作用。中国经济发展的一些特征对贸易自由化的效应有重要影响。第一，中国为外资流入提供了更为开放的环境。外商直接投资的流入能够为国内企业带来技术溢出效应，甚至引领国内市场改革。但外资企业的存在会弱化进口中间投入品这一影响机制的重要性。第二，与关税削减同时期发生的国内改革，如缩小国企规模与放宽私营企业进入限制，会对贸易自由化的效应产生影响。埃皮法尼等人（Epifani and Gancia，2011）从理论上证明，在允许企业自由进入市场的情况下，贸易自由化更有可能带来福利增加。而在存在进入壁垒的情况下，不对称的关税削

① 分析的局限之处在于缺少企业特定价格，这需要对生产函数的估计做出新的假设。细化的价格平减指数在一定程度上缓解了测量误差的问题。通过使用权重，我们可以区分关税削减对生产率和成本加成的影响，但仅能识别每个行业的平均效应，且不能区分不同企业类型下关税削减对生产率和成本加成的影响。

减会恶化资源错配程度甚至减少总福利。因此，允许企业自由进入的产业政策和贸易自由化之间存在互补关系，这与弗洛因德等人（Freund and Bolaky, 2008）跨国层面的研究以及康德沃尔等人（2013）关于纺织品配额取消的影响研究所得出的结论一致。

本文的发现也与关于贸易利得的福利研究相关。阿尔克拉克斯等人（2012，2015）指出，少数几个统计量可以充分概括很多模型中的贸易利得。而埃德蒙德等人（2015）发现如果在模型中引入贸易削弱垄断或双头垄断势力的机制，福利增加值会远大于基于上述充分统计量的估计。德勒克等人（2016）对印度的研究进一步表明，中间品关税削减时成本节约的不完全转移以及最终品关税对成本加成影响的量级不容忽视。本文关于贸易自由化效应的两个重要发现：进口竞争加剧导致企业内生产率增长以及更加严苛的选择机制能够甄选出优于在位企业的新企业，也是对阿尔克拉克斯等人模型中未予考虑的重要因素的补充。

（厦门大学国际经济与贸易系博士生　潘夏梦　译）

参考文献

Ackerberg, Daniel, C. Lanier Benkard, Steven Berry, and Ariel Pakes. 2007. "Econometric Tools for Analyzing Market Outcomes." In *Handbook of Econometrics,* Vol. 6A, edited by James J. Heckman and Edward E. Leamer, 4171–4276. Amsterdam: North-Holland.

Ackerberg, Daniel A., Kevin Caves, and Garth Frazer. 2015. "Identification Properties of Recent Production Function Estimators." *Econometrica* 83 (6): 2411–51.

Amiti, Mary, and Jozef Konings. 2007. "Trade Liberalization, Intermediate Inputs and Productivity: Evidence from Indonesia." *American Economic Review* 97 (5): 1611–38.

Arkolakis, Costas, Arnaud Costinot, Dave Donaldson, and Andrés Rodríguez-Clare. 2015. "The Elusive Pro-Competitive Effects of Trade." National Bureau of Economic Research Working Paper 21370.

Arkolakis, Costas, Arnaud Costinot, and Andrés Rodríguez-Clare. 2012. "New Trade Models, Same Old Gains?" *American Economic Review* 102 (1): 94–130.

Autor, David H., David Dorn, and Gordon H. Hanson. 2013. "The China Syndrome: Local Labor Market Effects of Import Competition in the United States." *American Economic Review* 103 (6): 2121–68.

Bloom, Nicholas, Mirko Draca, and John Van Reenen. 2011. "Trade Induced Technical Change? The Impact of Chinese Imports on Innovation, IT, and Productivity." National Bureau of Economic Research Working Paper 16717.

Brandt, Loren, and Eric Thun. 2010. "The Fight for the Middle: Upgrading, Competition, and Industrial Development in China." *World Development* 38 (11): 1555–74.

Brandt, Loren, Johannes Van Biesebroeck, Luhang Wang, and Yifan Zhang. 2017. "WTO Accession and Performance of Chinese Manufacturing Firms: Dataset." *American Economic Review.* https://doi.org/10.1257/aer.20121266.

Brandt, Loren, Johannes Van Biesebroeck, and Yifan Zhang. 2012. "Creative Accounting or Creative Destruction? Firm-Level Productivity Growth in Chinese Manufacturing." *Journal of Development Economics* 97 (2): 339–51.

Brandt, Loren, Johannes Van Biesebroeck, and Yifan Zhang. 2014. "Challenges of Working with the Chinese NBS Firm-Level Data." *China Economic Review* 30: 339–52.

Branstetter, Lee, and Nicholas R. Lardy. 2008. "China's Embrace of Globalization." In *China's Great Economic Transformation*, edited by Loren Brandt and Tom G. Rawski, 633–82. Cambridge: Cambridge University Press.

Chen, Cheng. 2014. "Import Competition, Agency Problem, and Aggregate Productivity: Theory and Evidence." http://www.sef.hku.hk/~ccfour/APTLAP.pdf (accessed June 28, 2017).

Cuñat, Vicente, and Maria Guadalupe. 2009. "Globalization and the Provision of Incentives inside the Firm: The Effect of Foreign Competition." *Journal of Labor Economics* 27 (2): 179–212.

De Loecker, Jan. 2011. "Product Differentiation, Multiproduct Firms, and Estimating the Impact of Trade Liberalization on Productivity." *Econometrica* 79 (5): 1407–51.

De Loecker, Jan. 2013. "Detecting Learning by Exporting." *American Economic Journal: Microeconomics* 5 (3): 1–21.

De Loecker, Jan, and Pinelopi Koujianou Goldberg. 2014. "Firm Performance in a Global Market." *Annual Review of Economics* 6: 201–27.

De Loecker, Jan, Pinelopi K. Goldberg, Amit K. Khandelwal, and Nina Pavcnik. 2016. "Prices, Markups and Trade Reform." *Econometrica* 84 (2): 445–510.

De Loecker, Jan, and Frederic Warzynski. 2012. "Markups and Firm-Level Export Status." *American Economic Review* 102 (6): 2437–71.

di Giovanni, Julian, Andrei A. Levchenko, and Jing Zhang. 2014. "The Global Welfare Impact of China: Trade Integration and Technological Change." *American Economic Journal: Macroeconomics* 6 (3): 153–83.

Ederington, Josh, and Phil McCalman. 2007. "The Impact of Trade Liberalization on Productivity within and across Industries: Theory and Evidence." https://papers.ssrn.com/sol3/papers.cfm?abstract_id=1007213 (accessed June 28, 2017).

Edmond, Chris, Virgiliu Midrigan, and Daniel Y. Xu. 2015. "Competition, Markups, and the Gains from International Trade." *American Economic Review* 105 (10): 3183–221.

Epifani, Paolo, and Gino Gancia. 2011. "Trade, Markup Heterogeneity and Misallocations." *Journal of International Economics* 83 (1): 1–13.

Eslava, Marcela, John C. Haltiwanger, Adriana Kugler, and Maurice Kugler. 2013. "Trade and Market Selection: Evidence from Manufacturing Plants in Colombia." *Review of Economic Dynamics* 16 (1): 135–58.

Fan, Haichao, Yao Amber Li, and Stephen R. Yeaple. 2015. "Trade Liberalization, Quality, and Export Prices." *Review of Economics and Statistics* 97 (5): 1033–51.

Freund, Caroline, and Bineswaree Bolaky. 2008. "Trade, Regulations, and Income." *Journal of Development Economics* 87 (2): 309–21.

Garcia Marin, Alvaro, and Nico Voigtländer. 2013. "Exporting and Plant-Level Efficiency Gains: It's in the Measure." National Bureau of Economic Research Working Paper 19033.

Giroud, Xavier, and Holger M. Mueller. 2010. "Does Corporate Governance Matter in Competitive Industries?" *Journal of Financial Economics* 95 (3): 312–31.

Goldberg, Pinelopi Koujianou, Amit Kumar Khandelwal, Nina Pavcnik, and Petia Topalova. 2010. "Imported Intermediate Inputs and Domestic Productivity Growth." *Quarterly Journal of Economics* 125 (4): 1727–67.

Griliches, Zvi, and Haim Regev. 1995. "Firm Productivity in Israeli Industry: 1979–1988." *Journal of Econometrics* 65 (1): 175–203.

Halpern, László, Miklós Koren, and Adam Szeidl. 2015. "Imported Inputs and Productivity." *American Economic Review* 105 (12): 3660–3703.

Haltiwanger, John C. 1997. "Measuring and Analyzing Aggregate Fluctuations: The Importance of Building from Microeconomic Evidence." *Federal Reserve Bank of St. Louis Review* 79 (3): 55–77.

Kee, Hiau Looi, and Heiwai Tang. 2016. "Domestic Value Added in Exports: Theory and Firm Evidence from China." *American Economic Review* 106 (6): 1402–36.

Khandelwal, Amit K., Peter K. Schott, and Shang-Jin Wei. 2013. "Trade Liberalization and Embedded Institutional Reform: Evidence from Chinese Exporters." *American Economic Review* 103 (6): 2169–95.

Levinsohn, James. 1993. "Testing the Imports-as-Market-Discipline Hypothesis." *Journal of International Economics* 35 (1–2): 1–22.

Lu, Yi, and Linhui Yu. 2015. "Trade Liberalization and Markup Dispersion: Evidence from China's WTO Accession." *American Economic Journal: Applied Economics* 7 (4): 221–53.

Melitz, Marc J. 2003. "The Impact of Trade on Intra-Industry Reallocations and Aggregate Industry Productivity." *Econometrica* 71 (6): 1695–1725.

Melitz, Marc J., and Gianmarco I. P. Ottaviano. 2008. "Market Size, Trade, and Productivity." *Review of Economic Studies* 75 (1): 295–316.

Murphy, Kevin M, Andrei Shleifer, and Robert W. Vishny. 1992. "The Transition to a Market Economy: Pitfalls of Partial Reform." *Quarterly Journal of Economics* 107 (3): 889–906.

Pavcnik, Nina. 2002. "Trade Liberalization, Exit, and Productivity Improvement: Evidence from Chilean Plants." *Review of Economic Studies* 69 (1): 245–76.

Raith, Michael. 2003. "Competition, Risk, and Managerial Incentives." *American Economic Review* 93 (4): 1425–36.

Ravenscraft, David J., and Curtis L. Wagner III. 1991. "The Role of the FTC's Line of Business Data in Testing and Expanding the Theory of the Firm." *Journal of Law and Economics* 34 (2): 703–39.

Salvo, Alberto. 2010. "Inferring Market Power under the Threat of Entry: The Case of the Brazilian Cement Industry." *RAND Journal of Economics* 41 (2): 326–50.

Schmidt, Klaus M. 1997. "Managerial Incentives and Product Market Competition." *Review of Economic Studies* 64 (2): 191–213.

Schmitz, James A. 2005. "What Determines Productivity? Lessons from the Dramatic Recovery of the US and Canadian Iron Ore Industries Following Their Early 1980s Crisis." *Journal of Political Economy* 113 (3): 582–625.

Schor, Adriana. 2004. "Heterogeneous Productivity Response to Tariff Reduction. Evidence from Brazilian Manufacturing Firms." *Journal of Development Economics* 75 (2): 373–96.

Syverson, Chad. 2004. "Market Structure and Productivity: A Concrete Example." *Journal of Political Economy* 112 (6): 1181–1222.

Topalova, Petia, and Amit Khandelwal. 2011. "Trade Liberalization and Firm Productivity: The Case of India." *Review of Economics and Statistics* 93 (3): 995–1009.

Tybout, James R. and M. Daniel Westbrook. 1995. "Trade Liberalization and the Dimensions of Efficiency Change in Mexican Manufacturing Industries." *Journal of International Economics* 39 (1–2): 53–78.

World Bank. World Integrated Trade Solution. Data on Export, Import, Tariff, NTM. http://wits.worldbank.org/ (accessed December 30, 2009).

Yu, Miaojie. 2014. "Processing Trade, Tariff Reductions and Firm Productivity: Evidence from Chinese Firms." *Economic Journal* 125 (585): 943–88.

改革开放40年再思考

平衡充分良性发展的制度逻辑

田国强

引　言

中国改革开放即将迎来40周年。这一由邓小平创导和十一届三中全会做出的宏伟战略决策，已让中国走上了一条经济市场化和对外开放兼容的强国富民之路，拉开了中国自近代以来最辉煌的历史篇章，尽管在这过程中存在这样和那样的问题，但取得了前所未有的发展成就①。作为人口规模超10亿量级的经济体，中国能实现持续40年的高速增长，国内生产总值稳居世界第二，并使约5亿人口摆脱贫困（接近当前整个欧盟的人口规模），这是世界经济发展史上的一个奇迹。中国经济体制也初步实现了由原先铁板一块的计划经济体制向多种所有制共同发展的现代市场经济体制转型，非国有经济的工业总产值占比从改革初期的8.78%发展到目前的超过80%，成为中国经济增长的主要动力。时至今日，中国诸多经济总量指标跃居全球数一数二的位置，政治大国地位逐渐确立，已成为世界政治经济格局中一股举足轻重的力量。

基于取得的巨大发展成就及所面临的机遇挑战，十九大提出了具有重大历

---

* 本文基于作者2017年9月24日在上海财经大学百年校庆财经季系列高端公益讲座上的演讲整理、扩充，十九大召开后又修改而成。

① 关于中国改革开放历史的系统梳理和总结，笔者在合著的《中国改革：历史、逻辑和未来——振兴中华变革论》（中信出版社，2016年第2版）中已有详细阐述。

史性意义的新时代、新使命、新征程的论断，明确了从全面建成小康社会到基本实现现代化，再到全面建成社会主义现代化强国的新“三部曲”宏伟战略安排。与此同时，对于新时代中国社会的主要矛盾，十九大报告则指出已经转化为人民日益增长的美好生活需要和不平衡不充分的发展之间的矛盾。为此，需要弄清楚两个基本问题：

第一，是什么导致了过去的发展是不平衡不充分的，从而无法满足人民日益增长的美好生活需要？根本原因是，与充分发挥市场在资源配置中的决定性作用为基本特征的现代市场经济制度及和谐社会相比还有较大的距离，政府不仅在资源配置还在其他许多方面仍然居主导地位，大量越位和错位，限制和压制了市场作用的发挥，而在维护市场秩序和提供公共服务方面大量缺位，在许多方面导致了人为和自身两种性质不同的市场失灵及众多社会治理问题。简言之，没有处理好政府与市场和社会的关系，过去传统的发展模式是一种政府过度有为的大政府、弱市场、小社会的治理模式。这些反映了我们过去的制度模式还有改进空间，需要予以正视和重视，不能盲目自大、故步自封。

第二，新的发展理念是什么？如何才能有效应对和解决这个社会主要矛盾，实现前述的“三部曲”愿景目标和战略规划？良性经济社会发展是解决社会主要矛盾的核心手段，要推动经济质量变革、效率变革、动力变革和形成有效的社会治理、良好的社会秩序。十八届五中全会确立了创新、协调、绿色、开放、共享五大发展新理念，十九大提出，建设现代化经济体系是跨越关口的迫切要求和我国发展的战略目标。“现代化经济体系”这个新的概念范畴，其科学内涵包括：坚持质量第一、效益优先，以供给侧结构性改革为主线；加快建设实体经济、科技创新、现代金融、人力资源协同发展的产业体系；构建市场机制有效、微观主体有活力、宏观调控有度的经济体制。这些都需要制度变革，从而首先需要了解其背后的实现动力机制。

在现实中，中国社会主要矛盾常表现为纷繁复杂的众多热点、难点问题，典型的表现就是收入差距和城乡差距依然过大，社会公平正义与和谐稳定、生态环境等方面出现了较大的问题，改革的共识在弱化和分化，更重要的是既定的改革部署和重大政策措施需要进一步落实，这些问题在习近平主席的十九大报告都有涉及，并指出必须着力加以落实解决。除了表象的问题，我们更要关注经济社会发展过程中出现的一些基本共性问题，那些能够让经济长期稳定且可持续发展及社会和谐发展的全局性长远问题。而这背后的基本问题是平衡充分良性发展的制度逻辑问题。平衡充分的良性发展主要包括两大方面——经济的良性发展和社会的良性发展。

研究中国改革要有前瞻性，早在2007年《和谐社会构建与现代市场体系完善》和2008年《从拨乱反正、市场经济到和谐社会构建——效率、公平与和谐发展的关键是合理界定政府与市场的边界》两篇文章中，笔者就论及，要让经济社会得到良性发展，仅谈政府与市场的边界及其关系远远不够，还要谈政府与社会的边界及其关系。对于中国下一步的经济社会发展，十九大提出了要推动经济质量变革、效率变革、动力变革和形成有效的社会治理、良好的社会秩序的目标要求，这需要我们深刻认识其背后的实现动力机制。

本文重点从经济和社会良性发展角度切入来谈其背后的制度逻辑及其改革治理应对。具体结构安排如下：第一部分重点剖析当前中国实体经济面临的发展困境和造成的社会问题及其原因所在，探讨为什么要素驱动发展模式不具可持续性。第二部分探讨经济和社会平衡充分良性发展的制度逻辑是什么，以及找出病灶以后改革治理应该怎么做。第三部分给出促进平衡充分良性发展的改革方向和切入点。

一、多重因素叠加下的不充分不平衡发展问题

十九大对于过去传统的经济社会发展方式所带来的不平衡不充分问题有比较明确的阐述："……发展质量和效益还不高，创新能力不够强，实体经济水平有待提高，生态环境保护任重道远；民生领域还有不少短板，脱贫攻坚任务艰巨，城乡区域发展和收入分配差距依然较大，群众在就业、教育、医疗、居住、养老等方面面临不少难题；社会文明水平尚需提高；社会矛盾和问题交织叠加，全面依法治国任务依然繁重，国家治理体系和治理能力有待加强……"以上对不平衡不充分问题的阐释，实际上指向了经济、社会和政府三个层面。

首先，经济层面的不平衡不充分表现为发展的不可持续性，特别是近些年来经济增速持续下滑。自2011年来中国经济增长已由此前三十多年来近10%的平均增长速度，一路快速下滑，破10、破9、破8、破7，平均下滑了3个百分点以上，降至2016年的6.7%。低于7%这样的长时间持续下滑是改革开放以来从未有过的，感觉很不正常。尽管我们不能一味追求增长速度，但也要弄清快速下滑的原因，经济发展毕竟是解决社会主要矛盾的核心手段。

对这种经济增长率持续过快下滑，学界有许多解读，有人认为是短期原因，是周期性、外部性及产业结构因素使然，强调的是短期应对的财政和货币政策及选择性的硬性产业政策。无论是周期性原因，还是经济社会发展、科学技术发明和创新导致的结构性变化，或外部的原因，这些或多或少都是有的，但都不是最根本和关键因素。也有人认为是长期原因，很正常，是“新常态”，是潜在增长率极速放缓造成的，由此既不强调短期应对，也不强调制度性改革。尽管根据要素收益递减规律，经济增长中枢已下移，但下滑程度应是缓慢过程，不应那么快、那么大，短短几年就降了3个多百分点。即使抛开改革治理等制度建设所带来的可能红利不论，仅从劳动力、资本和全要素生产率等方面看，中国经济潜在增长率并未大幅下滑。

这些都没有找到真正原因。中国作为转型经济体，面临着发展驱动和现代经济体系双转型滞后问题，其背后是治理结构的失衡，这些才是导致实际经济增长低于潜在经济增长更为关键的制度根源。我们现在从经济理论、量化分析、历史比较相结合的分析来说明。

最近几年中国经济继续下滑外部性的因素不大。面对这一轮全球金融危机，各国经济都受到整体外部经济环境的影响，经历了减速过程，但主要经济体中的许多国家早已进入回升或波动上升平衡增长轨道，像中国这样持续下滑的基本没有。同时，看来也不像周期性的原因。中国这一轮经济增长减速是改革开放以来最长时段的下滑，自2007年以来已整整10年，与其他主要经济体相比也是不多见的，并且下滑的风险仍在，而其他经济体都基本回复到平衡增长点附件。上一轮下滑因中国加入WTO之后因扩大开放得到了扭转，那这一次下滑靠什么扭转？靠深化改革！

改革动因之一：要素边际收益递减，要素驱动红利导致增长中枢下移，靠要素驱动，特别是靠投资拉动，已经不具有可持续性。这说明一味靠财政政策、靠追加资本投资所带来的收益将会加速下滑，进而造成高资本投入、低投资回报的结果。

改革动因之二：政府主导动力枯竭、内生增长匮乏。尽管分税制改革取得相当成效，但由于地方财力和事权本身不匹配，导致地方政府干预经济获取财政收入的激励加大，导致产能过剩、效率低下和寻租空间巨大，且不具可持续性。同时，土地财政也空前膨胀，推动房价高速增长，刺激投机资金涌入，挤压实体经济。

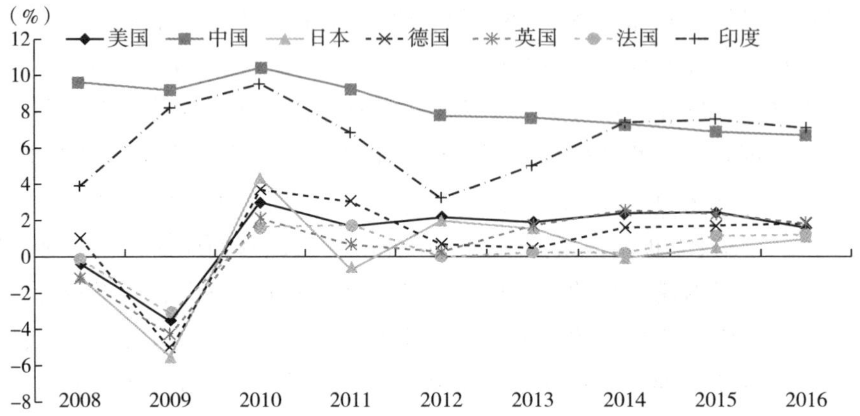

图 1　2008 年以来全球前七大经济体经济增速一览

资料来源：世界银行。

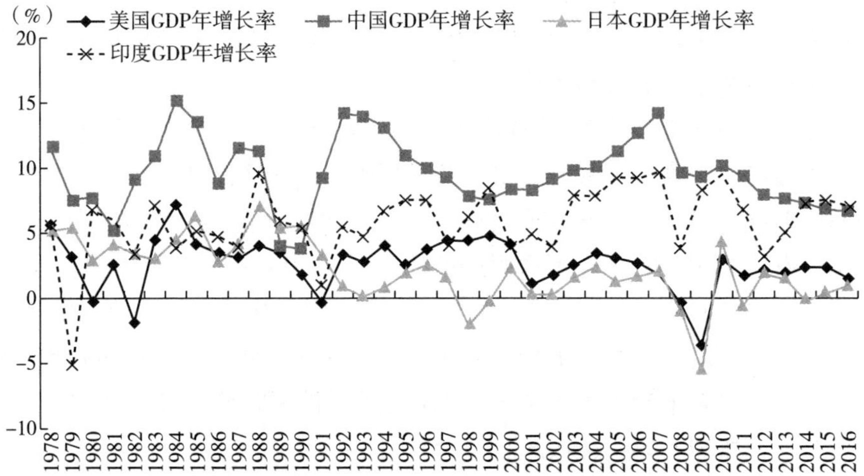

图 2　1978 年以来中美日印四国经济增速一览

资料来源：世界银行。

改革动因之三：国有企业产能过剩、挤压民营经济，经济活力下降。观察近年来各省经济增长数据，可以发现一个现象，即国有经济比重越大、民营经济越不发展的省份往往经济增速越靠后，下降得越快，如东三省、山西省。国有企业往往凭借控制资源能源与优先获取金融资源的优势而占据过多要素，民营中小微企业则面临融资难、融资贵、生产成本高的问题，发展严重受限，没有形成一个良性的竞争机制，效率低下及经济活力、动力下降。

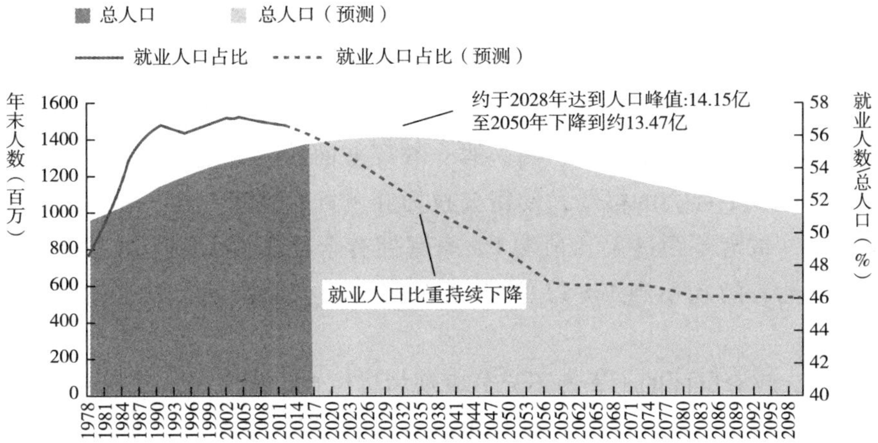

图 3　中国就业人口比重持续下降

资料来源：国家统计局，联合国人口预测，上海财经大学高等研究院。

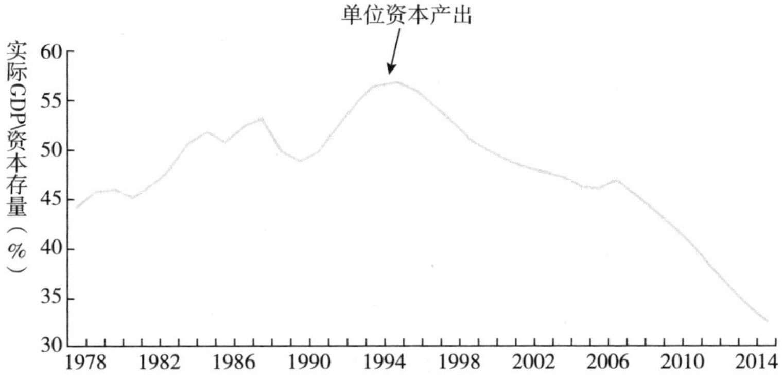

图 4　资本边际报酬明显递减

资料来源：国家统计局，上海财经大学高等研究院。

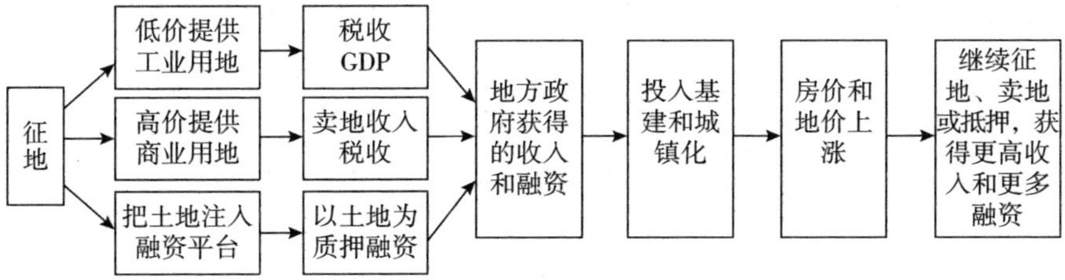

图 5　中国的土地财政

资料来源：参见周哲《土地财政寻思》，《财经》，2016 年第 31 期。

其次，社会层面的不平衡不充分表现为民生资源分配不均衡、社会失衡失序严重。中国各级政府更多还是发展型政府，而非公共服务型政府。在市场可以发挥作用的地方越位和错位，在市场不能发挥作用或容易失灵的地方却大量缺位，导致了生、老、病、居、教等方面的后顾之忧问题。由于大政府、弱市场、小社会的格局，使得公权力介入社会治理过多，造成社会公平正义不足，贫富差距过大（顶端1%家庭拥有全社会近1/3的财富，而25%底层家庭拥有的却不到1%），社会规范扭曲，社会文明、社会治理有滑坡的迹象。

再次，政府层面的不平衡不充分表现为过位缺位现象严重。政府与经济活动至今密切相关，政商关系仍密不可分，“跑项目、拿批文”是其一大特征，这样过位的过度干预导致市场人为失灵，而在市场自然失灵应该发挥作用的地方和政府执行力方面缺位。政府的各种程序审批、项目审批、准入壁垒依然众多，维护和服务性的有能、有为、有效、有爱的有限政府的目标还远没达到。政府部门（无论是否该管的）办事效率的高低，就成为影响发展包括经济发展的重要因素。一旦影响了政府官员的办事积极性，增长动力就会衰减，从而进一步加剧了实体经济的困境。

当然，这也与一些政府官员对“新常态”的理解出现两种偏差有关。一种认为经济增速过快下滑是正常的。其实不然，任何没有进入平衡增长轨道的发展中经济都可以有较高的增长速度，中国经济仍然属于发展中经济。另外一种是认为经济下滑主要是外部和周期性的原因，要保增长，解决经济增速下滑问题，以为政府只要采取一些短期的财政和货币政策刺激和干预，就可以解决问题，从而加大了政府的不当干预，导致经济结构更加扭曲。

上面提及的种种改革动因与问题，可进一步归纳为三个结构性失衡：经济结构失衡（需求、产业、市场结构、虚实经济失衡，转型驱动发展滞后）；体制结构失衡（重政府轻市场、重国富轻民富、重发展轻服务，发展逻辑错位）；治理结构失衡（贫富差距过大，改革共识减弱，治理粗暴简单，社会矛盾增加，生态环境恶化，中央决议、决策和地方/部门执行落差大，治理逻辑失灵）。

这三个结构性失衡导致了改革开放40年来成就巨大和问题也特别多的两头冒尖情况，使经济社会的发展不平衡不充分，全要素/潜在生产率也无法得到提升。面对经济增长的制度性障碍，短期的财政、货币政策刺激及选择性的硬性产业政策不是完全无效和不需要，但作用有限，刺激政策治标不治本。以上因素如不能得到解决，误区得不到纠正，那么中国的经济只能一如既往地随着政策松紧而上下波动，造成过去几十年反复看到的现象：一放就乱、一乱就收、一收就死的反复循环。

根本的出路，在于按照十九大精神，贯彻五大新发展理念，推动质量变革、效率变革、动力变革，提高全要素生产率，建立现代经济体系。细节决定成败，改革方式也极端重要，需要以改革、发展、稳定、创新和治理五位一体的综合改革方式进行治理，既要有短中期应对的政策及过渡性制度安排，也要有长期治理的深化改革，最终建立有能、有为、有效、有爱的有限政府和实现国家治理现代化。新时代全面深化改革的关键任务是提供制度基础的改革。

二、良性发展的制度逻辑及改革

十九大报告明确提出，要“着力构建市场机制有效、微观主体有活力、宏观调控有度的经济体制”。这样一个经济体制有赖于正确处理好政府与市场的关系，真正做到让市场在资源配置中发挥决定性作用，同时让政府在维护（如保障市场秩序）和服务（如弥补市场失灵）方面发挥更好的作用。尤其要注意的是，政府的治理边界应该聚焦在维护和服务上，一旦超出这个界限，会让市场人为失灵和更加低效。要解决人为和自身的两种市场失灵，都必须要靠制度和法治。中国经济发展到今天，迫切需要一个好的制度和法治环境，来有效制约政府公权力对经济活动的任意干预，将政府职能限定在以维护和公共服务为主导的范围之内，明晰界定并保护各种产权，从效率和创新两个维度来支持和增进市场，促进社会的包容性发展。只有政府服务的“援助之手”发挥作用，社会才能变得公平正义、安定有序、和谐稳定。这就需要深化市场化改革及其配套体制机制改革，以此为中国实体经济服务和实现社会经济良性发展。

当然，除了内部深化改革、放开搞活，通过制度和法治来合理界定和厘清政府与市场、政府与社会的治理边界，推进国家治理体系和治理能力现代化，还需要充分认识到开放的极度重要性，对外进一步开放搞活。纵观中国历史，在明清以前，盛世常常是与开放联系在一起的。早在两千多年前，西汉时期的中国就已开始与西域在经济和文化上往来交通，特别是与匈奴的河西之战打通“丝绸之路”之后，开通了连接古代亚洲、欧洲和非洲各大文明区的陆上商业贸易路线，中国的造纸、印刷术、火药、指南针四大发明，以及丝绸、茶叶、瓷器、中医药等经此传送到了世界各地，而西方的珍禽异兽、犀角香料、玻璃器皿、乐器和天文学等也纷纷输入中国。中国倡议的“一带一路”，从某种意义上就是接续历史上的开放传统。现代世界，改革与开放是相互依托、相辅相成的内在逻辑关系：没有改革，开放无法展开，没有开放，关着门来搞改革，看不到世界的发展进步，改革一定也无法深入。

下面着力从七个方面来论述良性发展的制度逻辑及其改革。

1. 基础制度才是经济良性发展的关键所在

中国实体经济陷入困境背后的原因是多方面的，包括周期性因素、外部性因素、国情因素，等等。比如，外部性因素，美国的贸易政策、减税政策、政治因素等波动都可能对我们造成很大影响。当然，我们也可能影响美国和其他国家，大家本来就是相互影响，也可能是相互促进。国与国之间在处理问题时都是利己的、逐利的，美国肯定是站在美国的立场上，我们当然也是站在自己的立场上。但无论怎样影响，外部因素不是最根本的，问题更多是自身原因造成的，这就好比流感，如果自己身体足够好，抵抗力强，即使病毒来了也能抗得住，不会感冒。

对中国经济和社会自身的问题，也要从源头上解决，从根本原因和根源来看主要是制度因素。在体制机制改革和治理方面现在还有不少需要解决的地方和问题，因此深层次的根源是制度原因。十八届三中全会已经给我们指明了体制机制及其深化改革的方面，但进展缓慢，有利于激发人们创业创新的基础元制度还没有很好地建立起来。基础制度才是经济和社会良性发展的关键所在，是决定性的因素。基础制度由三方面的制度安排组成：（1）治理（governance），并且必定要有依法治国的强制能力（coercive capacity）和政府的强执行力等方面的治理；（2）具有诱因的激励制度，如市场制度，从而必定是包容性的经济制度；（3）社会规范，也就是文化和理念的因素，这种非正式制度安排是非常重要的。一流企业生产文化，二流企业生产技术，三流企业才生产产品。企业的文化，学校的文化，一个国家的文化和理念，是最节省制度成本的，但不能在短期内形成，需要长期慢慢地积累，反复迭代积淀才能形成。

在由政府、市场与社会组成的现代社会中，好的治理决定了好的市场经济和好的社会规范，其关键就是政府的定位要恰当，并且政府是主体，而市场和社会是客体，必须主要靠政府主动去界定和厘清，当然这也导致了改革的异常艰巨。

2. 改革不改革、改革到位不到位，经济增长差异巨大

中国经济的大发展需要从经济自由化向市场化、民营化的深层次制度改革来实现。是否采取了这样导向的改革，其差异巨大。中国有很多例子，1980年初的时候小平同志说，中国本世纪经济发展，在GDP方面要翻两番。要达到这个目标，需要将GDP增速从当时的4%提升到7%以上。这样的高目标当时看起来似乎是不可能的，几乎所有的经济学家，包括笔者的导师林少宫和张培刚两位教授在给我们上课时论及此事，也都认为这是不可能的事情。因为他们是在假定制度环境不变的情况下来考虑这个问题，在20年这么长的一段时间内将GDP提高整整3个百分点确实难以想象。但是，从计划经济向市场为导向的改革开放的结果大大超出了这个目标。这是被实践所检验的结论，量化分析的结果告诉我们将来经济增长和发展的预测也大致如此。

四位俄罗斯裔经济学家在NBER（美国国民经济研究局）的工作论文（2015）《1953年以来的中国经济》对1953—2012年中国经济增长因素进行了分析，并对2012—2050年经济增长做了预测，通过运用国际前沿的“楔子法”（wedge method）找到一些领域扭曲最大的地方，分别以改革开放前后各因素的贡献作为假设进行预测比较，其结论就是，改革与不改革，对经济增长影响的差别巨大，年增长率在2012—2024年相差近3个百分点而改革开放前后30年相差更大，超过4个百分点①。

表1　不同发展路径下的预测增长率比较

	2012—2024	2024—2036	2036—2050
以改革开放后的路径发展	7.8%	5.2%	3.6%
以改革开放前的路径发展	5%	4.6%	3.9%

① Cheremukhin A, Golosov M, Guriev S, et al. The economy of people's republic of China from 1953. *National Bureau of Economic Research*, 2015.

为了检验这个量化结果的准确性，上海财经大学高等研究院“中国宏观经济形势分析与预测”课题组也进行了不同的量化分析，通过“楔子法”也给予了同样的验证。在市场化的城乡改革和国有企业改革均迅速实现较为理想化的情景下，我国经济的潜在增长率在未来很长时间内都将保持在相当高的水平，自2016年起，仍能在未来的7—8年内保持7%以上的平均增速。与之相反，如果自2016年起各项改革即陷入停滞，则潜在增长率也会受到较大影响，在2016—2020年和2021—2025年的平均增速仅有5.57%和4.36%，极大地推升我国经济掉入中等收入陷阱的风险。

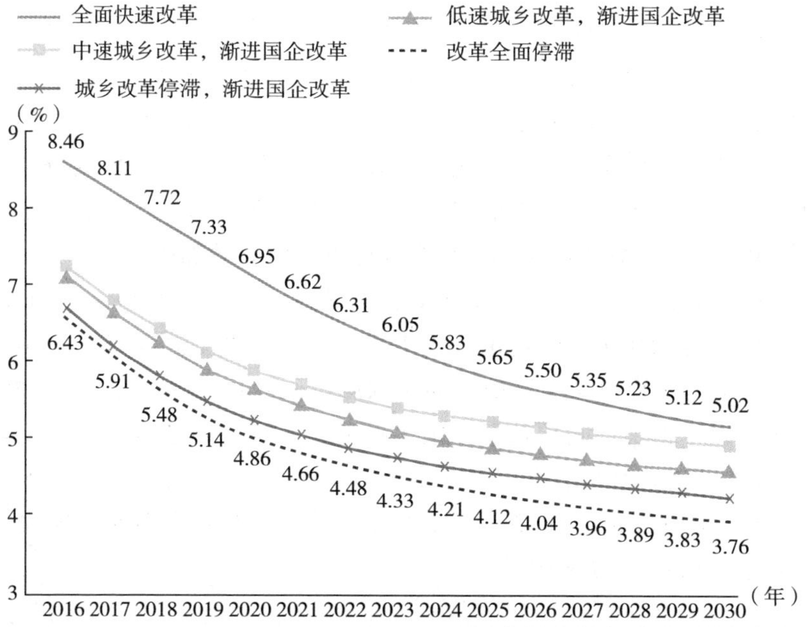

图6　中国宏观经济长时段分析与预测

资料来源：《2017中国宏观经济形势分析与预测年度报告——风险评估、政策模拟及其治理》，上海财经大学出版社，2017版，第135页。

3. 激发创新与企业家精神有赖于基础制度环境

中国要从大国到强国，其发展方式必须从不可持续的要素驱动转向创新驱动。那么，创新，特别是应用性的科技创新，靠什么？创新型社会如何形成？要靠企业家，要靠企业家精神！靠能有利于创新、激励创新，能形成大批企业家和创新型企业的基础制度环境。很多人，包括许多知名教授认识到了企业家、企业家精神的重要性，其看法当然是对的，但遗憾的是他们没有论及产生企业家和企业家精神背后的制度基础才是根本的，甚至有些人还认为制度不重要。这样的观点是大错特错的。企业家及其企业家精神不是一个天然具有的，企业家精神是衍生制度，是表层制度，它是依赖于基本、基础的元制度，它需要有一个良好的制度环境作为前提条件。比如国企里面能有多少企业家和企业家精神，在笔者看来很少。即使民企都是逐利的，但能否及愿意去创新则取决于基本的市场制度，并且是规范的竞争市场制度，而不是政府随意干扰它才形成的。

科技创新不是孤立的，是建立在制度创新基础上的。科技创新与制度创新的关系是作用与反作用的关系。好的制度可以降低创新活动的交易成本，创造合作条件，提供激励机制，还有利于创新利益的内部化。科技创新体系制度基础的建设目标之一就是要促进创新要素间的互动与合作。的确如此，著名经济学家鲍莫尔（William Baumol）扩展了熊彼特的创新理论，论述了创新和企业家精神的确立依赖于制度的选择，从而是内生变量。如果影响企业家行为配置的游戏规则是非常性乃至破坏性的，那么创新和企业家精神也得不到释放。

有观点认为竞争不重要，垄断最重要，其逻辑是竞争的市场没有利润，而垄断的市场有利润，企业才愿意去创新，所以垄断很重要。这种似是而非的逻辑判断是机械、死板、静态的判读，是因果倒置。而笔者的看法恰恰相反，是竞争而不是垄断才有动力去创新，不是垄断才有创新，而是创新才有垄断，不能因果倒置。如果只是谈垄断重要，那国企改革就不要改了，它本身就是垄断的，运输行业、金融行业、有规模经济的行业等基本上是被政府、国企垄断的，它们有创新的动力吗？其实，市场竞争和企业创新是不可分割的主体，它是一种辩证统一的动态关系。哪个企业或企业家喜欢竞争？没有一个喜欢竞争，钱不好赚，竞争赚不到钱，企业家不喜欢竞争，最好是垄断起来。而老百姓作为产品的需求方，却非常喜欢竞争的市场，他们能以最便宜的价格买到同质的产品，会有更高质量和新的产品供其选择。如果市场是自由的、规范的，不是垄断的，在一种自由有序竞争的情况下，企业要获得大利，唯一的选择就是创新。就像苹果公司，21 世纪初，由于创始人乔布斯被解雇了，苹果公司几乎处于破产边缘，其股价一度跌到 3 美元左右，乔布斯回归苹果公司后，通过颠覆性、革命性的创新，创造性地发明了智能手机，重新占领了市场，获得了巨大利润，促使其他手机厂商跟进，不断地改革创新，国内也诞生了一批诸如华为手机、小米手机等优秀手机品牌。

所以，市场竞争和企业创新是不可分割的整体，不能将其对立起来。竞争导致企业利润下降，竞争越激烈，企业利润下降越快，利润下降导致企业有动力去创新，并且要生存就不得不去创新，创新得到垄断地位从而获得垄断利润，垄断利润就会吸引更多企业参与竞争，从而形成竞争→创新→垄断→竞争这样的反复循环过程。通过这种动态博弈，市场保持活力，导致社会福利增加和经济发展。民营企业而不是政府、国有企业，才是创新的主体，中国经济向创新驱动的转型关键还是要靠民营经济的大发展。

概而言之，有利于创新的基本和基础性元制度才是最为关键的，如现代市场制度的建立。中国应致力于在经济领域形成这一制度性的良性循环过程，这才是企业愿意去创新的根本动力。从构建制度环境层面看，就企业而言，包括构建明确的产权制度、良好的市场环境和相容的激励机制；就政府而言，包括有效的制度安排以及相关的支撑条件的构建。同时，在不同的博弈阶段，政治经济社会文化制度环境常常会由于前期的博弈互动积累而出现变化，不能把它永远固化，这样新的制度设计就要根据变化了的制度环境来制定，要因时、因地、因人、因事而异，不能凭空想象或刻舟求剑，演化和设计由此形成一种动态耦合。

4. 良性制度基于人性、信息和激励，它既是演化的，也是设计的

从以上讨论可见，制度既是演化的，更是设计的，比如改革，制定新的规则，给人们经济自由等都是一种制度设计，设计可以加速制度的演化进程和转型，而不像奥地利学派所认为的那样只能完全演化。如果认为制度完全是演化的，那就不用改革了，特别是通过政府的干预把制度环境扭曲以后，我们还要用政府的执行力来促使改革，所以说改革制定新的规则。改革和制度约束并不意味着要收紧，放开也是一种改革，一种制度安排的设计。我们想达到既定目标，但是信息又不对称，怎么设计出一个游戏规则，即使个体在追求自身利益的同时，正好也达到了社会和设计者、改革者所想达到的目标，这就是激励制度，但是现在很多制度是激励扭曲的。所以，制度的设计非常重要。人的利己无所谓好坏之说，无论是理性还是有限理性，都属于个体自利性或逐利

性。事实上，任何社会现象归根结底都产生于个体的逐利性和个体之间信息的不对称性，关键在于用什么制度向什么方向引导。邓小平说得好：“制度好可以使坏人无法任意横行，制度不好可以使好人无法充分做好事，甚至走向反面。”

要解决好治理和发展的逻辑，就要立足于信息不对称和个体自利性这两个最大客观现实，它们是制度设计的基本逻辑出发点。不同的制度安排将导致人们不同的激励反应，不同的权衡取舍结果，进而导致不同的结果。这就是中国的松绑放权改革取得如此巨大成就的原因，也是要调动老百姓的积极性，要明晰产权界定，要让市场在资源配置中发挥决定性作用的根本原因。当然，市场机制也有很多问题，完全自由的市场不能解决收入差距过大的问题，不能解决公共品和公共服务不足的问题，不能解决规模经济的问题，不能解决竞争导致垄断的问题。因为它把人的逐利性、恶的方面充分调动起来了，因此需要恰当的引导，需要规范，从而需要政府发挥维护和服务的作用。如十九大报告中所提及的，未来仍需要“保持宏观经济稳定，加强转变政府职能，深化简政放权，创新监管方式，增强政府公信力和执行力，建设人民满意的服务型政府”。其核心问题是处理好政府与市场、政府与社会的关系。

5. 良性发展呼唤有能、有为、有效、有爱的有限政府

如前面提到的，我们需要有好的市场经济、好的社会规范，政府的恰当定位至为关键。的确如此，政府有很大的信息盲区，不可能成为事事都有为的“有为政府”，因而政府定位一定要恰当、合理。为此，笔者最近提出了政府的定位应该是“五有”政府，即应该以有能、有为、有效、有爱的有限政府为目标推进改革，起到维护和服务的作用。简言之，有能主要是讲政府执行力的问题，有为就是政府在应该作为的地方不缺位，有效是政府行政的效能和效率问题，这三个主要是处理好政府与市场的关系，以促进有效市场形成为导向，有爱则是讲处理好政府与社会的关系。

至于有限政府，就是凡是现有市场能做好的，让市场去做，市场不能做好的，政府才需要发挥作用。这样，它的治理边界一定是有限的。如果像不少人那样反对有限政府的说法，就必然认为政府的治理边界是无限的，由此就会造成更大、更严重的人为市场失灵，使其无法发挥好的作用，但许多过

度强调政府作用的人没有充分认识到政府过位的危害性。有限政府的基本含义就是，只要市场能有效发挥作用，就应该让市场发挥决定性作用，只有当市场失灵（由政府的缺位或过位造成）时，政府就应该有为去补位或去位。所以，有限政府的治理边界应该基本限定在维护和服务上，起到维护和服务的补位作用。

人们对有限政府的提法有许多误读、误解，以为在任何情形下就只是哈耶克描述的“守夜人”的作用。为了消除和避免这样的误读、误解，笔者在这里特别强调的是，对不同的发展阶段，不同的体制，作为有限政府，其维护和服务的具体作用、内涵和程度会有很大的不同。比如，对理想极限状态，有限政府的边界是最小的，基本就是哈耶克描述的“守夜人”角色。然而，对现实中的经济体，发展中国家，特别是转型经济体，市场还不是一个有效市场，归因于两方面的失灵。如前所述，一方面是标准经济学教科书中界定的市场本身的失灵，而政府又没有去补位，另一方面是由于政府的过位、错位所致的人为市场失灵，而政府又没有从中抽身。这两方面原因的任何一个发生，都造成无法形成有效市场。

这时，政府就比“守夜人”政府要发挥更大、更好、更有执行力的作用，比如政府启动和主导改革，建立和完善有利于经济发展、创业创新的现代市场制度，提供提升市场功能的产业政策（功能性或软性产业政策）以及针对新兴行业和基础行业的政策（包括适度的选择性或硬性产业政策）方面的支持等。这些都是由于发展过程中或转轨过程中的经济体还没有形成有效市场，因此政府应该发挥更多这方面的维护和服务作用，当然是通过制度的建立来解决这方面的问题，而不是直接干预经济。所以说，有限政府，特别在转轨过程中的有限政府和“守夜人”的有限政府，在很大程度上是不一样的，尽管都起到维护和服务的作用，但是内涵和目标、任务及其程度等方面都有很大的差别。

所以，尽管经济环境不同，发展阶段不同，有限政府作用的内涵及其程度当然会不同，但这些不同的作用都可归纳为政府在不同情景下应发挥维护和服务的作用。政府不仅要在它应该补位的地方“有为”，也要“有能”。所谓有能，就是有国家能力（State Capacity），能将国家意志、目标转化为现实的执行力。政府的执行力和权威对经济和社会的良性发展也是很重要的。政府执行力可以由两种方式体现。一种执行力是由激励相容的具有内在诱因的制度来体现，是一种自我实施、有“胡萝卜”柔性的有执行力的经济制度，其范畴主要体现在经济活动方面的制度，如建立良性市场制度。另一种执行力就是来自政府方面由强制力保障和驱动的执行力，如依法治国，规章制度及政策得到严格执行，严格起到维护（包括保护社会秩序、个体经济自由选择权和财产权等）和服务的作用等，这也是决定经济发展的一大重要因素和指标。中国经济改革之所以取得巨大成就，除了提供大量激励机制的松绑放权的经济改革，还有一个重要原因就是政府具有强有力的执行力，也是执政能力的重要体现之一①，使之政治社会稳定和政府决策能够得到贯彻。

此外，政府还要有爱，也就是让社会和谐的问题。有爱主要讲的是政府要关注民生、促进社会公平正义，解决生态环境、贫富差距、诚信友爱、安定有序等方面问题，是要处理好政府与社会的关系问题。为此，需要从与民争利的发展型政府向为公共利益服务的包容型政府转变。政府要最大限度地缩小自身的经济人角色，扩大公共服务范围和力度，弥补市场失灵，直至消除政府角色“缺位”的现象。一方面，为作为微观经济主体的企业创造良好的经济社会制度环境，提供经济发展所需的软硬件基础设施，这是政府公共服务的经济维度。另一方面，通过转移支付和财政手段支持教育、科技、文化、社会保障、公共医疗卫生、环境保护等社会发展项目，为全体公民参与市场竞争创造相对公平的起点，这是政府的社会性公共服务部分。如果我们的政府不真正为人民服务，公共服务没有到位，没有弥补市场失灵，而是缺位的话，那么老百姓怎么能长久地支持你的改革呢？怎么可能称我们正在打造的市场经济是好的市场经济呢？这就是笔者在前文中也谈到的，为什么近些年发现只讲政府与市场的关系远远不够，还要谈政府与社会，即还要关注良好社会规范的引导和形成。

因此，我们政府的改革治理目标应该是成为一个有能、有为、有效、有爱的有限政府，其实现有赖于制度的良好设计。由于在政府、市场和社会这个三维综合治理框架中，政府作为一种制度安排，有极强的正负外部性，既可以让市场有效，成为促进经济改革发展的动力，让社会和谐，实现科学发展；也可以让市场无效，导致社会矛盾重重，成为巨大的阻力。政府自身的改革，特别

---

① 十九大报告在论及提高党的执政能力和领导水平部分提出，要“坚持严管和厚爱结合、激励和约束并重，完善干部考核评价机制，建立激励机制和容错纠错机制，旗帜鲜明为那些敢于担当、踏实做事、不谋私利的干部撑腰鼓劲”。这与笔者这里提出的两个执行力有相似相通之处。

是政府职能的转变也就成了改革的关键和重要突破口。

6. 包容性经济制度、基于法治的国家强制能力是良性发展的必要条件

美国麻省理工学院达龙·阿西莫格鲁（Daron Acemoglu）和哈佛大学詹姆斯·罗宾逊（James Robinson）两位教授在《国家为什么会失败》一书中有一个观点，就是强调包容性经济制度对经济增长的重要性。笔者同意这个观点，但同时也认为，包容性经济制度这个维度只是必要条件，任何一个国家如果不实施包容性的市场机制，在经济发展方面如果是攫取性的，肯定不行，不具有可持续性。中国历史上的文景之治、开元盛世、贞观之治、康乾盛世等时期的轻徭薄赋政策，都是施行了比较包容性的经济国策，促进了经济增长。但是，他们的另外一种观点笔者不能完全同意。他们认为，政治制度一定是民主的、自由的国家才行，但其实仅仅看经济发展就可以推断这并不见得准确。中国两千多年的封建社会，绝大部分时期，直到 1840 年，中国无论是总产值还是 GDP 都是世界上数一数二的，但是封建王朝绝对不是民主的，也不是法治的，它们靠的是政府的权威性和执行能力，封建王朝也有很大的执行力。

当今世界，无论是美国的资本主义制度还是中国的社会主义制度，尽管政治制度不同，但政府在一个方面却是相同的，那就是这两个国家都有很强的执行力，再加上经济上都是比较包容性的制度，也就是胡萝卜加大棒缺一不可，所以都成为世界上经济政治方面数一数二的大国。可以看出，中国之所以在过去十几年来取得很大的成就，正应了小平同志所说的“发展是硬道理”和“压倒一切的是稳定”。当然，中国的封建王朝，没有解决长治久安的稳定问题，朝代就反复更迭，每一次变更导致了中华民族财产和人口的巨大损失，并不能说这样的封建制度是成功的，但总的来说，在过去两千年的大部分时间里，中国基本上是世界上数一数二富裕的国家，就是因为处理好了经济和国家这两个维度。

经济上的包容性和基于法治的国家强制能力（state coercive capacity）都说明了国家的执行力。经济上就是人性化的激励相容性，机制设计理论就是用执行力来等价表达激励相容的意思，这是一种柔性执行力，而强制能力却是一种刚性执行力，依法治国就是这方面的具体表现。如果能综合采用胡萝卜加大棒再加上包容性和谐社会理念，晓之以理、待之以利和动之以情，差不多是将一

件事情办成，如国家成功的充分条件。因此，具有激励相容的包容性经济制度和具有依法治国的国家强制能力的权威政府制度是一国良性发展和成功的必要条件，基本解释了古今中外一个国家、一个朝代为什么成功，包括了几乎所有国家的成功，而历史上缺乏这两个必要条件中的任何一个的国家基本上都是不成功的。

7. 良性发展呼唤国家治理、市场化和社会规范制度供给的综合改革

良性发展实际上是呼唤综合型治理方面的深化改革，经济上就是真正进行让市场在资源配置中发挥决定性作用和政府发挥好的作用的改革，政治上要有一个权威的国家治理能力和治理体系的现代化，第三个就是建立良好的社会规范。社会规范方面的问题不解决，精神文明和生态文明的问题不解决，经济不可能良性发展，社会不可能和谐。笔者非常认同上一届政府提出的社会主义和谐社会的特征：民主法治、公平正义、诚信有爱、充满活力、安定有序、人与自然和谐相处。即使我们的政府是一个有能、有为、有效的有限政府，但是没有爱也不行，当然有爱也不能过度，像欧洲过度的福利社会也不能长久，任何事情都有一个度。

总之，让经济良性发展、社会稳定和长治久安，政府的恰当定位至为关键，而这又要靠政府主动去改革，合理界定和厘清其治理边界，但要政府主动去改革却是异常困难和艰巨，每个部门很难将自己的部门主动改掉。所以，笔者的基本结论就是：中国经济社会良性发展的真正关键在于供给侧结构性体制改革，关键在于政府职能的合理定位。所以，深化改革应统一到十九大报告提出的“以完善产权制度和要素市场化配置为重点，实现产权有效激励、要素自由流动、价格反应灵活、竞争公平有序、企业优胜劣汰”和“转变政府职能，深化简政放权，创新监管方式，增强政府公信力和执行力，建设人民满意的服务型政府”上来。这两段话正好对应经济包容性、国家强制力（依法治国）和政府执行力及社会包容和谐性的提升。也就是，真正让市场在资源配置中起决定性作用，更好发挥政府作用，以市场化、法治化和社会规范化的结构性改革来同步解决做什么、谁去做、怎么做的问题，坚定不移地继续推行松绑放权和市场化制度性和有限政府职能的改革才是关键，而这样的深层次改革主要靠中央的权威性去推动才行。

三、促进良性发展的改革方向及切入点

近40年的改革开放无疑使中国距离实现民族复兴中国梦更加接近了，但是中国同时也面临着发展方式转变和深层制度转型的双重难题。基于以上认知，笔者认为新时代全面深化改革的关键任务是制度供给的综合性改革。深层次制度改革有三大重点目标任务：一是形成具有包容性的现代化经济体系；二是提升国家强制力和政府执行力；三是建立良好的社会规范和秩序及和谐有效的社会治理体系。

首先，提升经济包容性是中国经济发展驱动转型的需要。要素驱动已经无法支撑中国经济的可持续发展，必须向效率驱动和创新驱动转变。无论是效率驱动，还是创新驱动，都是建立在市场发挥决定性作用，企业家发挥关键性作用的基础上的。

一方面，创新驱动发展异常重要。要占得先机和取得优势，国家就需要有强大的创新能力，创新改变中国，创新改变世界，如同习近平总书记所言，“创新是引领发展的第一动力”。“坚持创新发展，必须把创新摆在国家发展全局的核心位置。”创新发展需要制度保障。至今，全球范围内的产业革命共有三次：英国的工业革命、美国和德国主导的第二次产业革命和现在正在发生的以人工智能制造为核心的第三次产业革命。每一次产业革命的发生和发展都与制度创新紧密相连，制度创新为产业革命的顺利开展提供支持。

另一方面，效率驱动是创新驱动的基础，没有效率上的改进谈不上创新。实现效率驱动，必须真正让市场发挥资源配置的决定性作用和政府发挥好的作用。改革千头万绪，以下三个领域可作为切入点：民营经济、金融市场和土地要素。让民营经济活起来，这方面民企有很大的优势和创新动力；让金融市场活起来，金融只有为实体经济服务才能底气十足；让土地要素活起来，要素市场扭曲等问题亟待引起重视并加以有效解决。具体而言，就是对待民营经济同等化、金融市场放开一体化、土地要素流转市场化。

1. 对待民营经济同等化

中国的经济改革之所以取得这么大的成就，民营经济大发展是非常重要的因素。没有偏见的人都会把改革开放取得的巨大成就归结于党的领导，这毫无疑问是正确的，不过改革开放之前也是党的领导，也有人归结于政府的主导，

但改革开放前也是政府的主导，甚至更厉害。所有这些都是改革开放前后都有的因素。辨析中国改革之所以取得巨大成就，我们应该按照实验物理学中实验的基本方法论来谈什么是差异因素，还需要找出哪些新的因素导致了改革开放之前和之后经济增速的巨大差别。笔者认为，最重要的一个新因素就是邓小平的松绑放权的改革，经济自由选择和市场化的改革，民营经济大发展的改革。经过近 40 年的改革开放，包括民营经济的非国有经济在就业岗位、产值贡献方面做出了主要贡献，在今后的效率驱动和创新驱动及其减少地方政府债务方面仍将会起到主要作用，这需要进一步提高经济领域的自由度和竞争度，尤其要消除一些不合理的行业进入壁垒、歧视性政策等，同等对待民营经济。

十九大报告首次在党代会报告中直接使用民营企业表述，指出“要支持民营企业发展，激发各类市场主体活力，要努力实现更高质量、更有效率、更加公平、更可持续的发展”。这无疑是抓住了发展的关键。民营经济无论是产值还是就业已经占绝大部分比重，为什么下一步中国经济从要素驱动到效率驱动，还是要靠民营经济呢？创新分为两种，一种是基础研究的创新，这个得靠政府、大学。由于基础科学创新往往周期长，见效慢，但外部性巨大，从长远来说，基础性研究关系到国家的安全，社会的稳定，经济的稳定，要有前瞻性，但这种投入常常是亏本的，逐利的企业一般不愿意去做，这时，政府及大学就需要补位，需要投入人力和资源去做，所以要靠国家。然而，创新不仅仅是基础研究创新，还包括应用科技创新。二者一个立足当下，一个立足长远，不可偏废，不应对立。

无论是技术还是管理和商务方面的创新基本靠民企，为什么？全世界所有创新的成功率是多大？即使在发达成熟的现代市场经济国家，其创新的成功率只有 5% 左右，在中国可能连 5% 都不到，如果创新只有 5% 的可能性，国企敢创新吗？哪一个国企的领导敢冒这么大的风险去创新，即使他敢，上级主管部门会同意冒这么大的风险吗？即使厂长经理敢去创新，上级主管部门也不会让你冒大的风险去创新，因为拿的是国家的钱、老百姓的钱去创新，但是创新 95% 的可能性是失败的。并且由国家垄断的行业中的国企有激励和动力去创新吗？这样，创新只能主要靠自愿承担风险的非国有企业，特别是民企。老百姓不一样，民营企业哪里有钱哪里赚，甚至是铤而走险，无论怎样，失败了是亏你自己的钱。所以说从要素驱动到效率驱动，更加要靠民营经济，能不能让民企和国企公平竞争，同等地对待呢？

图7有两条线，虚线是民营经济的全要素生产率（TFP），实线是国有企业的全要素生产率，可以明显看出它们之间的差别，我们并不是说国有企业效率低而否定它们，因为它们还要起到社会保障、保证就业、维护国家安全的作用，效率低一些也能理解，任何国家都需要有国有经济，但是要有一个度，比重不能过大。

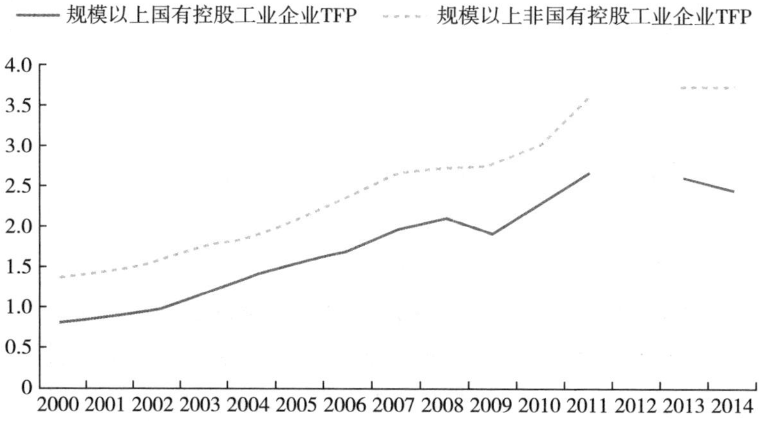

图7　规模以上工业中的国有和非国有企业TFP

注：* 2012年数据不可得。

资料来源：国家统计局，上海财经大学高等研究院。

那么，如何支持民营经济发展呢？最根本的当然还是要清理废除各种妨碍市场公平竞争的规定和做法，支持民营企业在竞争中发展壮大。除此之外，笔者的具体建议是，一要降低民企的过重税费负担，放水养鱼。现在土地价格这么高，生产成本已经跟美国非常接近了。现在特朗普领导的美国政府准备大幅减税，一旦成真，其企业的生产成本可能要低于中国企业的生产成本，美国企业的竞争力将会高于中国企业。二要提供公共基础设施与服务（基础研究、交通设施、网络设施）。比如贵州近几年确实发展很快，一个重要的原因就是把交通设施高速公路修起来，贵州都是山，经济根本发展不起来，但是政府提供了便利的交通、网络设备，经济马上活了起来，增长马上就高起来了。三要支持民企创新平台建设，树立科技是第一生产力的发展理念，无论是现代制造业还是战略性新兴产业，如新能源、新材料、人工智能、生命生物工程、信息技术，都是基于科学技术的发明和创新才能得到发展，在竞争中胜出。四要降低个人所得税率，这样有利于高薪吸引人才回国服务。五要支持人才引进，积极鼓励和支持引进高层次人才。所以，应该按照十九大报告中的要求那样："全面实施市场准入负面清单制度，清理废除妨碍统一市场和公平竞争的各种规定和做法，支持民营企业发展，激发各类市场主体活力。"

当然，在助力民企发展的同时，要深化国有企业改革。十九大报告提出，要完善各类国有资产管理体制，改革国有资本授权经营体制，加快国有经济布局优化、结构调整、战略性重组，促进国有资产保值增值，推动国有资本做强做优做大，有效防止国有资产流失。深化国有企业改革，发展混合所有制经济，培育具有全球竞争力的世界一流企业。这里有一个提法上的转变，以前谈要做强做优做大国有企业，现在转变为做强做优做大国有资本。这体现了从管企业到管资本的思路转变，这无疑是正确的。

2. 金融市场放开一体化

邓小平曾说，"金融很重要，是现代经济的核心"。金融只有在为实体经济发展服务的过程中，才能成为经济的中心，中国经济长远可持续发展需要金融改革发展动力的支持。十九大报告也提出，要"深化金融体制改革，增强金融服务实体经济能力"。然而，目前中国的金融市场整体上还是一个政府监管过度、干预过多的市场，准入壁垒森严的国有垄断市场，由此导致了金融资源配置扭曲，金融进入实体经济的管道没有打通，迫切需要进一步加大对内放开、对外开放搞活的力度。

中国金融体制改革的下一步目标应该是建立现代化的金融体系，形成各种所有制，特别是大力发展非国有、民营金融机构，具有足够广度和深度的金融市场，丰富金融产品种类和投资选择，提高金融资源配置效率，同时要使金融更好地服务于实体经济，尤其要增强对民营中小微企业的支持力度，促进多层次资本市场和消费金融的健康持续发展。

互联网金融作为金融业的新生事物，来自民企、来自民间、来自草根，已经并将继续对国有部门依然占据主导的传统金融带来巨大改变，是中国经济从要素驱动向效率驱动、创新驱动转型的关键历史阶段出现的一种新业态。智能手机加上大数据、云计算等技术革命，使得个人和中小微企业的市场行为和信用记录越来越为外人所知，信息越来越对称，同时使融资风险得以由众多的债权人分担，这既可以降低融资交易成本，尤其是会大大解决中小微企业贷款难的问题。当然，对于互联网金融创新过程中出现的一些乱象也需要进行有效治理，尤其是对那些利用一些个体的暴利心理和信息不对称进行欺诈的现象。

3. 土地要素流转市场化

要素市场的扭曲特别是竞争性土地市场的缺失，已经影响到经济的方方面面，特别是使产品市场、货币市场、劳动市场、资本市场和地方财政体系均发生扭曲，进而引起经济结构的扭曲。城镇化依然是中国经济发展的重要动力，特别是大型城市群的建立和布局就是在增加一个个经济较为长期增长的发动机。十九大报告提出，要以城市群为主体构建大中小城市和小城镇协调发展的城镇格局，加快农业转移人口市民化。中国要转换到市场导向的、开放型的城镇化和城市化道路上来，首先还是必须提供这种城镇化的必要条件——由真正的土地市场来配置土地。政府应该回归到维护和服务的职能上，主要管城市规划、区划，管理土地市场的外部经济性，提供公共产品和服务，放手让市场配置土地，促进市场导向的城镇化早日完成。

土地要素流转的市场化改革还需财政体制改革的配套跟进，因为前者意味着地方政府将有很大一部分收入需另辟财源。靠当前的土地财政方式越来越不具有可持续性，需要改变现有土地财政方式。比如，应该像世界上大多数国家那样，改为征收包括房产物业税的财产税，这是必由之路。其实，房子的增值相当一部分来自城市化、城镇化公共设施的改善和提供，可采用国际通行办法，将集中在房地产开发和销售环节的税费，整合成或增加房产物业税，每年征收。这既利于提高效率，也更能彰显公平。通过提高持有环节的成本，让投资者把房子投放到租赁市场和二手房市场上去，形成真正的消费品，降低高空置率。此外，通过此项税收可以调节社会财富分配和平衡收入差距。对地方政府而言，也许是比一步削减土地出让金及有关税费更具可操作性的方式。

其次，增强社会自治是中国社会和谐有效治理的需要。在社会治理方面，中国要往法治化、智能化、精细化的路子上走。所谓法治化，就是要着力构建法治社会，善于运用法治思维和方式来解决城市社会治理顽疾；智能化，就是要着力推进智能社会建设，善于运用大数据、云计算等信息技术手段来提高社会治理水平；精细化，就是要在破解街道、社区的“最后一公里”难题方面，善于更精细的制度设计与执行。当然，笔者更想强调的一点是，政府不能把所有社会治理的职能都揽于一身。十九大也明确提出了，要“推动社会治理重心向基层下移，发挥社会组织作用，实现政府治理和社会调节、居民自治良性互动”。

确实，国际经验表明，社会可以作为平衡和控制政府与市场之间张力的关键要素，社会组织在协调各方利益、共享公共资源、促进公平正义等方面可以对政府形成很好的补充和替代作用，这就要求政府从具体的、微观的社会管理环节中抽身出来，将自身管不好也管不了的领域交给社会组织来自我管理，同时也要求政府转向社会治理，更多地依靠制定明确的规则、采取一定的措施让公众参与社会公共政策的讨论，充分反映自身的意愿和诉求，确保政府决策的科学、民主、公正和激励相容，夯实公正的公共利益基础，使之成为社会发展的润滑剂和催化剂，减少社会摩擦，降低发展成本。

再次，提升政府执行力是中国国家治理现代化的需要。政府如果没有执行力，再美好的愿景、再前瞻的规划、再详尽的方案，都只能停留在脑海中和纸面上，无法真正得到落实。许多国家之所以陷入低收入陷阱、中等收入陷阱或塔西佗陷阱，与国家强制力的阙如有很大关联。十九大提出了具有重大历史性意义的新时代、新使命、新征程的论断，以及全面建成小康社会、基本实现现代化，再到全面建成社会主义现代化强国的新“三部曲”宏伟战略安排和一系列基本方略方针的实现，都需要政府的执行力，而不只是在文件中和口头上。当然，执行力与权力的合理配置也是紧密相关的，国家治理需要在权力下放方面有所考虑，没有权力匹配的执行是机械的。与此同时，政府的执行力又是建立在政府职能得到准确定位基础上的，以有能、有为、有效、有爱的有限政府定位来考察，国家强制力的提升离不开三要素：法治、执行力和民主监督。

其一，法治的首要作用是对政府行为的规范和约束，其次才是对市场经济个体的规范和约束。一个好的法治环境，可以支持和增进市场，真正让市场发挥资源配置的决定性作用，而政府只是起到维护和服务的作用，只有这样才能最大限度地压缩权力寻租腐败的空间。其二，增强改革的执行力和发展的驱动力，则必须从法治、激励和理念三个维度推进综合治理，特别是要发现和培养改革发展的开拓良将，将那些不唯上、不唯书、只唯实，敢闯、敢试、敢为人先的人放在重要岗位上或一把手的位置上，使之成为一个个改革发动机。其三，没有民主监督问责，没有责任边界的划定，没有社会和媒体的监督，这样的政府治理体系将是涣散失效的。中国还需要高质量的量化指标作为目标，否则就没了努力方向，也无法对官员加以问责，从而官员也就没有责任和动力关注发展，推动改革，不再勇于创新。

结束语

站在改革开放40周年这样一个新的历史起点上，我们需要重新检视中国改革开放所走过的道路，在理论的指导下深刻剖析当前中国面临的问题和难点，进而探讨下一个时期的改革之路。十九大报告将新时代中国的发展方向、方式、动力的基本问题作为重大时代课题提出了，正确解答需要学者给出更多新知识、新理论、新思想和新方案，同时改革举措必须落地，以走向好的市场经济和好的社会规范，实现平衡充分的良性发展和建设现代化强国目标。本文给出的解答是要实现平衡充分的良性发展必须通过深化制度改革，形成具有包容性的现代化经济体系，即建立在现代市场经济体制基础上的经济体系，推动中国经济从要素驱动向效率驱动、创新驱动的转变。同时，需要以法治、执行力和民主监督来提升国家强制能力，推动改革发展美好蓝图的落地。

本文认为，基础性制度的完善才是社会经济平衡充分良性发展的关键所在，是降低制度成本的关键所在，才能激发创新与企业家才能，是推动中国经济从要素驱动向效率驱动、创新驱动转型的关键所在，是社会和谐良性发展的关键所在。与治理、激励机制和社会规范这三方面基础性制度相对应的政府、市场和社会，是现代国家治理体系需要正确处理的三个治理主体。其中，政府的恰当定位至关重要，只有有能、有为、有效、有爱的有限政府定位得到落实，才能真正处理好政府与市场、政府与社会的关系，导向好的市场经济和好的社会规范。包容性经济制度和基于法治的政府强制能力是良性发展的必要条件。良性发展呼唤国家治理、市场激励和社会规范制度供给的综合改革，而这样的改革需要靠各级政府主动去推动，这需要各级政府部门及其领导“不忘初心，牢记使命”，有担当去试、去闯、去做。政府既是改革的对象，更是改革的主要推动力量。因此，政府自身的改革，特别是政府职能的转变也就成了改革的关键和重要突破口。这也是下一步改革的最大难题所在，需要更大的政治智慧、担当和勇气来推动。

特稿

Feature

Comparative

科尔奈的学术贡献和影响

许成钢

问：请首先跟我们说说，你在哈佛做他学生时，和他的个人交往经历。

许成钢：1985 年，科尔奈第一次在哈佛讲授他全新的课程——社会主义体制（Socialist System），我和他的交往是从听这堂课开始的。当时科尔奈刚到哈佛，新的人开新的课，这在哈佛是一件引人注意的大事。科尔奈的这一课程是给博士研究生开的，但是和所有给博士研究生开的选修课完全不同的是，他的课一下子来了几十人，教室爆满，而其他选修课能有二十几个人就很不错了。

然后，他很快就找我做他的研究助理（research assistant），因为这门课实际上是他写社会主义体制这部著作的一个部分。他的课程也是写作的过程。找我做研究助理是为了给他的著作整理资料。于是，我就和他开始了个人交往。

在做他研究助理的时候，最早做的绝大部分工作就是收集他的著作里面有关中国的数据。一方面他作为老师，对所有学生都很尊重，非常好；另一方面，作为他的研究助理，他又非常挑剔和严厉，用中国人的话说，像是冰火两重天，一会对你很好，一会对你很严厉。

那时，我刚出国，虽然出国前已经在社科院工作，但没有接触过国际学术界的严格规范，也并不真正理解国际学术界的要求。在给科尔奈做研究助理的

---

* 本文是为祝贺雅诺什·科尔奈 90 岁生日对许成钢的专访，采访人郭迪。本文有删节，全文见英文版。

时候，根据他的要求，我们要把数据都列成相应的表格。制作数据表不仅仅是形式上的要求，实际上是研究工作中非常重要的一个组成部分，它不是简单地把数据列在表上就算完成任务，而是要求你用心去思考这些数据所要表达的内容，然后据此去制作相应的表格。刚开始做他的助研时，我觉得这事太容易了，就简单机械地把数据堆放在一起。然后，就遭到了科尔奈的严厉批评，他说，你把这些数据都堆放在一起有什么意义吗？其实，这对于我后来在学术上的发展都很重要。科尔奈关心所有的细节，作为学生来说，会觉得他很严厉，但另一方面，如果你理解了这其中的含义，这样的帮助实际上能让你终身受益。

他找我和钱颖一这两个中国学生做研究助理，对我们俩有一份不同于对其他学生的独特关爱。除了个人原因，也有他对中国的关心。所以，在我们做学生的时候，他就定期找我们去他家，逢年过节有重要事就更不必说，他夫人掌勺做饭，我们则海阔天空地聊天。我们感到他的课程和哈佛的所有其他课程都不一样，因为所有其他课程讨论的都是我们一无所知的内容，只有这门课，即使他不讲中国，但是他讲的几乎所有内容，包括那些很详细的故事，都让你觉得他说的就是中国。我们作为学生，对他作为老师来说，可能也不一样，他可能也发现我们和其他国家的学生有着不同的反应。因此，我们自然就来往很多。

从研究工作的角度而言，他是贯穿我的博士论文前后的主要导师。在这个过程中，他一直很强调任何工作要和你观察到的现象、观察到的制度紧密地联系在一起。经济学主流的传统方式，都是从界定或者构造个人的效用函数开始，他对这一点持强烈的批评意见。这和他的名作《反均衡论》（*Anti-Equilibrium*）是直接相关的。他希望我们在做研究工作的时候，要考虑研究工作的起点是什么。

在博士论文的写作过程中，他给我最重要的指导是，努力让你摆脱狭窄的经济学对象和经济学方法论的限制，也就是说，不能只关心所谓的纯经济现象，而是要和你所处的现实世界相联系，而现实世界一定是政治和经济相互交织的，他自己也一直是努力这样做的。

在我做他的学生期间，我们还曾讨论渐进式改革、摸着石头过河的改革，以及关于经济改革在先、政治改革在后等问题。关于这些问题，他持非常尖锐的批评意见，其中最关键的一点就是，他认为世界上不是什么改革都可以渐进的。我们对这类问题有过很多的讨论，而且不限于学术讨论。

问：刚才谈到你和他个人的关系，从开始到后来延续了这么多年，从学术方面来看，从最简单的怎么开始做学术，到学术的基本标准是什么，再到怎么面对学术，学术的方法论是什么，怎么真正把学术问题讨论好，如何把社会问题和你要做的学术问题联系在一起，科尔奈对你都是有特别基本的启蒙作用。个人方面，他对你来说是一位很特殊的导师，当年对你们来说，刚刚到西方世界，在面对中国特别多的困惑时，你们和科尔奈之间在精神上和情感上实际上有一种相互皈依感吧？

许成钢：对，有科尔奈教授作为导师，这是非常特殊的一种运气或者说幸运。因为这是极其难得的，这里面包括太多的方面，不仅包括纯学术方面，更关键的是还包括非常重要的许多基本理解，而这些基本理解，有时候甚至超出了语言和文字能表达的范围。因为无论是他讨论社会主义体制，还是我们讨论中国的现象，相互之间都会产生共鸣。在语言和文字表达背后的这种共鸣和理解实际上是我们的特殊背景带来的。这是一种罕见的幸运，不仅仅因为我们来自相似的体制，比这一点更重要的是，科尔奈是国际上公认的研究社会主义体制方面最好的专家，他是世界上对社会主义体制了解最深刻的那个人。我对研究社会主义体制的着迷，早在1966年“文革”时期就开始了。在我到了哈佛大学以后，并不清楚我是否会找到合适的导师，他有兴趣关心我想要研究的问题。但是，我居然有机会遇到世界上最好的、对社会主义体制理解最深刻的人，他还成了我们的导师。这真是太大的幸运。

问：这种心灵上的沟通其实对你们学术上也是很有帮助的。

许成钢：对，他对我的帮助是持续的，从那时候起，一直持续到现在。让我用一个具体的例子来说明，就是我2011年发表在《经济学文献杂志》（*Journal of Economic Literature*）上的那篇论文。2009年在芬兰赫尔辛基参加纪念推倒柏林墙20周年的国际会议上，我讲了这篇论文，之后我和科尔奈单独去芬兰赫尔辛基附近的一个小岛，我们一路走一路谈，谈了一个多小时。他一方面非常赞赏我对中国制度的分析，另一方面，对我的这篇论文提出了批评，认为太过集中在经济方面，太过看重经济发展，中国面临的远为重要的问题是其政治制度对将来的影响。他说，你自己知道这一点，但是你的读者不一定知道，作为一个诚实的学者，你必须要让你的读者知道，让你的读者知道那些你知道但他们不一定知道的事。这次长时间的谈话还深入到许多具体的细节，远远超出一篇论文的范围，至今影响着我的研究工作的基本方面。

问：继续刚才的话题，科尔奈在研究中有一个很基本的特点，就是他把社会和经济之间的关系放在一起来看，以科学的方式来研究社会和经济之间的关系。这种研究方法在最近一二十年似乎有复兴的迹象，你觉得未来以这样一种方式来看待社会和经济问题的话，哪些话题和哪些课题是最重要的？

许成钢：的确，最近二十多年来，新政治经济学（new political economics）、新制度经济学（new institutional economics）突飞猛进，带来了翻天覆地的变化，将经济学从过去很狭窄地界定在纯经济范围，用很狭窄的方式开展研究，拓展到了政治和制度领域。之所以有这样翻天覆地的变化，背后最大的推动因素就是因为苏联东欧集团的崩溃和随之发生的大规模转轨（transition）。而对苏东集团的崩溃和转轨的研究，世界上公认的最强的学术领袖人物就是科尔奈。

所有转轨国家都遇到非常基本的困难，而这些困难本身也是对经济学的重大挑战。转轨初期，我们看到，除了中国等少数国家外，多数转轨经济都陷入了经济衰退。但是另一方面，它们的政治制度变成了民主制度，它们的经济也普遍恢复。但是在金融危机之后，大部分转轨国家在政治上又从民主制度朝着威权主义转变。这不仅仅对它们的社会是一个挑战，在学术上也是一个重大挑战，因为学术上对这个问题严重缺乏基本的研究。

在现在的新政治经济学、新制度经济学的学者里，没有足够的学者关注这些特别重大的问题。

问：在经济学领域科尔奈有两个公认的最主要的贡献：一个是1971年的《反均衡论》，一个是1980年的《短缺经济学》中提出的软预算约束理论。你是否同意这是科尔奈最大的两个贡献？如果是，你觉得哪一个对我们现在的经济学研究更重要？

许成钢：从他所完成的著作来看，这两部著作应该是影响最大的，但实际上还有另外一部影响非常大的著作《社会主义体制》。所以，应该说影响最大的是这三部著作。

《反均衡论》这部早年的著作，从方法论和研究对象上，对新古典经济学提出了基本挑战。由于是对主流经济学的基本挑战，所以在主流经济学界里，接受的程度比较低。但是，我相信这里面的基本思想，会大大启发未来的研究。

打一个比方，这有点像爱因斯坦自从广义相对论之后，他的后半生时间都在从事统一场论，但是他没能完成这个工作。此后，有大量物理学家追随这个理论，受它启发。虽然今天的物理学界关于统一场论的努力并不是在所有的具体内容上都追随爱因斯坦的统一场论，但是统一场论的想法是后来研究者的灵感源泉。我想说，科尔奈的反均衡理论作为一个启发，已经对而且还会对一代又一代年轻学者带来启发。当然，并不是所有人都能够受启发，能够受启发的人往往是更有批判精神的学者。

关于软预算约束理论，这是在学术界没有争议的重要理论，是重大突破。它不仅是科尔奈影响最大的工作，也是从苏联东欧集团的背景下产生的社会科学家里影响最大的。无论是在东欧国家，还是在俄罗斯，在苏联的其他加盟共和国，还是在中国，都得到了充分的验证，也得到了几乎所有这些国家的学者和政策制定者的充分理解。软预算约束理论的影响远远超越了改革前的中央计划经济，甚至从根本上影响了我们对市场经济的理解。

所谓的软预算约束现象在市场经济中也大量存在，例如在美国、日本、韩国都存在。另一方面，通过对软预算约束这种现象的分析、讨论，反过来帮助我们理解资本主义制度，理解市场经济。为什么以私有制为基础的市场制度，我们见到的主体是硬预算约束？但是，一旦政府深度卷入，哪怕是私有制的市场经济，也会产生软预算约束？而国有制的市场经济，即所谓的市场社会主义软预算约束则是基本规律。为什么？这个问题的深度和广度，大大超越了单纯的社会主义经济、计划经济、改革中的经济、转轨中的经济。这个问题是整个经济学中最基本的部分之一。没有对这个问题的认识，我们对资本主义的认识都是有限的。所以，从这个角度讲，软预算约束理论是一个得到大量实证验证的，影响最大的理论之一。

此外，科尔奈关于社会主义制度的著作的姐妹篇是他关于资本主义制度的著作。由于健康原因，这本著作没能完全完成。但最近出版了一个简要版。当我们讨论科尔奈在研究社会主义制度方面的贡献时，应该把这两部著作合并在一起来讨论。原因在于，学术上对社会主义制度的讨论从来也不限于社会主义制度本身。有一种误解，认为公有制为基础的社会主义制度已经不存在了，所以任何讨论已经消亡的制度的学术工作，就相当于在生物学里讨论恐龙，只局限于小众，不值得普遍关心。其实社会主义是资本主义的镜像。从理论上讲，往往从极端现象入手，能够帮助简化分析，深入认识什么是起最基本作用的制度。在现实中，极端现象的一端是全面国有制的社会主义，另一端就是纯私有的、只有最小政府的市场经济。任何现实的经济都在这两个极端的中间。没有对这两个极端的认识，我们对资本主义的认识是不可能完整的。而讨论到社会主义的极端，最重要的贡献是科尔奈的工作。例如，最近在大众里很流行的著作《21 世纪资本论》，之所以影响巨大的部分原因就是，人们对社会主义那个极端无知。当只看资本主义一个极端，看到资本主义存在的问题时，人们会误认为所见到的问题是资本主义的邪恶制度造成的。

问：总结一下，你认为科尔奈对经济学的贡献有三个部分的工作特别重要：一个是反均衡理论，一个是软预算约束理论，还有一个是关于社会主义制度和资本主义制度的理论。这些工作对经济学的基础提出了质疑和挑战，会给后面的年轻学者沿着这些思路继续经济学研究提供启发。

许成钢：从相当大的程度上，可以认为科尔奈的软预算约束理论，关于社会主义制度和资本主义制度的理论，是他应用反均衡理论的结果。反均衡论是抽象的讨论。当这个理论不仅从基础上挑战主流经济学，而且高度抽象的时候，能够理解的人很少。相比之下，之所以软预算约束理论和他关于社会主义制度的理论更被人广泛接受，是因为它们更具体，而且得到了验证。而当你了解他的这些具体成果之后，就会启发最优秀的学者返回去重新思考反均衡理论中的那些思想方法。

问：如你刚才说的，如果我们把社会主义制度和资本主义制度看成两个互为镜像的极端现象，运用软预算约束是否可以对许多社会现象，例如金融危机，做出新的解释？

许成钢：我的看法是 2008 年的全球金融危机，它背后非常重要的基本机制是软预算约束，而我所知道的现代文献都没有清楚地指出这一点。为什么说背后主要的机制是软预算约束呢？我们知道直接触发 2008 年金融危机的是次贷危机。什么是次贷？次贷是由金融机构以超高杠杆提供的购房抵押贷款。而且在放贷时就知道，如果房价下降，许多接受这种贷款的个人都没有能力偿还，因此称为次贷。当高杠杆的次贷成为普遍的社会现象时，这个经济是不可持续的，会导致重大金融危机。问题是，为什么会产生次贷？为什么以前没有，现在才有呢？这些是需要理解的重要问题。我之所以把2008年金融危机视为软预算约束问题，道理如下：在传统的资本主义制度里，发放住房贷款的是银行。银行发放的抵押贷款，作为抵押的房产要落在自己的资产负债表上。关系到银行自身的安全，自身面对的破产威胁，银行会关心抵押资产的性质，关心借款人的还贷能力，借贷人的信用，等等。这是传统资本主义经济中的硬预算约束带来的结果。但是，从20世纪90年代以来，产生了所谓的金融创新，其核心内容就是放贷人可以把他的抵押资产，打包后以金融产品出售。而买了这些金融产品的人可以再打包出售。如此一层层交易以后，借款人和最终出资人之间的关系变得非常遥远，使得贷款人的破产与出资人的破产之间，似乎没有了关系。这就动摇了资本主义的根基——硬预算约束，把资本主义经济中每个人面对的硬预算约束变成了软预算约束。这就是导致危机的根源。概要地说，科尔奈指出，资本主义的性质是硬预算约束。如果破坏了硬预算约束，无论软预算约束是来自政府，还是来自其他方面，只要是软预算约束，资本主义就不能够稳定地运行。金融危机是表现形式之一。一些从心理因素，如贪婪等等，或者单纯从金融监管，从货币政策讨论2008年金融危机的说法，没有抓住问题的要害。

问：科尔奈2013年的新书又一次挑战主流经济学。他描述资本主义制度总是供过于求，虽然这会有很多浪费，同时它也是社会进步的一个基本驱动力。你对此怎么看呢？

许成钢：这部著作是他的资本主义体制那本大著作的缩写本。这部著作与他的《社会主义体制》合在一起，是对世界基本制度的一个整体贡献。从另一个角度讲，我们刚才已经提到，反均衡理论表达得很抽象，而《社会主义体制》和《资本主义体制》这两部著作都是应用反均衡理论的具体结果。如他所描述的，在资本主义体制下，基本特征是剩余，而在社会主义体制下，基本特征是短缺，剩余和短缺都是和均衡相冲突的，即这都是他的反均衡理论的一个具体表达。

在这个基础上，经典的社会主义体制和典型的资本主义体制，它们发展的动力分别是什么呢？在经典的社会主义社会里，发展动力是短缺。中央计划每一天都是紧紧盯着短缺，要把短缺给补上。而资本主义的发展是动态的，是熊彼特的创造性破坏，这个机制背后的基本动力是剩余（surplus）。熊彼特本人没有把这个机制讲清楚，但科尔奈把它说清楚了。当企业面对市场大规模的剩余时，它们怎么生存？一面是硬预算约束，意味着剩余多了就要亏损，要破产；为了生存，就要革新、创新，突破原来形成的均衡。创造新产品，由此获得垄断权，才可以从中获得巨大利润。但是，一旦有新产品出来，所有大量生产的旧产品就很快变成剩余。所以，一方面剩余是创新的动力；另一方面剩余是创新的产物。科尔奈的这一分析非常精辟。这个概念性的讨论，为新一代经济学家提供了非常重要的启发。这部著作 2013 年由牛津出版社出版，在年轻经济学家中还没有引起足够的重视。如果年轻的经济学家受到启发，把它写成理论模型，进行经验验证（empirical test），就很可能在经济学上做出进一步的重大突破。

问：你觉得科尔奈从学术上对你有什么直接影响？你面对经济学问题，从方法论到具体问题得到了怎样最直接的启发？

许成钢：主要在两个方面，第一个方面是普遍性的，第二个方面是具体的。在普遍性方面，是打破了狭窄的学科划分的界限。在非常多最优秀的学者中，科尔奈最强力地在努力打破这种人为划定的界限。他总是强调，所谓的纯经济现象，绝大多数都不是纯经济现象。

他对我的具体研究方向影响最大的是软预算约束理论。这个理论实际上是一个普遍的基本现象，它产生的根源是基本的社会制度，后果是普遍性的。你越多越仔细地去探索，就越发现我们对它的认识还差得很远，虽然它的影响非常深远、非常广泛。

除了已经发表的一些工作外，我还有一些受科尔奈影响但尚未完成的我认为重要的工作。我曾经研究软预算约束对经济增长的影响，研究软预算约束如何影响研究与开发，影响创新，从而影响经济的长期增长。虽然已经有了相当的积累，但距离想要达到的目标还有很大差距，大量研究还有待继续。另外，软预算约束和金融危机的关系，我也做了一些研究。刚才讲到对 2008 年金融危机的解释，我这个想法并没能来得及变成一个正式的理论模型，也没来得及做系统的经验验证，但我相信从大量观察里来的直觉是对的。

问：科尔奈一生致力于研究社会主义体制，现在中国是最大的社会主义国家，也面对一系列经济发展的问题，你觉得把科尔奈的学术具体应用在中国，来解释中国现象，对中国下一步的发展有什么样的重要启示？尤其是对现在中国几个大的国家战略，如“一带一路”、创新和国有企业改革。

许成钢：如果讨论在中国的应用，实际上早在80年代，科尔奈在中国的经济改革和政策设计方面，就产生了巨大的影响。在80年代和90年代，甚至高层领导人都知道科尔奈的基本理论要点是什么。这使得中国曾经在治理软预算约束方面，取得了很大成就，为中国一度的高速经济发展奠定了基础。但很不幸的是，进入21世纪以来，活跃在中国政策制定领域的学者和政策制定者，抛弃了对软预算约束问题的关注。其后果之一，就是以前曾经得到了相当控制的软预算约束问题，在最近十几年里以新形式迅速重新泛滥。所谓国企改革，其核心问题就是解决软预算约束问题。从理论上、从政策制定上讲，过去能够取得的成绩都是在这个方向上取得的。今天的国企问题，又变得极端严重，主要就在于软预算约束问题的死灰复燃。今天所谓的僵尸企业，根本原因就是软预算约束问题使资不抵债的国有企业不破产，僵尸企业这个词表达了软预算约束带来的巨大后果。第二个后果就是巨大的过剩产能，第三个就是债台高筑而且还在加剧。

所有这些背后的原因，就是长期忽视了软预算约束问题，忽视了造成软预算约束的制度背景。在这个制度下，不断产生新的软预算约束形式。甚至金融市场中的上市企业，多数也是软预算约束的。本来金融市场的基础是硬预算约束，也就是说，任何企业业绩不够好的时候，人们就会在金融市场上抛售其股票。被抛售的企业就会破产或者被并购，这就是硬预算约束的表现。但是，在中国的金融市场上，并不是这样的情形。大量国有上市企业，在业绩不佳甚至资不抵债时，得到各种各样的软预算约束式注资。这不仅扭曲了企业的激励机制，也扭曲了市场的基本信息和激励机制。股民会猜测政府的反应，甚至会认为当一个重要的资不抵债的企业出现最坏情况的时候，反而有可能是转折点。这就是为什么中国的金融市场和基本面之间没有清楚的关系。软预算约束理论是解释中国金融市场不能有效运行的基础。

中国金融市场的这种不正常有两个制度背景：一是法治不彰，二是软预算约束。只要金融市场充满了软预算约束，它就不是通常经济学金融学讨论的金融市场。最令人遗憾的是，现在中国经济学界关注科尔奈理论的学者比以前少得多，尤其是留学归来的年轻学者。这是一件可悲的事情，因为离开科尔奈的理论，套用适用于发达国家的理论，从文献里抄两个流行的工具，来分析中国，经常是文不对题，误入歧途。这样的研究，往往从起点上就已经走错了方向，在此基础上展开，不仅在理论上误导别人，应用到政策上就误导了政策。

还有一种错误的观念是，软预算约束理论是过去针对改革中的计划经济提出的，现在已经过时了。其实，今天绝大多数的经济学理论，追寻它的原始概念，都比软预算约束早得多。而软预算约束这个概念能正确抓住中国存在的大量的基本问题。

问：中国这些年，在商品市场上存在大量过剩，在金融领域存在大量软预算约束问题，怎么去研究和解释这两者的并存？

许成钢：这是经济学面对的挑战，是需要经济学创新的地方。科尔奈提出的理论讨论的是国有制的社会主义经济，或改革的社会主义经济。在这样的社会主义体制里，软预算约束带来短缺。但现在中国的经济主体是私有的，国有企业依仗它的软预算约束，通过垄断地位和扩大规模，挤压私有企业生产出来的利润。它们的软预算约束给经济造成了巨大的过剩。

这是我对这个观察的粗浅解释。要把这个观察变成严格的理论，构建理论模型和经验验证模型，是一个很大的挑战。但是，任何朝着这个方向构建的理论和验证都可能推动经济学的大发展，因为它不仅仅在经济学上是新的，而且在政策上会指导中国的经济改革。

最后作为小结，科尔奈不仅在基础的经济学研究方面有特别重要的贡献，在解释社会主义体制以及资本主义体制的许多重大问题上，也有特别强的实际应用和政策方面的重要贡献。他的工作在学术界的影响，会像熊彼特、兰格、哈耶克那样，源远流长。

比较之窗

Comparative Studies

日本银行主导型公司重组的式微
1981—2010 年

星岳雄　鲤渕贤　乌尔丽克·舍德

1. 引言

主银行在日本的公司治理中扮演着重要的角色。公司的主银行通常是其最大的贷款人，同时也是其最大的股东之一。主银行与其客户公司之间的密切关系往往由于长期的紧密联系而愈发巩固。主银行的退休高管在客户公司董事会中担任职务是常见的现象。当企业陷入财务困境时，外界一般认为主银行会介入公司管理并启动脱困计划。尽管这种干预措施被称为“救援行动”，但通常主银行为陷入财务困境的客户提供的帮助远不止财务援助（如减免债务、降低贷款利率或新增贷款等），主银行往往还会派出高管，负责包括员工调整、

* Takeo Hoshi，斯坦福大学亚太研究中心；Satoshi Koibuchi，日本中央大学商学院；Ulrike Schaede，加州大学圣迭哥分校。本文的早期版本提交给 2017 年 7 月 22 日在东京大学举办的第 26 届 TRIO Conference。作者感谢大会组织者 Franklin Allen 和 Shin – ichi Fukuda，以及参与讨论的 Yoshiaki Ogura 和其他参会者。我们同样要感谢 Blake Ellison、Chihiro Fujimoto、Emi Fukuda、Kanako Hotta、Masafumi Iino、AkifumiIrie、Yutaka Ishida、Tomohiro Ito、Yuichiro Kawai、Yasuko Kohno、Yoshikazu Kuki、Jun Morikawa、Kuniaki Nemoto、Mitsuhiro Nishida、Yukiko Nomura、Masashi Osakada、Mary Shiratori、Christopher Syling、Kunio Takeda、Kunitaka Ueno 和 Koki Yoshida，他们为建立数据库的各个阶段提供了帮助。日本内阁办公室经济社会研究所为本研究提供了资助。由于作者水平有限，错漏在所难免，希望读者朋友们批评指正。本文仅代表作者个人观点，与国民经济研究局（NBER）无关。

资产剥离、撤销部分业务、合并以及管理层更换在内的重组过程。从这一意义上讲，主银行的“救援行动”是全面的公司重组行动，研究者也已证明，这些“行动”可以使公司经营状况有效好转（Aoki and Patrick，1994；Pascale and Rohlen，1983；Morck and Namamura，1999；Hoshi and Kashyap，2001）。

从20世纪80年代开始，这套体制开始发生变化。金融去监管化增加了日本大型公司的融资选择（例如在国内外发行债券），这从实质上改变了公司与主银行之间的关系（Hoshi and Kashyap，1999）。随着日本大型企业减少对其主银行的依赖，银行发现自己更难从客户公司获取信息以及收入，导致银行在公司治理中的作用也日渐淡化。为了应对金融自由化带来的不利影响，银行将其贷款业务扩大到新的、较小的公司借款人，由于彼此间尚未建立起长期合作关系，银行还会要求新客户以土地形式提供抵押。到了20世纪90年代，随着“经济泡沫”的破裂，股票和土地价格都出现了暴跌，但银行对企业采取的“救援行动”却更少而且效果变差（Hoshi and Kashyap，2001，第5章；Hirota and Miyajima，2001）。由于当时缺少与美国联邦破产法第11章类似的重组程序，日本的公司重组只能通过银行的“救援行动”来进行，随着银行在陷入财务困境企业的治理中作用淡化，企业重组也因此止步不前，这是出现“僵尸企业”的一个重要原因（Caballero、Hoshi and Kashyap，2008；Peek and Rosengren，2005）。

本文系统性研究了1981—2010年日本由银行主导的主要公司重组，以评估银行“救援行动”的发生率、效力、对企业绩效的影响以及随时间推移所发生的变化。我们的分析基于上市公司重组事件的原始数据库，这个数据库是通过提取每个重组事件的财务数据、重组措施（如管理层变更、业务重组、资产剥离，等等）等信息形成的，该数据库可以提供以下几个方面的信息：(1）评估主银行在公司重组中的作用；（2）随着时间推移，公司重组措施发生的变化；（3）公司重组后绩效的变化以及此过程中银行作用的变化①。

本文的第2部分对日本公司治理的背景以及相关文献进行了概述，特别是由银行主导的困境企业的重组。第3部分简要介绍了由金融自由化导致的银企关系变化，为分析银行在企业治理中的作用提供了背景。第4部分介绍所选取

① 在之前的论文中（Hoshi et al.，2011），我们只分析了1981年到2007年中奇数年份的数据。本论文包含1980年到2010年使用其他方法识别的重组事件的延伸数据库。我们证实了许多之前的研究，并在重组事件的长度和深度上提出了新的见解。

的数据库。第5部分为统计分析结果。第6部分为全文的总结。

2. 银行在日本公司治理中的作用

关于日本公司治理的文献数不胜数，在公司控制权以及监管方面的文献尤其多。日本公司治理的特点与英美国家典型的股东导向型公司治理有很多不同。例如，股东在公司治理体系中并没有占据主导地位，它通常只是被视为公司的利益相关者之一，其地位至多与工人、债权人、供应商、客户甚至当地社区组织平起平坐；在日本，许多重要的利益相关者都是与公司存在长期关系的"内部人"。再如，按照英美国家根深蒂固的观念，对公司管理层的监督主要由董事会负责；而在日本，这一职责长期以来却一直被"内部人"主导。

银行被认为在利益相关者中占据主导地位且地位显赫的主要原因是，20世纪90年代中期以前，日本企业曾经高度杠杆化，它们大部分的外部融资都是银行贷款①。每家公司的主银行能够汇集企业的各类信息，其他贷款人则遵从主银行的贷款决策，大家相信，一旦企业陷入困境，主银行会努力使其经营状况好转并承担大部分债务。主银行通常被视为该企业最大的贷款人和重要股东，因此主银行具有较强的救助动机。希尔德（Sheard，1989，1994）认为，在20世纪90年代以前的日本，主银行受托监督（delegated monitoring）公司和公司控制权市场具有同样的功能。

尽管存在差异，日本和英美国家的公司治理体系也有共同点。例如，在日本和美国的公司，导致高管更换的原因非常相似，都包括公司股价和利润的下跌。卡普兰（Kaplan，1994）指出，不管是日本还是美国，高管更换更多是因为股市指标的变化而非就业率或资产增长率的变化。换句话说，在公司监管以及强制性的高管更换方面，日本的公司治理体系和美国的同样有效。其他研究也证实了银行在日本公司治理中的重要性。星岳雄等人（Hoshi、Kashyap and Scharfstein，1990）研究了出现财务困境后与银行关系密切的公司的业绩。他们发现，与其他公司相比，与主银行关系密切的公司销售收入或投资回报恢复得更快。卡普兰等人（Kaplan and Minton，1994）发现，当客户公司的股价下跌或利润下降时，银行会派遣高管到客户公司的管理团队，随后银行在解雇困

① 参见 Hoshi and Kashyap（2001，第四章），Hoshi et al.（1990），Sheard（1989），Schaede（2008）和 Sekine et al.（2003）。

境企业的现任管理者方面会发挥重要作用。此外，有银行高管担任经理或董事的公司更有可能发生高管更换事件。有学者（Kang and Shivdasani，1995）证实，股价下跌或持续亏损会导致非常规的 CEO（首席执行官）更换。与主银行关系密切的公司中，业绩低下与高管更换之间的相关性显著，而新任 CEO 通常是来自主银行或银行所属财团中的某个公司。与主银行关系更密切的公司，其业绩改善也会更快。总而言之，研究表明，在 20 世纪 80 年代以前，日本的公司治理体系虽然在许多方面与英美不同，但是主银行在公司治理过程中负责监督企业、调整经营不善公司的管理层、引导有效的重组进而提高财务困境企业的业绩，这一作用机制是有效的。

3. 金融去监管化以及银企关系的变化

然而，这种情况在 20 世纪 80 年代后期开始发生变化。20 世纪 80 年代之前，日本的金融体系受到严格管制，对企业在国内外资本市场上融资的限制太多。例如，只有少数大型企业才能发行债券，所有企业都不能发行短期票据，而企业在股票市场的融资也受到限制。因此，即使日本最大的公司也不得不依靠银行贷款进行外部融资。这导致了非常高的杠杆率，20 世纪 70 年代日本上市公司平均债务股本比为 6（Schaede，2008，第 6 章）。20 世纪 80 年代，金融去监管化的实施为大量公司发行证券敞开了大门。随着去监管化的发展，许多大公司降低了对银行贷款的依赖。对于银行来说，这意味着有长期紧密联系的大客户逐渐流失。

但与此同时，由于让储蓄者有更多投资选择的去监管化过程滞后，这意味着存款（银行最大的资金来源）仍在不断增加。正如星岳雄和卡什亚普（Hoshi and Kashyap，1999）指出的，这个问题的关键在于，增加储户投资选择的去监管过程要比增加企业融资的去监管过程缓慢得多。面对这种情形，银行本可以通过购买政府债券作为应对策略，然而 80 年代后期日本政府正致力于财政整顿、减少赤字，因此政府债券市场并不活跃，银行只能从公司贷款业务中寻找新客户。这些新客户公司往往规模较小，既没有长期的紧密联系，银行也没有好的方式去评估其经营情况。为了降低新风险，银行主要为可以提供抵押担保的中小企业提供贷款。在 20 世纪 80 年代后期的“泡沫经济”时期，由于房地产价格大幅上涨，银行十分倾向于接受房地产作为抵押品。

当 20 世纪 90 年代初投机热潮（和土地价格）崩溃时，银行发现自己的大量客户无力偿还贷款，此时抵押品的价值也暴跌不止。尽管银行觉得，按照过去的传统，自己有责任对困境企业开展“救援行动”，但同时也发现，由于银企之间平时缺乏紧密联系，这使得救援行动难以展开。星岳雄和卡什亚普（2001 年，第 5 章）对这一变化进行了案例研究，比较了 1977 年和 1992 年的公司重组案例。他们选用了 1977 年 40 家和 1992 年 34 家进行了重组的公司。1977 年，43% 的重组事件（17 家）由主银行主导，而 1992 年这一比重仅有 21%（7 家）；在银行主导的重组事件中，在 1977 年，71% 的公司（12 家）营业利润在重组开始后的五年内出现连续两年正增长，而这一比例在 1992 年只有 43%（3 家）。

有学者（Hirota and Miyajima，2001）发现，随着时间的推移，银行介入公司管理的频率逐渐下降。为了比较 1975—1982 年和 1990—1996 年银行介入公司重组的频率，他们选取了 104 家在 1975—1982 年陷入财务困境的企业，其中 40%（42 家）得到了银行的援助；同时选取了 99 家在 1990—1996 年陷入财务困境的企业，其中银行介入的比例只有 15%（15 家）。为评估银行介入行动的有效性，作者分析了公司的营业收入增长率和销售增长率。在 1975—1982 年，银行介入后前三年的营业收入平均累计增长率（减去行业平均水平从而消除宏观经济变动带来的影响）为 1.08%；然而 1990—1996 年仅为 0.42%。类似地，1975—1982 年银行介入行动完成后，企业平均累计销售增长率（减去行业平均水平）为 2.36%，而 1990—1996 年则下降到 0.65%。虽然营业收入和销售增长率的差异在统计上并不显著，但这一研究强烈显示，20 世纪 80 年代后银行主导公司重组的频率降低，并且效力也在下降。

主银行介入企业高管更换的频率似乎也在变化。例如，有学者（Miyajima、Ogawa and Saito，2016）发现，在过去，对主银行依赖度较高的公司（无论是借贷业务还是董事会席位）在业绩恶化时都更可能发生非常规性 CEO 更换，但 1990 年以后这种趋势就消失了。还有人（Izumi and Kwon，2015）发现，以前非常规的 CEO 更换会对财务业绩产生积极影响的现象在 21 世纪初也消失了。在对从 2000 年到 2007 年的日本和美国公司 CEO 更换的研究中，他们发现，美国公司在 CEO 出现非常规更换后，资产回报率和销售增长都有所改善，但日本公司的业绩没有改善。更大的区别在于，在非常规的 CEO 更换期间，美国公司会伴随着裁员以及资产的减少，但这一现象在日本公司中很少见。

银行在日本公司重组中曾经起过关键作用，但后来发生重组的公司数量却大为减少，导致这种现象的重要原因在于，在21世纪以前，公司重组主要通过银行来主导。日本以前的破产法源于20世纪的欧洲，并没有设置与美国破产法第11章类似的重组流程。日本破产法的条款极其严苛，而且实施起来代价极高，因此在大多数情况下，与法院裁决重组或清算相比，银行主导的重组是企业更好的选择。直到21世纪初，日本制定了一部新的《民事再生法案》(Minji - saisei - hoō)，设计了法院主导的破产程序并修订了《公司重组法》(Kaisha koōsei hoō)，允许企业采取与美国破产法第11章类似的重组程序(Schaede，2008)。因此，在20世纪90年代，当银行主导的传统"救援行动"失效时，陷入财务困境的企业没有多少重组方式可供选择。

4. 日本公司重组的数据库：1981—2010年

本文采用1981—2010年日本上市公司重组事件的专有数据库。进行统计分析的会计数据全部来自日经经济电子数据系统数据库（Nikkei NEEDS Financial Data)，选取了1981年至2010年这30年间，在至少一家日本证券交易所上市的共计3772家公司的数据。

我们通过日经 Telecom 21 商务资料库查找由日经新闻社出版的四个主流日文商业报纸（《日本经济新闻》《日本产业新闻》《日本金融新闻》《日本流通新闻》)，通过这些报纸来甄别公司重组事件。我们在报纸上寻找"*saiken*"这个词语，它是日语里表达"重建"最常用的词汇。"*saiken*"可以涉及任何领域的重建：除了公司重组以外，它也有可能代表财政整顿或者重新构建(比如重修寺庙，甚至重建身体的一部分)。报纸上描述公司重组案例的文章几乎都会使用"*saiken*"这个词。因此，虽然我们的搜索词会筛选出与公司重组无关的许多文章，但我们相信，在这个搜寻过程中，只要四份报纸中的至少一份报道了某个重组事件，那么我们就可以通过这种方式筛选出所有的重大公司重组事件。下载了所有包含"*saiken*"的文章后，我们删除了与在股票交易所上市公司重组无关的内容。之后我们将样本减少到只有上市公司，以便找到相关会计数据。

接下来，我们根据公司重组事件中采取的一系列典型措施，来提取这些新闻文章中的相关信息。这些措施包括：主银行是否为主要牵头人（而不是另一家公司或相关法律程序)；是否利用破产法院；采用了什么样的财务重组措施（例如债务减免、利息减免)；是否更换管理层；派遣了多少外部高管进入公司；重组计划是否或有几种会公开；企业是否退出经营或进行子公司以及其他资产的剥离；是否发生公司改组；公司是否裁员或其他员工调整；是否削减了工薪或奖金。

当然，也有可能存在日本四大主流商业报纸都没有报道的重组案件，同样，尽管可能性很低，但是也可能会存在报纸对重组事件进行报道时没有使用“*saiken*”这个词的情况。为了确保样本的完整性，我们又人工查阅了两类年度出版物，寻找了这30年间日本上市公司的重组案例。第一个是由东洋经济出版的《企业系列总览》（*Kigyō Keiretsu Sōran*），其核心内容是展示企业集团的信息以及日本上市公司间的财务关联。《企业系列总览》会报告每家上市公司从主要金融机构的借款、最大股东、外部董事资料以及该公司年度情况的简要说明，包括企业重组等重大事项。《企业系列总览》在第2000期（包含了截至1999年6月底的信息）之后停刊，于是我们从同一出版社出版的《会社四季报》（*Kaisha Shikihō*）寻找2000—2010年的相关信息，这本杂志同样包含了每家上市公司在相关给定年份的情况①。

这两本杂志除了帮我们完善数据库以外，也提供了特定重组事件的持续时间。在一些公司的重组案例中，我们发现相关报纸会在某一年报道重组事件，但接下来的第二年并没有该公司重组事件的报道，而第三年又出现了相关报道。通过查阅这两本杂志，我们就能够发现，在这三年时间里，该公司是经历了一次重组事件还是进行了几次不同的重组。

但即使完善了重组事件持续时间的相关信息，还是存在很多不连贯的重组事件，比如一家公司的重组中间会停滞一两年。如果这30年间某一公司在不同年份都和重组事件有关的话，我们会查看该公司在相关年份的新闻文章，并通过查找其公司历史和网站了解更多详细信息，以查明该公司是经历了一段较长时间的重组，还是发生了由不同冲击造成的多次重组。

总而言之，通过以上步骤总共发掘了517家公司发生的950次不同的公司重组事件。其中通过报纸检索出929例，在附加的《企业系列总览》《会社四季报》中检索出21例。表1显示了企业重组次数分布的情况。在30年的时间中，517家公司中的62%（319家企业）进行了一次以上的重组，其中17%（88家）经历了三次以上的重组。有5家公司报告了5次不同的重组事件。

---

① *Kaisha Shikiho* 英文版的标题为 *Japan Company Handbook*。

表1　至少发生一次公司重组事件的公司数量

发生的次数	1	2	3	4	5
公司数量	198	231	67	16	5

表2显示了按重组持续时间分布的950次案例。需要特别注意的是，一些公司在重组时因为清算、退市或收购而解散，或者在统计截止年份2010年仍在重组过程中，因此，统计显示的平均持续时间比实际情况要短①。也就是说，如表2所示，53%的案例在不到两年的时间内完成重组；约10%的案例持续了8年以上；有10个重组案例持续了17年以上；1个案例持续了24年②。

表2　公司重组事件的持续时间

持续时间（年）	1	2	3	4	5	6	7	8	9	10
事件数量	367	138	117	73	58	47	31	25	19	15

持续时间（年）	11	12	13	14	15	16	17	19	20	24
事件数量	11	13	9	7	5	5	4	4	1	1

总之，我们相信该数据库不仅基本包含了1981—2010年日本上市公司全部的重组活动，而且可以让我们了解公司治理的变化情况，特别是银行在帮助财务困境企业的过程中所发挥的作用。为了分析不同时期的公司重组情况，我们将这30年分成四个时期。第一个时期（1981—1991年）包括20世纪80年代后期“泡沫经济”的酝酿及爆发时期；第二个时期（1992—1997年）涵盖了所谓“失去的十年”的前半程，即1997年银行业危机爆发前的5年；第三个时期（1998—2003年）为银行业危机及其余波时期③；最后一个时期

① 在数据库中，2010年有42家企业进行重组，138家企业在重组样本中消失。

② 持续多年的重组事件意味着重组效率低下，我们怀疑这些案例中，徒劳的重组是用来挽救“僵尸公司”的。

③ 我们将这一时期分开，是因为直到2003年，当日本的银行监管者最终强制主银行注销这些不良资产时，大部分不良贷款仍然挂在银行部门的账上。Hamada、Kashyap and Weinstein（2011）以及Schaede（2008）等学者的研究都显示，在1997—1998年的银行业危机后，日本经济发生了巨大变化。

(2004—2010 年）包括两个看起来相互对立的事件，即日本从银行业危机中的复苏和 2007—2009 年的全球金融危机。

5. 统计分析：不同时期公司重组的变化

图 1 显示了在陷入财务困境的企业中重组企业所占的比例。在这里，我们将“困境”定义为公司连续两年营业利润为负。与星岳雄等人（Hoshi and Kashyap，2001；Hirota and Miyajima，2001）以前的研究结果一致，从 20 世纪 90 年代初开始，陷入财务困境的公司进行重组出现了下降的趋势。当我们将“困境”定义为连续两年利息覆盖率（也称利息覆盖倍数，ICR）低于 1 时，结果也是类似的。虽然与图 1 有所不同，但图 2 也显示了整体下降的趋势，并且在 1991 年也出现了明显的下滑以及逆转。1991 年出现的明显下降可能反映了 1990 年利率的大幅上涨，这意味着“泡沫经济”的结束，并可能使经营状况尚可的企业出现利息覆盖率暂时恶化。

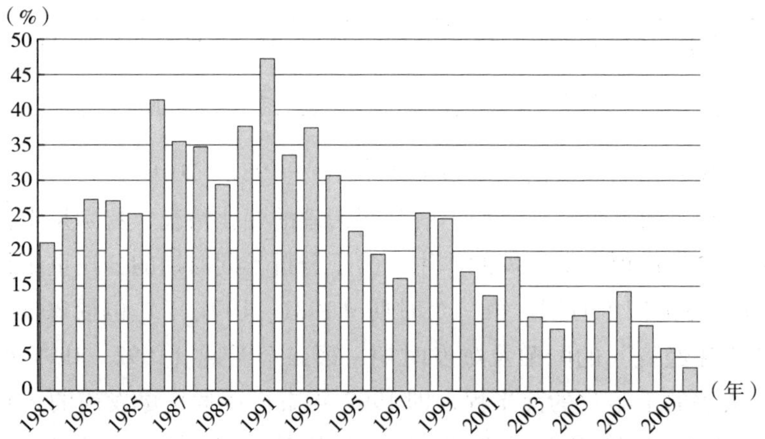

图 1　陷入财务困境（连续两年营业利润为负）的公司中进行重组的公司占比

也许有人会质疑这种下降趋势是由分子（实际进行重组的公司数量）决定的，觉得更有可能是受分母（陷入财务困境企业的数量）的影响①。随着日本经济在 90 年代开始停滞，困境企业的总数确实可能有所增加，然而即使困

① 感谢讨论者 Yoshiaki Ogura 鼓励我们对此展开深入研究。

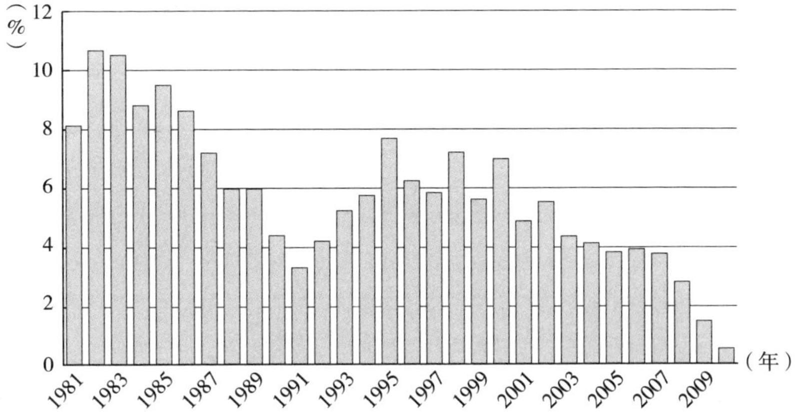

图 2　陷入财务困境（连续两年利息覆盖率低于 1）的公司中进行重组的公司占比

境企业的重组案例数量稳定，在图 1 和图 2 中仍能显示它们呈下降趋势。为了深入探究这一点，图 3 显示了陷入财务困境（连续两年利润为负）的公司数量以及陷入财务困境并进行重组的公司数量这两条曲线。可以很明显地看出，在 20 世纪 90 年代中期两条曲线走势出现了变化：虽然困境企业的数量确实在增加并且处于较高水平，但进行重组的困境企业数量一度增加随后开始下降。因此，图 3 表明，图 1 和图 2 中观察到的下降趋势主要是由于分子的变化——即困境企业中进行重组的企业数量随着时间的推移而减少。

虽然困境企业的实际重组发生率随着时间的推移而下降，但重组企业的调整力度还是很大的。图 4 比较了发生与没有发生重组的困境企业对其员工、资本（应折旧资产）和银行贷款的调整情况。每个面板分别展示了前述四个时间段内的平均增长率。我们发现，与没有重组的困境企业相比，重组企业在减少员工、应折旧资产和银行贷款方面采取了更为强硬的措施。一般而言，额外贷款是“救援行动”的一部分，然而重组企业的银行贷款并没有增长，这很令人惊讶。就长期而言，减轻债务负担可能是使财务困境公司脱困的更有效方法，我们的发现表明，这种情况发生的频率更高。

图 4 显示，重组和未重组的困境企业间的差异并没有缩小，不仅如此，它还随着时间的推移而扩大。因此，虽然进行重组的困境企业占比下降，但总体而言，当发生重组时，企业在减少员工、生产能力和负债方面力度更大。换句话说，当一个困境企业进行重组时，它会采取使企业经营状况好转的各种强有力措施。

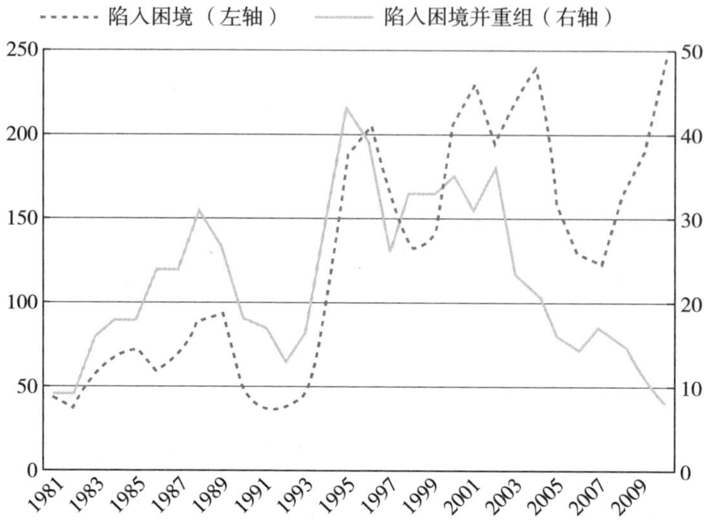

图3　陷入财务困境（连续两年营业利润为负）并进行重组的公司数量（右轴）和陷入财务困境没有进行重组的数量（左轴）的对比曲线

5.1　公司重组的决定性因素

为了更好地理解公司重组发生率随时间而下降的现象，我们首先对公司重组事件发生率的线性回归模型进行了参数估计。这里考虑的解释变量是：(1）银行债务与总资产的比率；（2）该企业是否处于财务困境状态（虚拟变量，如果前两年的营业利润都为负值，则取值为1；否则为0）；（3）企业规模（以总资产的自然对数衡量）；（4）主银行依存度（以企业最大的贷款银行所提供的贷款比例为依据）；（5）上年度公司是否正在重组。为了规范化，我们也包括了年份固定效应、行业固定效应和年份—行业交叉固定效应。

表3是线性回归模型的参数估计结果。模型（1）仅包括前三个变量（除了常数项）：银行贷款与总资产比率，是否陷入财务困境和资产规模。这些变量都和进行公司重组的可能性正相关：对银行贷款高度依赖的大型困境企业更有可能进行重组。模型（2）表明，正在进行重组的企业在第二年很可能继续重组。尽管参数估计值变小，其他解释变量和被解释变量的关系也没有实质性改变。当我们包含虚拟变量来控制年份、行业和年份—行业交叉固定效应

［模型（3）和（4）］时，结果也没有改变。参数估计结果唯一显著变化的是银行借款与总资产的系数估计值，它的值变大，但仍不如样本模型（1）中的估计值那么大。模型（5）包括主银行依赖度。该变量是由卡瓦列罗等人（Caballero et al.，2008）在以前的研究中构建的，指标所涵盖的行业较少，并且数据统计截至 2002 年。因此，按这种设定的观测值数量大约减少了一半，且第四个时间段没有观测值。1981—2002 年，银行借款与总资产比率和企业规模的参数估计系数较大，但总体结果并未发生实质性变化。更高的主银行依赖度增加了公司重组的可能性。这一发现强调了主银行在日本公司重组中的重要性。

表 3　公司重组事件发生率的线性回归模型：基础变量

变量	（1）	（2）	（3）	（4）	（5）
银行债务/总资产	0.1397	0.0492	0.0670	0.0658	0.0916
	（0.0141）	（0.0049）	（0.0055）	（0.0055）	（0.0086）
连续两年营业利润为负	0.1689	0.0341	0.0347	0.0333	0，0323
	（0.0145）	（0.0059）	（0.0059）	（0.0059）	（0.0085）
Log（总资产）	0.0160	0.0064	0.0066	0.0065	0.0094
	（0.0019）	（0.0006）	（0.0006）	（0.0006）	（0.0011）
前一年是否发生重组		0.7145	0.7147	0.7156	0.7165
		（0.0112）	（0.0112）	（0.0112）	（0.0131）
主银行依赖度					0.0325
					（0.0087）
年份虚拟变量	否	否	是	是	是
行业虚拟变量	否	否	是	是	是
年份—行业虚拟变量	否	否	否	是	否
观测值数量	49682	49682	49682	49682	49682

注：因变量是“*saiken*”，如果公司在重组就记为 1，否则记为 0。每一列表示发生率线性回归模型的参数估计值和标准差（括号内）。估算出的标准差和每家公司都有着极强的相关性。样本时间是从 1981 年到 2010 年。我们剔除了银行负债与总资产的比率超过 1 的观察样本。模型包括了一个常数项，但是参数估计值并没有被列出。“年份虚拟变量”“行业虚拟变量”和“年份—行业虚拟变量”展示了在模型设定中是否包括这些虚拟变量（是或者否）。这些虚拟变量的参数估计值也没有被列出。

表 4 的变量设定采用了四个时间段，考虑了某些变量的系数的估计值随时间变化的可能性。模型（6）中财务困境虚拟变量的系数在四个时间段采取不同的值，结果表明，1992 年以后，财务困境对重组可能性的影响相较于第一个时间段来说在下降。在 1992—1997 年，按照通常的统计学显著性水平，参数估计值与零无显著差异。模型（7）和模型（8）中银行债务与总资产的比率的系数随时间而变化。但这个变量对重组概率的影响没有随时间而发生明显变化。最后，模型（9）和模型（10）中主银行依赖度的系数随时间而变化。在这种情况下，虽然如前所述，模型（9）和模型（10）中使用的观测值的数量与模型（6）和模型（7）不同，但是财务困境虚拟变量的系数下降得更明显。主银行依赖度的重要性似乎也随着时间的推移而下降。1992 年以后，主银行依赖度系数的参数估计结果不再显著。

表 4　公司重组的决定性因素：随时间变化

变量	(6)	(7)	(8)	(9)	(10)
银行负债/总资产：1981—1991 年	0.0670 (0.0055)	0.0743 (0.0080)	0.0699 (0.0091)	0.0936 (0.0087)	0.0989 (0.0115)
银行负债/总资产：1992—1997 年		0.0595 (0.0093)	0.0663 (0.0105)		0.0870 (0.0139)
银行负债/总资产：1998—2003 年		0.0796 (0.0102)	0.0812 (0.0110)		0.0930 (0.0146)
银行负债/总资产：2004—2010 年		0.0444 (0.0077)	0.0361 (0.0080)		
连续两年营业利润为负：1981—1991 年	0.0673 (0.0142)	0.0667 (0.0141)	0.0612 (0.0141)	0.0746 (0.0168)	0.0740 (0.0167)
连续两年营业利润为负：1992—1997 年	0.0165 (0.0121)	0.0175 (0.0121)	0.0176 (0.0123)	0.0037 (0.0134)	0.0047 (0.0136)
连续两年营业利润为负：1998—2003 年	0.0307 (0.0107)	0.0296 (0.0107)	0.0290 (0.0106)	0.0247 (0.0138)	0.0248 (0.0140)
连续两年营业利润为负：2004—2010 年	0.0243 (0.0096)	0.0245 (0.0096)	0.0241 (0.0096)		

（续表）

变量	(6)	(7)	(8)	(9)	(10)
Log（总资产）	0.0066 (0.0006)	0.0066 (0.0006)	0.0065 (0.0006)	0.0096 (0.0011)	0.0096 (0.0011)
前一年是否发生重组	0.7139 (0.0113)	0.7137 (0.0113)	0.7148 (0.0112)	0.7152 (0.0131)	0.7152 (0.0131)
主银行依赖度：1981—1991年				0.0491 (0.0127)	0.0508 (0.0130)
主银行依赖度：1992—1997年				0.0257 (0.0143)	0.0248 (0.0146)
主银行依赖度：1998—2003年				0.0209 (0.0143)	0.0209 (0.0146)
年份虚拟变量	是	是	是	是	是
行业虚拟变量	是	是	是	是	是
年份—行业虚拟变量	否	否	是	否	否
观测值数量	49682	49682	49682	27741	27741

注：同表3。

总体来看，表3和表4的结果显示，依赖银行（特别是主银行）的困境企业更有可能进行重组，但这种关系随着时间的推移而改变。1992年以后，财务困境（连续两年营业利润为负）与发生公司重组的相关性不再像以前那么大，对主银行的依赖度也是如此。这些回归结果与公司重组行为，特别是银行主导的重组行为减少的观点是一致的。

5.2 公司重组下的各类调整

如图4所示，虽然重组发生率（即宣布彻底重组的困境企业占比）随着时间的推移而下降，但这些企业的重组强度（即所采取措施的力度）似乎仍然较高。为了进一步分析这一点，表5和表6展示了随着时间的推移，重组发生时公司员工、资本和银行贷款调整幅度的回归分析结果。表5中的前两列是与员工的调整幅度相关的回归结果。与经营良好的企业相比，困境企业无论是否重组，其员工数量增长都较慢。第1列显示，困境企业的员工数量增长率通常下降约4%，如果还进行公司重组的话，则会再下降3%。第2列包括陷入财务困境企业与重组企业之间的交叉项，它显示了，与未进行重组的困境企业相比，经历了重组的困境企业员工数量增长率会进一步减少6.5%。

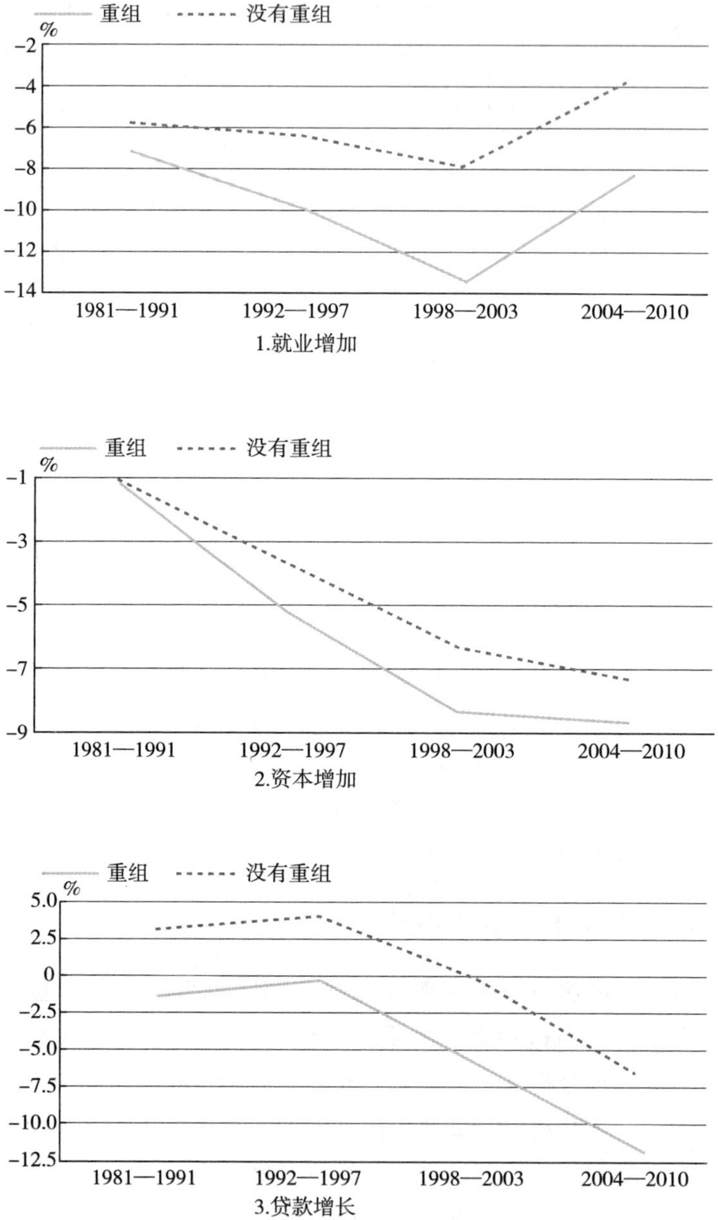

图 4　陷入财务困境企业对其员工、资本和银行贷款的调整情况

表 5　公司重组时对员工、资本、银行贷款的调整

因变量	员工增长率	员工增长率	资本增长率	资本增长率	银行贷款增长率	银行贷款增长率
因变量滞后项	0.2784	0.2785	0.1228	0.1228	0.1289	0.1288
	(0.0110)	(0.0110)	(0.0073)	(0.0073)	(0.0068)	(0.0068)
连续两年营业利润为负	-0.0390	-0.0405	-0.0505	-0.0568	-0.0159	-0.0095
	(0.0031)	(0.0035)	(0.0039)	(0.0041)	(0.0054)	(0.0060)
是否发生重组	-0.0306	-0.0316	-0.0375	-0.0418	-0.0063	-0.0020
	(0.0022)	(0.0023)	(0.0036)	(0.0038)	(0.0050)	(0.0052)
连续两年营业利润为负×发生重组		-0.0647		-0.0675		-0.0431
		(0.0065)		(0.0096)		(0.0110)
年份虚拟变量	是	是	是	是	是	是
行业虚拟变量	是	是	是	是	是	是
年份—行业虚拟变量	否	否	否	否	否	否
观测值数量	38607	38607	38607	38607	38607	38607

注：员工增长率是指公司雇员数量的增长率。资本增长率指公司应折旧资产的增长率。银行贷款增长率是指银行总贷款的增长率。我们剔除了因变量或者因变量的滞后项小于-50%或者大于100%的样本。（陷入财务困境×发生重组）是陷入财务困境的虚拟变量（连续两年营业利润为负）和重组虚拟变量（*saiken*）的交叉项。每一列表示回归模型的参数估计值和标准误差（在括号内）。估算出的标准差和每家公司都有着极强的相关性。样本的时间是从1981年到2010年。银行负债与总资产的比率超过1的样本也被剔除了。模型包括了一个常数项，但是参数估计值并没有被列出。“年份虚拟变量”“行业虚拟变量”和“年份—行业虚拟变量”展示了在模型设定中是否包括这些虚拟变量（是或者否）。这些虚拟变量的参数估计值也没有被列出。

表5中的第3列和第4列展示了应折旧资产增长率的相似结果。企业陷入财务困境往往会使应折旧资产增长率下降5%—5.5%，而如果经历了重组，则还会再降低约4%。而交叉项也再次表明，发生重组的困境企业与其他困境企业相比，资本增长率会放缓6.8%。

表 6 重组时的调整：随时间变化

因变量	员工增长率	员工增长率	资本增长率	资本增长率	银行贷款增长率	银行贷款增长率
因变量滞后项	0.2783	0.2725	0.1227	0.1100	0.1285	0.1200
	(0.0110)	(0.0110)	(0.0073)	(0.0072)	(0.0068)	(0.0068)
连续两年营业利润为负	−0.0388	−0.0383	−0.0507	−0.0489	−0.0165	−0.0169
	(0.0031)	(0.0032)	(0.0039)	(0.0040)	(0.0054)	(0.0055)
是否发生重组：1981—1991	−0.0285	−0.0269	−0.0510	−0.0440	−0.0152	−0.0159
	(0.0029)	(0.0030)	(0.0069)	(0.0071)	(0.0084)	(0.0088)
是否发生重组：1992—1997 年	−0.0299	−0.0283	−0.0211	−0.0161	0.0189	0.0188
	(0.0044)	(0.0043)	(0.0073)	(0.0074)	(0.0120)	(0.0120)
是否发生重组：1998—2003 年	−0.0424	−0.0403	−0.0331	−0.0311	0.0017	0.0016
	(0.0045)	(0.0046)	(0.0054)	(0.0056)	(0.0085)	(0.0088)
是否发生重组：2004—2010 年	−0.0103	−0.0094	−0.0377	−0.0398	−0.0439	−0.0401
	(0.0056)	(0.0057)	(0.0088)	(0.0090)	(0.0119)	(0.0112)
年份虚拟变量	是	是	是	是	是	是
行业虚拟变量	是	是	是	是	是	是
年份—行业虚拟变量	否	是	否	否	否	是
观测值数量	38607	38607	38607	38607	38607	38607

注：同表 5。

第 5 列和第 6 列显示银行贷款增长率的估计结果。我们再次发现，财务困境企业和重组企业都倾向于降低银行贷款增长率，而开展重组的困境企业与没有重组的困境企业相比，银行贷款增长更少。然而，系数估计大多都不显著。正如我们下面所看到的，这似乎反映了银行贷款增长率在重组中随着时间推移发生的变化。与我们以前的分析一致，在表 6 中我们通过将重组的相关虚拟变量分成四个时期，以捕捉重组对员工、资本和银行贷款增长率的影响随时间的变化。第 1 列和第 2 列展示了员工增长的相关结果。1998—2003 年，重组虚拟变量系数的参数估计值略大，而 2004—2010 年的参数估计值较小。这表明银行业危机后，企业重组时对员工调整的力度暂时有所加强。对于资本增长率（第 3 列和第 4 列），1992—1997 年的相关参数估计值略小。

对于银行贷款增长率相关的回归分析（展示在最后两列），相关虚拟变量系数的参数估计值展现出一个有意思的现象。1981—1991 年和 2004—2010 年，估计值为负数，表明在重组过程中银行的贷款增长有所放缓。与之相反，1992—1997 年和 1998—2003 年，尽管估计值略小并且统计上不显著，但是该估计值为正。这表明在 20 世纪 90 年代“失去的十年”间，银行（包括主银行）对于通过减少贷款进行财务重组是十分谨慎的。这也可能反映了在此期间向僵尸公司提供的不良贷款普遍存在展期的现象。

5.3 公司重组后的业绩

可能最重要的问题是，公司重组是否会扭转企业困境，提高经济活力。表 7 至表 9 分析了公司重组对企业绩效的影响。

表 7 所展示的与表 5 和表 6 中的绩效指标回归结果相似。在这里，被解释变量是重组完成后三年的公司业绩估计：（1）总销售增长率；（2）常规利润（ordinary profits）与总资产的平均比率；（3）平均总资产收益率。与这些绩效变量回归有关的解释变量为被解释变量的滞后项、是否陷入财务困境（连续两年营业利润为负）虚拟变量以及是否发生重组的虚拟变量。在每个不同的绩效变量的第二次设定中，表示重组的虚拟变量的系数随着时间段的不同而改变。

表 7　公司重组后的业绩

因变量	销售增长率	销售增长率	常规利润	常规利润	净利润	净利润
因变量滞后项	0.2050 (0.0094)	0.2047 (0.0094)	0.5998 (0.0119)	0.6001 (0.0119)	0.4202 (0.0187)	0.4200 (0.0187)
连续两年营业利润为负	0.0070 (0.0039)	0.0068 (0.0039)	0.0077 (0.0018)	0.0077 (0.0018)	-0.0053 (0.0022)	-0.0054 (0.0022)
是否发生重组	-0.0224 (0.0033)		-0.0092 (0.0013)		-0.0118 (0.0018)	
是否发生重组：1981—1991 年		-0.0066 (0.0055)		-0.0064 (0.0024)		-0.0061 (0.0026)

（续表）

因变量	销售增长率	销售增长率	常规利润	常规利润	净利润	净利润
是否发生重组：1992—1997 年		−0.0252 (0.0060)		−0.0120 (0.0021)		−0.0162 (0.0032)
是否发生重组：1998—2003 年		−0.0387 (0.0057)		−0.0112 (0.0017)		−0.0175 (0.0033)
是否发生重组：2004—2007 年		−0.0271 (0.0077)		−0.0078 (0.0028)		−0.0072 (0.0054)
年份虚拟变量	是	是	是	是	是	是
行业虚拟变量	是	是	是	是	是	是
观测值数量	644439	644439	644439	644439	644439	644439

注：因变量是重组完成后三年的公司业绩。销售增长率是重组完成后三年的总销售增长率。普通利润是重组完成后三年普通利润和总资产比率的平均值。净利润是重组完成后三年净利润和总资产比率的平均值。因变量的滞后项是重组完成前三年业绩的平均值。我们剔除了因变量或者因变量的滞后项小于 −50% 或者大于 100% 的样本。每一列表示回归模型的参数估计值和标准差（在括号内）。估算出的标准差和每家公司都有极强的相关性。鉴于 2007 年是我们可以计算之后三年业绩的最近一年，样本时间是从 1981 年到 2007 年。模型包括了一个常数项，但是参数估计值并没有被列出。“年份虚拟变量”“行业虚拟变量”展示了在模型设定中是否包括这些虚拟变量（是或者否）。这些虚拟变量的参数估计值也没有被列出。

表 7 包括了所有公司。在表 7 的设定中，表示重组虚拟变量的系数为负，这表明发生重组会导致公司业绩下降。这并不一定意味着重组会导致更糟糕的表现：重组时间超过一年仍未完全摆脱财务困境的案例很多，我们数据库中常有这样的案例：重组了一年的企业很可能在未来三年内仍会有一段时间继续处在重组状态①。另一方面，鉴于参数估计值为正（至少在销售增长率和常规利润方面），表示是否陷入财务困境的虚拟变量和接下来三年的平均业绩指标正相关。在表 8 中，只显示了困境企业的回归结果（即只包括连续两年营业利润为负的观测样本），是否重组虚拟变量的系数估计值仍然是负数，尽管一些估计值与零无显著差异。

① 表 2 显示，47% 的公司重组事件的持续时间超过两年。

表 8　重组后的业绩表现：样本中只包含困境企业

因变量	销售增长率	销售增长率	常规利润	常规利润	净利润	净利润
因变量滞后项	0.1897	0.1887	0.3371	0.3389	0.1778	0.1782
	(0.0094)	(0.0424)	(0.0679)	(0.0679)	(0.0595)	(0.0596)
是否发生重组	-0.0165		-0.0102		-0.0196	
	(0.0099)		(0.0049)		(0.0078)	
是否发生重组：1981—1991 年		-0.0088		-0.0056		-0.0181
		(0.0167)		(0.0092)		(0.0106)
是否发生重组：1992—1997 年		-0.0102		-0.0061		-0.0108
		(0.0165)		(0.0056)		(0.0100)
是否发生重组：1998—2003 年		-0.0190		-0.0185		-0.0250
		(0.0144)		(0.0053)		(0.0100)
是否发生重组：2004—2007 年		-0.0497		-0.0128		-0.0322
		(0.0274)		(0.0136)		(0.0265)
年份虚拟变量	是	是	是	是	是	是
行业虚拟变量	是	是	是	是	是	是
观测值数量	2443	2443	2443	2443	2443	2443

注：因变量是重组完成后三年的公司业绩。销售增长率是重组完成后三年的总销售增长率。常规利润是重组完成后三年常规利润和总资产比率的平均值。净利润是重组完成后三年净利润和总资产比率的平均值。因变量的滞后项是重组完成前三年业绩的平均值。我们剔除了因变量或者因变量的滞后项小于-50%或者大于100%的样本。表中仅包括连续两年营业利润为负的观测样本。每一列表示回归模型的参数估计值和标准差（在括号内）。估算出的标准差和每家公司都有着极强的相关性。鉴于2007年是我们可以计算之后三年业绩的最近一年，样本时间是从1981年到2007年。模型包括了一个常数项，但是参数估计值并没有被列出。“年份虚拟变量”“行业虚拟变量”展示了在模型设定中是否包括这些虚拟变量（是或者否）。这些虚拟变量的参数估计值也没有被列出。

表9通过一个额外的虚拟变量“*saikenend*”来区分已完成的重组事件是否处于最后一年，“*saikenend*”虚拟变量如果取值为1，则表示重组事件处于最后一年，否则为0。在每个不同的绩效变量的第二次设定中，该虚拟变量的系数被允许随着时间段的不同而改变。该变量的参数估计值为正，并且大到可以抵消某些时间段中设定的表示重组虚拟变量的负面影响。这可能表明，在重组完成后，公司业绩会趋向于提高。

表9　重组后公司的业绩：样本只包含困境企业并且添加了表示重组是否处于最后一年的虚拟变量

因变量	销售增长率	销售增长率	常规利润	常规利润	净利润	净利润
因变量滞后项	0.1872 (0.0425)	0.1872 (0.0427)	0.3364 (0.0681)	0.3357 (0.0679)	0.1770 (0.0594)	0.1766 (0.0590)
是否发生重组	-0.0227 (0.0115)	-0.0230 (0.0115)	-0.0124 (0.0055)	-0.0123 (0.0055)	-0.0228 (0.0093)	-0.0227 (0.0093)
是否处于重组最后一年	0.0277 (0.0142)		0.0103 (0.0061)		0.0144 (0.0110)	
是否处于重组最后一年：1981—1991年		0.0122 (0.0181)		0.0214 (0.0078)		0.0148 (0.0109)
是否处于重组最后一年：1992—1997年		0.0537 (0.0190)		0.0168 (0.0082)		0.0448 (0.0130)
是否处于重组最后一年：1998—2003年		0.0095 (0.0239)		-0.0106 (0.0096)		-0.0159 (0.0184)
是否处于重组最后一年：2004—2007		0.0615 (0.0571)		0.0223 (0.0248)		0.0186 (0.0315)
年份虚拟变量	是	是	是	是	是	是
行业虚拟变量	是	是	是	是	是	是
观测值数量	2443	2443	2443	2443	2443	2443

注：因变量是重组完成后三年的公司业绩。销售增长率是重组完成后三年的总销售增长率。常规利润是重组完成后三年常规利润和总资产比率的平均值。净利润是重组完成后三年净利润和总资产比率的平均值。因变量的滞后项是重组完成前三年业绩的平均值。*Saikenend* 是一个虚拟变量，如果处于重组最后一年记为1，否则记为0。我们剔除了因变量或者因变量的滞后项小于-50%或者大于100%的样本。表中仅包括连续两年营业利润为负的观测样本。每一列表示回归模型的参数估计值和标准差（在括号内）。估算出的标准差和每家公司都有着极强的相关性。鉴于2007年是我们可以计算之后三年业绩的最近一年，样本时间是从1981年到2007年。模型包括了一个常数项，但是参数估计值并没有被列出。“年份虚拟变量”“行业虚拟变量”展示了在模型设定中是否包括这些虚拟变量（是或者否）。这些虚拟变量的参数估计值也没有被列出。

6. 总结

本文通过分析一个囊括了1981年至2010年间日本上市公司重组事件的专有数据库，研究了银行在主导日本公司重组时所起作用的变化。我们发现，自20世纪90年代初以来，陷入财务困境的公司进行重组的频率在降低。尽管在一些事件中，企业对银行的依赖度并不是那么重要的决定性因素，但是对银行借款的高依赖度还是会增加企业在陷入财务困境时进行重组的可能性。

企业重组涉及对员工、资本和银行贷款等诸多方面进行调整。这些调整措施的强度随着时间有所下降，银行贷款也会发生一些有意思的变化，通常来说，这些是银行主导的公司重组的特征。而在 1981—1991 年，与没有重组的困境企业相比，进行重组的困境企业的银行贷款出现了下降，这种调整随后放缓并在 1992—2003 年消失，在 2004 年才重新出现。这可能表明，在“失去的十年”间，随着银行主导的公司重组的减少，这些极为重要的财务重组机制暂停运作，直到可替代银行主导的公司重组方案（如以法院为基础的重组方案）出现，此类机制才重新出现。困境企业重组的频率和强度下降的情况与过去其他研究的结果一致。

最后，重组与否和重组后企业绩效之间的关系并没有明确结论。我们发现了重组完成会改善几个绩效指标变量的迹象，但还有待进一步研究。

本文的研究不能说明公司重组机制的变化对日本经济的整体影响是有效的。直到 21 世纪初期，日本才引入了企业破产的替代程序，也许从由银行主导到法院主导程序的转变是一个积极的发展。也就是说，如果银行主导的重组能够对公司重组后的业绩产生积极影响，那么至少在 20 世纪 90 年代，银行主导的公司重组减少可能进一步加剧了日本的经济停滞，并且使复苏变得更加缓慢。

（对外经济贸易大学金融学院 孙静 王晓贝　译）

参考文献

Aoki, Masahiko and Hugh Patrick (Eds.). 1994. *The Japanese Main Bank System*. Oxford, UK: Oxford University Press.

Aoki, Masahiko, Gregory Jackson, and Hideaki Miyajima. 2007. *Corporate Governance in Japan: Institutional Change and Organizational Diversity*. Oxford, UK; Oxford University Press.

Caballero, Ricardo, Takeo Hoshi, and Anil K Kashyap. 2008. “Zombie Lending and Depressed Restructuring in Japan,” *American Economic Review*, 98 (5), 1943 - 1977.

Hamada, Koichi, Anil K Kashyap, and David E. Weinstein. 2011. *Japan's Bubble, Deflation, and Long-term Stagnation*. Cambridge, MA: MIT Press.

Hirota, Shin-ichi, and Hideaki Miyajima. 2001. “Mein banku kainyūu-gata gabanansu wa henkashita ka? (Has Main Bank-led Governance Changed?)” *Gendai Fainansu*, 10, 35 - 61.

Hoshi, Takeo, and Anil K Kashyap. 1999. “The Japanese Banking Crisis: Where did it come from and how will it end?” *NBER Macroeconomics Annual* 1999, pp. 129 - 201.

Hoshi, Takeo and Anil K Kashyap. 2001. *Corporate Finance and Governance in Japan: The*

Road to the Future. Cambridge, MA; MIT Press.

Hoshi, Takeo, Anil Kashyap, and David Scharfstein. 1990. "The Role of Banks in Reducing the Costs of Financial Distress in Japan," *Journal of Financial Economics*, 27, 67 – 88.

Hoshi, Takeo, Satoshi Koibuchi, and Ulrike Schaede. 2011. "Corporate Restructuring in Japan during the Lost Decade" in Koichi Hamada, Anil Kashyap, and David Weinstein (Eds.)

Japan's Bubble, Deflation and Long-term Stagnation, Cambridge, MA: MIT Press, pp. 343 – 373.

Izumi, Atsuko, and Hyeog Ug Kwon. 2015. "Shachō Kōtai to Kigyōo Pafōmansu: Nichi-BeiHikaku Bunseki (Change in Corporate Performance after CEO Turnovers: A Comparison between the United States and Japan)," *RIETI Discussion Paper* 15 – J – 032.

Kang, Jun-Koo, and Anil Shivdasani. 1995. "Firm Performance, Corporate Governance, and Top Executive Turnover in Japan," *Journal of Financial Economics*, 38, 29 – 58.

Kaplan, Steven N. 1994. "Top Executive Rewards and Firm Performance: A Comparison of Japan and the United States," *Journal of Political Economy*, 102, 510 – 546.

Kaplan, Steven N., and Bernadette A. Minton. 1994. "Appointments of Outsiders to Japanese Boards: Determinants and Implications for Managers," *Journal of Financial Economics*, 36, 225 – 258.

Miyajima, Hideaki, Ryo Ogawa, and Takuji Saito. 2016. "Changes in Corporate Governance and President Turnover: The Evidence from Japan", *same conference issue* (*add later*).

Morck, Randall & Nakamura, Masao. 1999. Banks and Corporate Control in Japan. *The Journal of Finance*, 54 1: 319 – 339.

Pascale Richard, and Thomas P. Rohlen. 1983. "The Mazda Turnaround". *Journal of Japanese Studies*, 9: 219 – 263.

Peek, Joe, and Eric S. Rosengren. 2005. "Unnatural Selection: Perverse Incentives and the Misallocation of Credit in Japan," *American Economic Review*, 95, 1144 – 1166.

Schaede, Ulrike. 1990. "The Introduction of Commercial Paper: A Case Study in the Liberalisation of the Japanese Financial Markets". *Japan Forum*, 2: 215 – 234.

Schaede, Ulrike. 2008. *Choose and Focus: Japanese Business Strategies for the 21st Century*. Ithaca, NY: Cornell University Press.

Sekine, Toshitaka, Kobayashi, Keiichiro, and Yumi Saita. 2003. "Forbearance Lending: The Case of Japanese Firms," *Monetary and Economic Studies*, 21, 69 – 91.

Sheard, Paul. 1989. The Main Bank System and Corporate Monitoring and Control in Japan. *Journal of Economic Behavior and Organization*, 11: 399 – 422.

Sheard, Paul. 1994. "Main Banks and the Governance of Financial Distress," in Masahiko Aokiand Hugh Patrick (Eds.) *The Japanese Main Bank System*. Oxford, UK: Oxford University Press, pp. 188 – 230.

金融论坛

Financial Forum

Comparative

中国金融体系复杂化的成因及影响

潘宏胜

全球范围看，过去50年金融增长远快于实体经济的增长，金融规模和复杂性持续上升（Turner，2016）。中国金融体系近些年也发生了类似的变化，其中“复杂化”尤为突出。本文偏重于金融机构、市场和业态等，探讨这种复杂化的具体表现、推动因素以及产生的影响，认为现阶段中国金融体系复杂化有其阶段性和必然性，对金融调控、金融监管和金融稳定等带来的影响不容忽视，深化体制改革是根本之策。

一、现阶段中国金融体系复杂化的表现

从演化角度看，规范性研究往往以某个演进形态为标准（通常是发达市场经济体系），描述金融体系从非市场化到市场化、从金融资源的低效配置到高效配置的进步途径，并着重解释对该标准形态的偏差及其原因，这种看法是线性的。中国金融体系自1978年以来朝着市场化、规范化、多元化、国际化的方向演进（周小川，2015），但其过程是曲折的，尤其是近几年中国金融体系无论是规模还是复杂化程度，均非线性地迅速上升。金融业态呈现保险公司

---

* 作者为新供给经济学50人论坛成员、CF40青年成员，本文为个人观点，不代表所在单位看法。

“对冲基金化”、房地产金融化、非银机构“银行化”等新特点（谢平，2017），这些变化超乎业界、监管者和政策制定者的普遍想象。

表现一：各类金融机构资本结构“网状化”，信用联系日益紧密、混杂交织。2010—2015 年金融机构的正规牌照发放有所增加，主要是企业集团财务公司（增加 117 家）、信托公司（5 家）、金融租赁公司（30 家）、汽车金融公司（12 家）、证券公司（19 家）、基金管理公司（38 家）、基金管理公司子公司（97 家）、保险公司。这体现了适当扩大法律意义上分业经营机构准入的一般逻辑，但随着金融资本化和金融业综合经营试点的推进，金融体系已然形成“五彩斑斓”的金融控股或金融资本系版图：第一类是传统金融机构通过设立或收购子公司等形成事实上的金融控股集团，如工农中建交五大银行均已涵盖银行、证券（境外）、保险、基金、金融租赁等业务，银河金控、中信、光大等多元化金融集团，以及专司股权管理的纯粹型金控——平安集团。此外，四大资产管理公司向金融控股集团转型，一些地方政府整合资源后也形成地方性金控平台，如上海国际集团、天津泰达国际控股集团；第二类是产融结合型企业集团，数家央企拥有多家金融子公司，涉及财务公司、保险、信托、基金、期货、银行等，寻求补充资本、集中持股以及金融上市；第三类是产业和资本深度融合涌现的民营资本系，如海航系、复星系、万向系、明天系、恒大系等。据《新财富》统计，民营资本实际控制的金融机构约 200 家，2016 年末合计资产规模近 26 万亿元，约占中国金融业总规模的 10%；第四类是互联网企业涉足金融领域，如阿里巴巴、腾讯、百度等，蚂蚁金服拥有第三方支付、小额贷款、保险、基金、银行等多项金融牌照。

上述控股集团或金融资本系的股权结构“叠床架屋”，以追求规模经济、范围经济和协同效应的最大化为主要目的，借助集团内资产组合关联投资、信息共享、税收及会计处理等，建立起网络化资金信用关联。金融机构资本化和股权结构“网状化”已是我国金融体系的重要特征，对金融资源配置、机构行为、社会资产负债结构、货币调控和金融监管等的影响都值得分析研究。

表现二：金融体系仍是银行业主导，但银行与银行、银行与其他金融机构以及各金融子市场之间的关联度显著上升。2016 年末间接融资约占社会融资规模存量的 84.8%，银行业机构总资产为 226.2 万亿元，与 GDP 之比为 304%，比 2011 年末提高了 76 个百分点，银行业的主导地位不降反升。一方面，银行之间的联系更加紧密，2016 年其他存款性机构的同业负债和同业资产分别达 14.5 万亿和 31.6 万亿元，分别是 2010 年末的 2.6 倍和 2.34 倍，同业负债/同业资产之比达 45.9%。另一方面，银行类机构对其他金融机构的负债和资产分别达 15.7 万亿和 26.5 万亿元，两者之比达 59.2%，关联度明显上升。出于减少资本占用、规避审慎监管规定、突破分业监管要求等需要，银行表外活动快速扩张且日趋复杂，银行与信托、保险、证券、资产管理、金融租赁等各类非银行金融机构建立起广泛而密切的联系，结构性信托、资管计划等产品相互嵌套，信用关系复杂，资金链条长。银行资金外溢与其他金融机构业务交叉融合，大大提升了信贷、货币、债券、股票、房地产等各子市场的连通性和关联度，如 2017 年以来债市与信贷市场出现“融资替代”效应、货币市场与债市出现互动效应都说明了这一点。

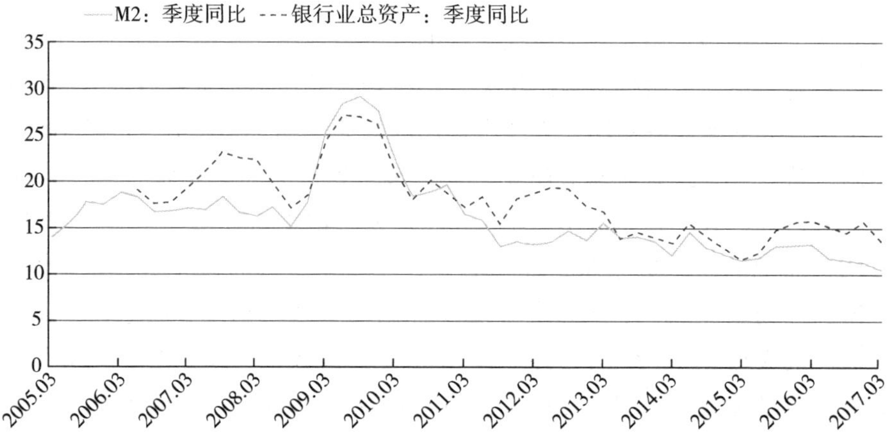

图 1　银行业总资产增速快于货币增速

资料来源：Wind。

表现三：金融体系资产和负债结构趋向复杂，批发性融资在负债中的重要性明显上升。从资产端看，2016 年末其他存款性机构的表内资产近 230 万亿元，其中对企业债权 83.6 万亿元，占比由 2005 年末的一半（49.1%）降至 1/3 略多（36.3%）；对其他金融机构和居民债权分别达 58 万亿和 32.9 万亿元，占比分别比 2005 年末上升 13 和 8.5 个百分点至 25.2% 和 14.3%。2011—2016 年对其他金融机构债权净增加 42.7 万亿元，目前中资中型和小型银行这部分资产占比分别达 30.2% 和 37.6%，比 2010 年末分别提高 11.7 和 14.5 个百分点。这些资产相当部分是非标准化信贷资产以及信托受益权、资管计划等，结构化程度高，信用链条和结构复杂，杠杆和底层资产情况不透明、不清晰。

从负债端看，其他存款性机构负债中的债券和同业等批发性融资2016年末达50.3万亿元，比2010年末净增34.4万亿元。企业和居民存款余额为142万亿元，占比从2005年末的75.3%降至61.7%。不同梯队银行的负债结构差异明显，大型银行和小型银行负债仍以企业和居民存款为主（2017年5月末其占比分别为67.2%和63.8%），中型银行则为45.9%，对同业及其他金融机构融资、债券筹资占比分别达21.5%和15.6%。不少中小银行和非银机构"长资产、短负债"搭配多，对银行间市场短期融资的依赖较大，流动性易波动，对央行融资需求呈上升之势。2016年末中型银行对央行负债3.17万亿元，占其负债的5.8%，明显高于大型和小型银行。

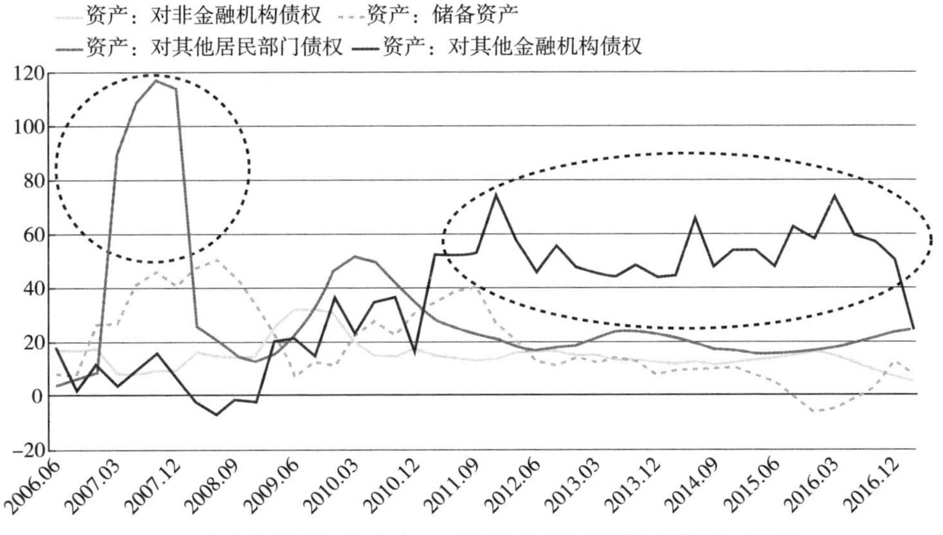

图2　其他存款性机构资产：对其他金融机构债权持续快速增长

资料来源：Wind。

二、中国金融体系复杂化的主要原因

国际上看，金融体系复杂化是个渐进过程，一般在经济繁荣或金融快速自由化时期发展迅猛，如欧美主要发达国家在20世纪80年代初和2008年国际金融危机爆发前近十年都呈现这一特点。但是，为什么中国金融体系复杂化的显著上升却偏偏发生在2010年以来经济进入新常态和不时面对下行压力的阶段呢？这绝非单一因素作用的结果，至少有三个重要驱动力。

（一）货币化、资本化持续积累和社会财富增加引致金融深化进程加快。金融机构的核心功能是充当将社会储蓄转化为投资的中介。低收入和发展中国家一般受储蓄不足、投资缺乏资金、金融中介缺失等制约，格利（Gurly）、肖（Shaw）、戈德史密斯（Goldsmith）和麦金农（Mckinnon）等认为，发展中国家可借助发展金融中介来有效激励和增加社会储蓄，使储蓄更有效地用于生产，进而拉动投资、扩大出口，实现发展经济和提高收入的目的。改革开放以来，中国先后推进商品、生产资料、劳动力、资金等要素的市场化和货币化，2000年以后又全面启动了住宅和土地的市场化和货币化，并完成了主要商业银行股份制改革以及股票市场股权分置改革。

在2010年应对危机最急迫的阶段过去后，这些进程事实上开始发挥三方面的累积效应：其一，土地和房屋持续货币化带来从储蓄供给和投资需求两端同时刺激相关领域金融中介化的“滚雪球”效应。土地货币化和市场化使土地成为重要的资本和融资工具。过去十余年的房地产货币化和大规模城市“再造”派生出大量的投融资和货币需求，通过土地入市、征地拆迁、不动产价格多轮上涨和资产变现滋生出大量社会财富和资产。在2010年后多轮刺激和调控交替中，房地产市场并未做深度调整，反而是中介化、金融化的程度不断加深、渠道多元、方式翻新，贯穿土地、地产开发、股市、债市、理财、信托、万能险、股权控制、境外投资、境内外套利、互联网金融平台等多个方面，大大加深了金融体系与房地产的联系和互动。其二，步入中等收入国家后，社会储蓄寻求更高金融资产收益的倾向明显上升。按照世界银行对各国经济发展水平的分组，人均GDP在4126—12735美元为中等偏上国家。2009年和2010年末我国人均GDP分别为4142和4560美元。随着收入水平上升和财富增加，居民已不满足于较低且固定的储蓄收益，大量新生的高净值人群积极寻求多元化资产配置，在后危机时期投资回报率趋势性下降的背景下，大量相对于实体需求的“冗余”资金积聚了旺盛的资产配置需求。其三，主要金融机构通过股份化解决了资本金不足约束，动员资金和资产创造的能力迅速增强。不少大型金融机构完成了资本化和股份制改造，并初步建立了常态化的资本金补充机制。目前国内上市的各类金融企业达109家，市值占比约25%，包括银行、券商、保险及信托、资管、私募等多元化金融公司。金融机构融资能力增强，资产扩张冲动强烈，而房地产市场快速发展和相关资产的迅速积累大大缓解了合格抵押品不足对信贷融资的制约，为信贷快速扩张创造了条件。

（二）经济新常态下金融市场竞争加剧，金融业转型和创新明显加快。近些年，中国金融机构的数量和类型明显增多，金融市场多元化程度上升，在股份制改革和利率市场化的背景下，金融机构追求利润或股东回报极大化的动机和激励大大增强，来自收入盈利激励的强“刺激”和利润、业绩考核的巨大压力相伴相随，呈现越来越强的商业性和短期逐利性，尽快做大资产规模、做大收益和抢占市场的冲动十分强烈。

传统金融业的生态环境出现了一些明显变化。一方面，传统正规金融机构谋求加快转型和创新。各类机构提出了诸如“重构资产负债表”“资管立行”“全面转型”“国际化”等口号，力求在经营战略、市场定位、管理架构、业态、产品等创新方面抢占先机。一些中小金融机构创新活跃，在资产负债管理、市场营销、薪酬激励等方面表现更加激进，为资产扩张找负债的倾向明显。另一方面，各类新兴金融机构大量涌现。快速发展的信息技术加快向金融体系和金融业渗透，新兴机构在现有市场细分和政策的“夹缝”中寻找商机，依托互联网技术或现有金融机构“借鸡生蛋”，充当现有金融中介的“中介”而拉长信用链条，或实现对现有金融中介的“脱媒”。与此同时，金融信息、人才、知识等要素加快流动，创新的学习成本大大降低。借助于现代通信平台和新媒体，各类国内外的结构化金融创新很容易被复制和大面积传播，出现了一系列突破传统风险控制模式的储蓄和投资工具，令人眼花缭乱、应接不暇，也使得风险控制的“阀值”明显降低，金融监管部门在信息、知识、能力等方面不够适应，监管套利的空间较大。更为突出的是，各类非持牌、非正规类金融机构“泥沙俱下”。金融、投资、资管、理财、财务管理等成为“点石成金”的“香饽饽”，一时间似乎谁都想、谁都能搞金融、搞投融资，出现了不少“挂羊头、卖狗肉”的机构和从业者甚至是非法集资等坑蒙拐骗的不法之徒，社会环境的复杂性大大上升。

金融市场环境的显著变化和金融要素配置的再调整相互作用，引发经营人才、产品开发、营销、客户资源等资源从传统金融机构向新机构、新业态流动配置，跨行业、跨国、跨机构人才流动前所未有的活跃，监管部门和传统金融机构人员流动加快，金融要素再配置反过来又强化了这一环境变化。

（三）在应对国际金融危机冲击的背景下，政府信用介入金融体系程度加深。经济下行周期一般伴随金融体系的收缩。2008 年国际金融危机爆发的早期阶段引发各国需求和产出剧降、价格急跌、融资中断，“雷曼事件”使全球金融体系有所调整，但任由金融市场和金融体系自行完全出清调整是艰难、长期且风险巨大的。发达国家实行低利率和量化宽松，以期平滑市场剧烈调整和资产负债大面积“崩塌”。

出台经济刺激计划是必要和及时的，但后遗症是政府信用扩张和介入金融体系显著加深。不时出现的稳增长压力使政府不得不以各种信用去弥补、替代市场自发调整可能减少的融资活动，逆周期信用扩张提升了杠杆率和总体债务水平，需要较长时间去消化。首先，政府直接投资和主导的“铁公基”项目建设增多，国有企业增加负债去维持传统产能和扩张“新兴产业”产能，政府和国有企业债务迅速扩张。2013 年 6 月底各级政府直接负有偿还责任的债务达 20.7 万亿元，近几年又有较大程度的增长。其次，地方政府积极推动资金流向基础设施建设、房地产、城市再造等，不少金融机构增持政府信用关联资产的倾向上升，“围着政府转”，两者行为高度相关。2014 年地方债务清理规范及 2015 年预算法旨在规范地方政府举债、控制地方融资平台贷款、提高地方政府融资的透明度和可靠性，但追求经济增长的冲动和“撇账”心态导致一些地方多方寻求非正规渠道或通过引导基金、政府增信等新方式融资。为吸引资金并取得合规性和合法性，这些融资往往采取多个机构合作、多种资金结合、多层结构嵌套、多次加杠杆等，每层结构似乎都有利可图且符合现行规定，但最终都流向基础设施、房地产等领域，其中不少项目财务可持续性存疑，严重依赖土地出让、财政投入或滚动融资。政府短期内虽以少量资金成功撬动大量社会资金，但也需承担很大的长期偿付责任。很多令人眼花缭乱的所谓金融创新背后的逻辑大体类似。再次，金融信用增量在短期内扩张太快，而存量风险无法有效调整，总体信用质量劣化的风险上升，政府需承担的“隐性担保”或“兜底”责任明显加大，如金融风险处置、刚性兑付等。

三、金融体系复杂化的影响

金融体系复杂化带来的影响是多方面的。积极方面，金融体系的规模和构成均有所扩大，金融机构业务拓展和金融服务能力有所提升，金融市场得到了发展，非传统支付等创新发展迅速，本文不在此赘述。消极方面，金融乱象多，风险隐患加大，给金融监管、金融稳定和货币调控等都带来了负面冲击和挑战。

（一）金融体系与实体经济的互动关系趋向复杂，金融体系催生和放大资产泡沫的作用被低估。服务实体经济始终是金融业应该坚持的基本原则，但在应对国际金融危机、经济转型、快速城镇化建设、土地和房屋金融化等条件下的金融体系复杂化使金融体系与实体部门间的联系变得模糊和迂回，容易使人产生一些“错觉”甚至误区：一是为应对全球性危机背景下的经济下行压力，金融信用和金融体系扩张是必要和不可避免的；二是中国金融体系一直是“短板”，金融扩张和金融创新使金融业获得长足发展，且绝大多数金融产品和资金最终都指向实体经济部门如基础设施、住房等，改善城市面貌和居民居住条件，并没有显著“脱实向虚”；三是金融业是第三产业重要构成，金融增加值占比上升意味着税收贡献增大，也有利于经济转型和结构优化。

以上三种常见看法各有其理据，并非全无道理，但凡事一旦超过合理界限，必然走向反面。就上述错觉一而言，对冲经济下行压力的信用扩张在一定限度内是必要的，但如果持续且规模较大，信用约束显著“软化”和信用质量较大规模“劣化”的可能性将明显上升，如明斯基所言的“投机型”和“庞氏”融资必然增多甚至大于对冲型融资，这对金融稳定和经济发展都极其有害。就上述错觉二而言，基础设施、土地和房地产开发可拉动数个产业发展和 GDP 增速，但若这些部门的增长脱离实际需求支撑的程度越大，还本付息的能力和财务可持续性将越差，不得不日益依赖滚动“再融资”、土地和资产价格上涨来自我维持，这其实是典型的“脱实向虚”，一些国家的资产泡沫破灭殷鉴不远。就上述错觉三而言，经济结构调整并非一日之功，金融业占 GDP 之比绝不是衡量经济发展和结构优化程度的合适指标，最根本的国家竞争力还是技术创新和商品生产力。国际上看，金融业占比短期内快速上升往往意味着产业空洞化或资产泡沫化，指望快速金融化来推动产业结构调整无疑是“南辕北辙”且非常危险。

（二）金融体系复杂性拉大了金融业与金融监管的缺口，削弱了传统监管的有效性。我国现行金融监管体制运行时间不过十多年，主要特点包括：按机构、产品、市场等分业监管，“铁路警察各管一段”，重分工、轻协调；兼具发展、监管、调控等多个目标，有培育市场和机构的强烈愿望，希望多生和养大自己的“孩子”，也有“管教”约束“坏孩子”之责，有时还需要参与宏观调控；侧重微观审慎，在分类、指标、行为等个体监管方面进行了大量积极探索。

金融机构网状化、强关联性等金融体系复杂化大大改变了监管环境，监管的有效性和及时性受到了很大挑战。一方面，很多复杂金融产品本身就是监管套利，使现有监管即使打上补丁仍显“力不从心”。如银行通过理财寻求开拓业务、节约资本，在监管部门出台银行理财产品投资非标债权资产不得超过35%（或银行总资产的4%）的限制后，一些产品绕道非银行机构各类资管计划继续大量投向非标资产。一些关联性和结构化的金融产品容易通过多层结构嵌套的通道业务或刻意模糊真实信用状况来满足不同监管部门的要求，甚至专以满足盈利激励而“空转”和内部循环，监管协调不够、效力不彰的问题较为突出，由此加大了寻租和腐败的空间。另一方面，市场主体与监管部门之间的“博弈”使得监管效力可能打折扣。金融危机以来，一些金融机构“大而不能倒”和“小也不能倒”的心理强化，习惯于以调控过紧、监管过严将带来难以预料的后果或“处置风险的风险”等为由寻求放松监管尺度和力度；一些新兴机构和复杂产品披着“金融创新”外衣，相关部门实施管理容易被“上纲上线”、动辄得咎；一些金融机构的关联复杂、透明度低、涉及资金额巨大，强化监管和风险处置很难下“重手”；一些地区和融资主体的信用约束弱化，存在“撇账”“赖账”心理，监管实施很困难。

（三）货币政策通过金融体系传导的路径和机制发生变化，调控的主动性和有效性面临新的制约。现行货币政策框架自1996年建立以来不断因应经济和金融市场发展而加以改进，但近年来的金融体系复杂化对之提出了新的考验。首先，货币政策的传导链条拉长或变形，传导性和效力下降。非银行金融机构派生存款的作用大大增强，但这些机构不直接受传统信贷总量手段的调节，面临的监管约束也不够强。广义货币M2作为中介目标的可测性、可控性和可靠性本已受到金融深化、支付电子化等因素的冲击，又被影子银行体系进一步削弱，货币调控向实体部门的传导被“缓冲”：货币信贷放松时如“泥牛入海”，非银行金融机构扩张先加快，实体部门则往往“后知后觉”；试图收紧时，对非银行金融机构如“隔靴搔痒”，实体部门则可能先受其紧。

其次，货币政策目标中期化和短期化之间的“张力”加大。货币政策本以中长期币值稳定为己任，但大量复杂金融产品增强了债券、股票、房地产、外汇、货币、信贷等市场的连通性和波动性，流动性需求主体明显增多，且不少存在明显的期限错配，流动性冲击呈时点“脉冲式”，流动性的可预测性大大下降，在货币市场、债市自发调节机制不足的情况下，货币政策的流动性调节面临很大“扰动”，时点“维稳”压力增大，作用被明显短期化，政策信号很容易失真变形。

（四）各类规避监管的跨市场、跨业务、跨界行为使多种风险因素相互交织，给金融体系稳定带来很大挑战。有关“金融乱象”和金融体系风险的讨论已很充分，如期限和产品严重错配的资金池操作隐藏较大的流动性风险、产品嵌套导致风险传递、影子银行监管不足以及地方债务、房地产、外部冲击等。值得强调的是，现阶段金融体系复杂化给金融稳定带来了一些不同以往的挑战：一是金融中介机构之间的关联性使金融风险的传染性更加复杂，具有很强的不可预知性和外溢性。这种关联性较为隐蔽，如不少银行和非银行金融机构在债券市场使用回购进行保证金借款以提高杠杆率，而这些市场又通过理财产品、同业借款、金融集团风险暴露等与银行密切关联，风险易“溢回”银行体系。

二是隐性担保强化了委托代理和道德风险等问题。很多金融产品和融资都有地方政府和国有机构的广泛参与，政府直接背书或被默认的隐性担保事实上强化了不少借贷双方的道德风险，加剧了一些金融机构和企业“花别人的钱”的委托代理问题，风险评估和资产定价变得更加困难、复杂甚至被扭曲，一旦风险暴露还可能增大救助的可能性和成本。

三是金融体系复杂化某种程度上强化了相关主体的侥幸心理，风险管理的准备不足。事实证明，在复杂性面前，多数人甚至高级管理者都未必已真正理解所在机构资产负债表存在的风险。一些金融机构和业务部门关注业务增长和收益，并不关心“底层资产”质量，总以为单体稳健等于系统稳健、单体问题不具整体性影响，或者“出了问题自有人来收场”等，存在典型的“合成谬误”“谬误合成”以及“温水煮青蛙”现象。

四、简要结论与政策含义

“复杂化”一词并非严谨的研究概念，也难以量化，但一定程度上可用来概括近几年中国金融体系的新变化。本文认为，在看似复杂的金融现象背后，核心逻辑是中国在近些年加快城市化和进入中等收入发展阶段后，以土地和房地产为主要介质的快速资产化和金融化。在多方主体共同行为的表象下，地方政府和银行体系的行为逻辑和模式值得重点剖析，金融业与新技术、新业态的互动值得关注。银行业表内外信贷扩张很大程度上是全社会金融扩张的“节拍器”和复杂关联的“发源地”。不深入研究分析银行业机构行为及其关联性，就很难真正理解这种复杂性的逻辑。

现阶段金融体系的复杂化有其阶段性和特殊性，理论上会随着资产价格波动有所收敛，但若按照过去几年信用主体的行为逻辑持续发展，继续发散的概率较大。金融体系复杂化有促进金融业发展的积极方面，但危险在于可能加剧金融失衡风险，即资产价格较快上涨和信贷快速扩张的同时出现杠杆率攀升和期限错配加剧，加大金融体系“崩溃”和严重经济衰退的概率。因此，金融体系复杂化值得高度关注和警惕。

金融体系复杂化直接受金融监管范围和强度的影响。随着 2017 年上半年中国金融管理部门释放信号并出台强化监管的措施以来，金融体系复杂化的一些典型特征已受到抑制，如 2017 年三季度末银行业同业资产和负债分别比年初减少 2.6 万亿和 2 万亿元，其中特殊目的载体（SPV）增速比 2016 年同期下降 47 个百分点。值得注意的是，金融体系复杂性有着发展阶段、国情、体制机制和市场主体行为模式等内在演变逻辑，强化监管不可能消除金融创新和复杂性演化。要真正提高监管效能，必须首先充分认识金融体系复杂性的动因和趋势。

防范金融体系复杂化风险的根本在于深化改革、兴利除弊，有必要从供需两端强化信用约束，有序规范地方政府举债和过度动员金融资源的行为，有针对性地加大金融监管的协调和执行力度，尽快弥补制度短板，抑制金融信用过度、无序和过快扩张。只要深入贯彻中央精神，真正按照回归本源、优化结构、强化监管、市场导向的原则，贯彻落实好服务实体经济、防控金融风险、深化金融改革等任务，金融体系复杂化可能引发的风险就会趋向收敛并降低，金融体系将会更加健康、可持续和稳健。

参考文献

阿代尔·特纳，《债务和魔鬼：货币、信贷和全球金融体系重建》，北京：中信出版社，2016 年 4 月。

辜朝明，《大衰退：宏观经济学的圣杯》，北京：东方出版社，2016 年 11 月。

马永波，“我国金融控股集团的协同效应研究”，《农村金融研究》，2016 年。第 11 期。
彭文生，《渐行渐近的金融周期》，北京：中信出版社，2017 年 6 月。
谢平：“中国金融监管改革的十二个热点问题”，CF40 课题报告。
“中国金融业最不可忽视的神秘版图”，《新财富》杂志，2017 年 7 月刊。
中国人民银行，《中国货币政策执行报告》2017 年第一、二季度。
周琼，“从主要国家金融体系结构看银行资管业务转型”，《财经》，2017 年第 15 期。
周小川：“金融改革发展及其内在逻辑”，《中国金融》，2015 年第 19 期。

图书在版编目（CIP）数据

比较 . 第 93 辑 / 吴敬琏主编 . —北京：中信出版社，2017.12
ISBN 978-7-5086-8370-6

I. ①比… II. ①吴… III. ①比较经济学 IV. ① F064.2

中国版本图书馆 CIP 数据核字（2017）第 285546 号

比较 · 第九十三辑

主　　编：吴敬琏
策 划 者：《比较》编辑室
出 版 者：中信出版集团股份有限公司
经 销 者：中信出版集团股份有限公司 + 财新传媒有限公司
承 印 者：
开　　本：787mm × 1092mm 1/16　　**印　　张**：16　　**字　　数**：200 千字
版　　次：2017 年 12 月第 1 版　　**印　　次**：2017 年 12 月第 1 次印刷
书　　号：ISBN 978-7-5086-8370-6
定　　价：28.00 元